두려움과 떨림

Frygt og Bæven.

Dialektisk Lyrik

af

Johannes de silentio.

Kjøbenhavn.

Faaes hos C. A. Reitzel.

Trykt i Bianco Lunos Bogtrykkeri.

1843.

두려움과 떨림

Frygt og Bæven

쇠렌 키르케고르 지음

이창우 옮김

카리스
아카데미

두려움과 떨림

2025년 1월 9일 초판 1쇄 발행

지은이 | 쇠렌 키르케고르
옮긴이 | 이창우

발행인 | 이창우
기획편집 | 이창우
표지 디자인 | 이창우
본문 디자인 | 이창우
교정·교열 | 오유리, 왕현조, 정준희

펴낸곳 | 도서출판 카리스 아카데미
주소 | 세종시 시청대로 20 아마존타워 402호
전화 | 대표 (044)863-1404(한국 키르케고르 연구소)
편집부 | 010-4436-1404
팩스 | (044)863-1405
이메일 | truththeway@naver.com

출판등록 | 2019년 12월 31일 제 569-2019-000052호

Was Tarquinius Superbus in seinem Garten mit den Mohnköpfen sprach, verstand der Sohn, aber nicht der Bote.

Hamann

타르퀴니우스 스페르부스가 정원에서 양귀비를 이용해 말했던 것을, 그의 아들은 이해했으나 전달자(messenger)는 이해하지 못했다.[1]

하만[2]

역자 서문

『두려움과 떨림』은 덴마크 철학자 쇠렌 키르케고르(Søren Kierkegaard)가 1843년에 발표한 작품으로, 그 중심 주제는 신앙과 윤리, 그리고 믿음의 초월적 성격입니다. 요하네스 드 실렌티오(Johannes de Silentio)라는 가명을 통해 출간된 이 책은, 아브라함이 이삭을 제물로 바치라는 하나님의 명령을 따르는 이야기를 중심으로, "믿음의 기사(knight of faith)"와 "부조리의 힘에 의한(by virtue of the absurd)" 믿음을 탐구합니다.

『두려움과 떨림』은 발표 당시 크게 주목받지 못했으며, 출간 후 4년 동안 단 321부만 판매되었습니다. 동시 출간된 『반복』(Repetition)은 272부만 판매되었으며, 두 작품 모두 1847년에는 잔여 재고로 처분되었습니다. 하지만 키르케고르의 말처럼, 이 작품은 시간이 흐르며 점차 그 가치를 인정받아 그의 저작 중에서도 "영원히 잊히지 않을 이름"으로 남게 되었습니다.

이 책의 주요 개념인 "믿음의 기사," "부조리," "이중 운동(double-movement)," "역설," "윤리의 목적론적 중지(teleological suspension of the ethical)," "도약(leap)," 그리고 "실족(offense)"은 키르케고르의 다른 저서, 특히 『불안의 개념』(The Concept of Anxiety), 『철학의 부스러기』(Philosophical Fragments), 그리고 『결론의 비학문적 후서』(Concluding Unscientific Postscript)에서도 논의됩니다. 그러나 『두려움과 떨림』에서의 개념들은 특히 그의 후기 저작들에서 심화되고, 기독교 강화(설교)와 실천에 관한 논의로 이어집니다.

키르케고르의 동시대인들은 이 책의 독창성을 이해하기보다는, 이를 단순히 키르케고르의 개인적 경험이나 약혼자인 레기네 올센(Regine Olsen)과의 관계를 반영한 자전적 작품으로 오해했습니다. 특히 요하네스 드 실렌티오가 창조한 "믿음의 기사"는 실존적 신앙의 이상을 묘사했지만, 이는 독자들에게 "추상적이고 비현실적인 매개"로 받아들여졌습니다. 이러한 오해는 키르케고르가 후기 저서에서 자신을 "시적 실험자(poetic Experimentator)"로 규정하며, 간접적 의사소통과 상상의 구성이라는 기법을 명확히 할 때까지 지속되었습니다.

『두려움과 떨림』은 윤리와 신앙의 충돌, 그리고 개인이 절대적인 신앙 속에서 경험하는 영적 도약을 심도 있게 탐구합니다. 키르케고르는 이를 통해 신앙이 단순한 윤리적 규범을 초월하며, 인간의 한계를 뛰어넘는 신비롭고 초월적인 힘에 의해 성립됨을 역설합니다. 그의 신앙의 철학은 오늘날에도 실존적 도전을 마주하는 현대 독자들에게 깊은 통찰을 제공합니다.

현재 한국에 번역된 책으로는 임춘갑 선생님이 번역하신 『공포와 전율』이 있습니다. 하지만 역자는 이 책의 제목을 『두려움과 떨림』으로 옮겼습니다. 원래 이 책의 제목이 성경의 빌립보서 2장 12절과 관련이 있기 때문입니다. 이 책에 대한 설명은 이후에 유튜브 영상으로 제공하겠습니다.

일러두기

- 번역대본으로는 Søren Kierkegaard, *Fear and Trembling*, tr. Howard V. Hong and Edna H. Hong, Princeton: Princeton University Press, 1983을 번역하면서, 덴마크의 키르케고르 연구소에서 제공하는 덴마크어 원문과 주석(Kierkegaard, Søren: Søren Kierkegaards Skrifter, Bd. 4, udg. af Niels Jørgen Cappelørn; Joakim Garff; Johnny Kondrup; Alastair McKinnon; Finn Hauberg Mortensen, Søren Kierkegaard Forskningscenteret, 1997), 『두려움과 떨림』. 강학철 역. 서울: 민음사, 1991과 『공포와 전율』. 임춘갑 역. 서울: 다산글방, 2015를 참고하였다.
- 만연체의 문장을 단문으로 바꾸었고, 분명하지 않은 지시대명사를 구체적으로 표현했다. 독자들의 이해를 돕기 위해 [ ]을 활용하여 문장을 추가한 곳도 있다.
- 가능하면 쉬운 어휘를 선택했다는 점을 밝힌다. 중요 단어는 영어와 덴마크어를 병기하여 의미를 명확히 하고자 했다.
- 원문에는 소제목이 없으나, 독자들의 이해를 돕기 위해 각 장마다 소제목을 추가하였다.
- 성경구절의 인용은 한글 개역개정판 성경을 사용하였고, 가능하면 성경의 어휘를 사용하여 원문을 번역하였다.
- 본문의 성경 구절은 키르케고르가 인용한 것이고, 미주의 성경 구절은 키르케고르의 인용은 아니지만 관련 구절을 소개한 것이다.

두려움과 떨림 [3]

Frygt og Bæven

변증법적 서정시

요하네스 드 실렌티오 지음
Johannes de Silentio [4]

목차

서문

비즈니스 세계에서뿐 아니라, 사상의 세계에서도, 우리 시대는 ein wirklicher Ausverkauf(진짜 매진) 단계에 진입했습니다. 모든 것이 헐값에 판매될 수 있으니 결국 경쟁에 참여할 사람이 있을지는 의문입니다. 현대 철학의 중요한 경향을 양심적으로 나타내는 모든 채점원(Marqueur),[5] 모든 부교수, 강사, 학생, 철학에 종사하는 모든 재야의 인사들에 이르기까지 모든 것을 의심하는 것을 멈추려 하지 않고 앞으로 나아갑니다.[6] 그들이 실제로 어디로 가는지를 묻는 것은 아마도 시기상조일 것입니다. 그들이 당연히 모든 것을 의심했다고 받아들이는 것은 공손하고 겸손합니다. 그렇지 않다면, 그들이 앞으로 나아간 것에 대해 말하는 것은 이상한 일입니다. 그들 모두는 이런 예비적 운동을 하였고, 아주 쉽게 하였기에, 어떻게 이런 거대한 작업을 할 수 있는지에 대해서는 말할 필요를 찾지 못했습니다. 초조하고 근심스럽게 약간의 정보를 구한 사람조차, 이런 사람이 어떻게 이런 거대한 작업을 수행하는지에 대한, 단 하나의 암시하는 힌트나 영양학적 처방도 찾지 못했습니다.

"그러나 데카르트는 이것을 수행하지 않았는가?"

존경받을 만하고, 겸손하고, 정직한 사상가인 데카르트. 누구도 그의 작품을 심오하게 영향을 받지 않은 채 읽을 수 없습니다. 그는 자기가 말한 바를 행했고, 행한 바를 말했습니다. 아! 아! 아! 이것이 우리 시대에 얼마나 희귀합니까! 데카르트는 자주 말했듯이, 믿음에 대하여는 의심하지 않았습니다.

Memores tamen, ut jam dictum est, huic lumini naturali tamdiu tantum esse credendum, quamdiu nihil contrarium a Deo ipso revelatur.... Præter cætera autem, memoriæ nostræ pro summa regula est infigendum, ea quæ nobis a Deo revelata sunt, ut omnium certissima esse credenda; et quamvis forte lumen rationis, quam maxime clarum et evidens, aliud quid nobis suggerere videretur, soli tamen auctoritati divinæ potius quam proprio nostro judicio fidem esse adhibendam[그럼에도 불구하고 이미 설명했듯이 우리는 단지 하나님의 계시와 모순되지 않는 한에 있어서만 자연의 빛을 신뢰해야 한다는 것을 잊지 말자.…다른 것들은 모두 다 차치하고라도, 우리는 다음의 것들을 최고의 규칙으로 삼아 뇌리에 새겨두어야 한다. 우리는 하나님이 우리에게 계시한 것들을 모든 것 가운데 가장 확실한 것으로 믿어야 한다. 즉 아무리 이성의 빛이 어떤 것을 우리에게 가장 명석하고 분명한 것으로 제공하는 듯이 보일지라도, 우리는 우리의 판단보다는 하나님의 권위에 더 큰 신뢰를 두어야 한다]. 『철학의 원리』 1부 28과 76[7]

그는 "불이야! 불이야!"라고 외치지 않았습니다.[8] 모든 사람이 의심해야 함을 의무로 만들지도 않았습니다. 왜냐하면 데카르트는 길에서 소리를 지르는 경비원이 아닌, 조용하고 고독한 사상가였기 때문입니다. 그는 겸손하게 자신의 방법이 자신만을 위해 의의를 갖는 것임을 알게 되었습니다. 부분적으로 그의 방법은 그의 초기 왜곡된 지식의 결과였음을 시인하였던 것이지요.

Ne quis igitur putet, me hîc traditurum aliquam methodum, quam unusquisque sequi debeat ad recte regendam rationem; illam enim tantum, quam ipsemet secutus sum, exponere decrevi ... Sed simul ac illud studiorum curriculum absolvi [sc. juventutis], quo decurso mos est in eruditorum numerum cooptari, plane aliud coepi cogitare. Tot enim me dubiis totque erroribus implicatum esse animadverti, ut omnes discendi conatus nihil aliud mihi profuisse judicarem, quam quod ignorantiam meam magis magisque detexissem[따라서 나의 계획은 각자 자신의 이성을 잘 이끌기 위하여 따라야 할 방법을 여기에서 가르치려는 것이 아니라, 단지 내가 나의 이성을 이끌려고 노력한 것이 어떤 종류였는지를 보여주려는 데 있다.…그러나 나는 모든 수업 과정을 마치자마자, 보통 사람들이 학자의 지위로 받아들이는 관습이 있는 그 끝에서, 나는 견해를 완전히 바꿨다. 왜냐하면 나는 스스로 배우려고 노력하면서, **점점 더 나의 무지를 발견하는 것**을 제외하고 다른 이점은 없는 듯싶었을 정도로, 의심과 오류들이 너무 많아서 당황한 나 자신을 발견하였기 때문이다]. 『방법서설』 2~3쪽.[9]

철학에 대해 조금이라도 알고 있었던 저 고대 그리스 사람들[10]이 평생 과업이라 생각했던 것, 왜냐하면 의심하는 것에 대한 탁월함은 하루아침에 생겨나는 것이 아니니까요. 저 늙은 베테랑 논객[11]이 얻었던 것, 모든 그럴

듯한 주장을 파헤쳐 의심의 균형을 유지했던 자, 그는 대담히도 감각의 확실성, 사고의 확실성을 부정했습니다. 타협하지 않는 채, 자기애의 불안과 연민의 아첨을 거부했습니다.—우리 시대에 모든 사람은 이것과 함께 시작합니다.

우리 시대에, 모든 사람은 믿음으로 멈추려 하지 않고 앞으로 나아갑니다. 그들이 어디로 가는지 묻는 것은 아마도 성급한 반면, 내가 모든 사람이 믿음이 있다고 가정하는 것은 세련된 문화의 표시입니다. 그렇지 않다면, '앞으로 나아간다'는 것을 말하는 것은 확실히 이상하기 때문입니다. 저 고대 시대에는 달랐습니다. 믿음은 평생의 과업이었습니다. 왜냐하면 믿음의 탁월함이란 하루아침에 이루어지는 것이 아니라고 가정했기 때문입니다. 시험을 받았던 노인이 임종을 맞이할 때, 선한 싸움을 싸우고 믿음을 지켰을 때,[12] 그의 마음은 젊은이를 훈련했던 불안과 떨림을 잊지 않을 만큼 젊었습니다. 어른은 이것을 다스리는 법을 배웠다고 하지만, 누구도 이보다 더 성장할 수 없습니다.—그가 가능한 한 일찍 앞으로 나아가는 데 성공하는 것을 제외하고 말입니다. 이런 존경받을 만한 인물에 의해 도달된 지점은 우리 시대에 누구나 앞으로 나아가기 위해 시작하는 지점입니다.

현재의 작가는 철학자가 아닙니다.[13] 그는 체계가 하나인지, 완성되었는지, 그것을 이해하지 못했습니다. 그의 나쁜 머리로는 누구나 그런 대단한 사상을 가졌을 때, 요즘 같은 시대에 누구나 얼마나 대단한 머리를 지녔는지를 생각하는 것만으로도 이미 충분합니다. 어떤 사람이 믿음의 전체 내용을 개념적 행태로 바꿀 수 있다고 해도, 그가 믿음으로 어떻게 들어갔는지 혹은 믿음이 그에게 어떻게 들어갔는지를 이해했다는 결론에, 그가 믿음을 이해했다는 결론에 도달하는 것은 아닙니다.

현재의 작가는 철학자가 아닙니다. 그는 시적으로 세련된 방식으로 (poetice et eleganter) 글을 쓰는 사무 보조원(Extra-Skriver)[14]으로, 체계(system)를 쓰지도 않을 뿐더러, 체계를 약속하지도 않습니다. 그는 체계로 자신을 지치게 하지도 않을 뿐더러, 체계에 자신을 구속시키지도 않습니다. 그는 자신이 쓴 글을 사서 읽는 사람이 적을수록 더 편안하고 분명해지는 사치이기 때문에 글을 씁니다.

과학(Videnskaben)에 봉사하기 위해 열정(Lidenskaben)을 말살한 이 시대에 그가 자신의 운명을 예견하는 것은 참으로 쉽습니다.[15] [16] 이 시대에 독자들을 원하는 작가라면, 한낮에 잠을 자다가도 편하게 훑어 볼 수 있도록 글을 써야 하며, 게다가 아드레세아비센(Adresseavisen)[17]의 신문 광고에 나오는 정중한 정원사의 모습으로 외모를 가꾸고, 모자를 쓰고 자신이 마지막으로 봉사했던 곳의 좋은 추천서를 들고 존경받는 대중에게 자신을 추천하는 데 신경을 써야 하기 때문입니다.[18]

그는 완전히 무시당할 운명을 예감합니다. 열성적인 비평가가 그를 여러 번 카펫 위로 불러낼 것이라는 끔찍한 예감을 합니다. 게다가 그는 더 끔찍한 운명을 두려워 합니다. 즉, 그는 어떤 진취적인 추상화가, 문단을 갉아먹는 사람(과학을 구하기 위해, 항상 다른 사람의 글에 트로프가 [그의] 〈인류의 멸망〉에서 "좋은 맛을 살리기 위해" 기꺼이 한 것처럼[19])이 구두점 과학(Interpunctions-Videnskaben, 구두점의 언어학)에 봉사하기 위해 50단어를 마침표로, 35단어를 세미콜론으로 세어 자신의 담론을 나눈 사람과 같은 융통성을 가지고 그를 단락으로 자르고 그렇게 행할 것이라는 이 끔찍한 운명을 더 두려워합니다. 나는 모든 체계의 검사원(Posekigger)[20] 앞에서 나 자신을 가장 깊은 복종에 내던집니다.

"이것은 체계가 아닙니다. 이것은 체계와는 아무런 관계가 없습니다. 저는 이 옴니버스(Omnibus)[21]에 참여하는 덴마크의 모든 이해관계자와 체계에 좋은 일만 있기를 기도합니다. 그것은 우뚝 속은 탑(Taarn)[22]이 될 수 없기 때문입니다. 그들 모두에게, 각 사람에게 행복과 축복이 있기를 기원합니다."

진심으로,
침묵의 요하네스

조율(Stemning)[23]

옛날에 한 사람이 있었습니다. 그는 어릴 때 하나님께서 아브라함을 어떻게 시험했는지(fristede)[24] 아름다운 이야기[25]를 들었습니다. 아브라함이 그 시험(fristelsen, 유혹)을 어떻게 견뎠고, 믿음을 지켰는지, 그의 예상과는 달리, 어떻게 두 번째로 아들을 얻었는지를 들었습니다. 나이가 들면서, 그는 더욱 감탄하며 같은 이야기를 읽었습니다. 삶은 어린 시절의 경건한 단순함 속에 통합되어 있던 것을 분열시켰기 때문입니다. 나이가 들수록, 그의 생각은 더 자주 그 이야기로 향했고, 그 이야기에 대한 열정은 점점 더 커졌지만, 그 이야기를 이해할 수 있는 능력은 점점 더 줄어들었습니다.

마침내 그는 그 이야기 때문에 다른 모든 것을 잊어버리고 아브라함을 보고 싶다는 단 하나의 소망, 그 사건을 목격하고 싶다는 갈망만 남았습니다. 그의 갈망은 동방의 아름다운 지역을 보는 것도, 약속의 땅[26]의 지상 영광도, 하나님이 축복하신 노년의 하나님을 경외하는 부부[27]도, 늙은 족장의 존경스러운 모습도, 하나님이 이삭에게 주신 활기찬 청춘도 아니었습니다. 그런 일은 황량한 벌판에서도 똑같이 일어날 수 있었을 것입니다.

그의 소망은 아브라함이 슬픔을 안고 떠났던 사흘간의 여정, 그리고 이삭을 곁에 두고 떠났던 그 여정을 따라가는 것이었습니다. 그의 소원은 아브라함이 눈을 들어 멀리 모리아산을 보았던 그 순간을 함께 하는 것이었고, 나귀를 뒤로 하고 이삭과 단둘이 산에 올랐던 순간을 함께 하는 것이었습니다. 그를 사로잡은 것은 상상력의 아름다운 태피스트리가 아니라, 생각의 전율이었기 때문입니다.

그 사람은 사상가가 아니었습니다. 그는 믿음을 넘어설 필요를 느끼지 않았고, 믿음의 조상으로 기억되는 것은 지극히 영광스러운 일이며, 아무도 그것을 알지 못하더라도 그것을 소유하는 것은 부러운 운명이라고 생각했습니다.

그 사람은 주석 학자가 아니었습니다. 그는 히브리어를 몰랐습니다. 히브리어를 알았다면, 아마도 그 이야기와 아브라함을 쉽게 이해할 수 있었을 것입니다.

"그 일 후에 하나님이 아브라함을 시험하시려고 그를 부르시되 아브라함아 하시니 그가 이르되 내가 여기 있나이다. 여호와께서 이르시되 네 아들 네 사랑하는 독자 이삭을 데리고 모리아 땅으로 가서 내가 네게 일러 준 한 산 거기서 그를 번제로 드리라."²⁹

이른 아침 아브라함이 일어나 나귀에 안장을 채우고 이삭을 데리고 장막을 나섰을 때, 사라가 창밖으로 두 사람이 계곡을 내려가는 모습을 더 이상 볼 수 없을 때까지 지켜보았습니다.³⁰ 그들은 사흘 동안 침묵을 지키며 달렸습니다. 나흘째 되는 날 아침, 아브라함은 아무 말도 하지 않고 눈을 들어 멀리 모리아 산을 보았습니다. 그는 젊은 종들을 남겨두고 이삭의 손을 잡고 혼자 산으로 올라갔습니다. 그러나 아브라함은 혼자 말로 말했습니다.

"그가 어디로 가는 것인지 이삭에게 숨기지 않을 것이다."

그는 가만히 서서 이삭의 머리에 손을 얹고 축복했고, 이삭은 무릎을 꿇고 그것을 받았습니다. 아브라함의 얼굴은 부성애의 전형을 보여주었습니다.³¹ 그의 시선은 온화했고, 그의 말은 훈계하는 것 같았습니다. 그러나 이삭은 아브라함을 이해할 수 없었고 그의 영혼은 고양될 수 없었습니다. 그는 아브라함의 무릎을 껴안았습니다.[32] 그의 발밑에서 애원하며 자신의 어린 생명과 아름다운 희망을 위해 간청했습니다. 그는 아브라함의 집안의 기쁨을 떠올리고 슬픔과 고독을 떠올렸습니다. 그러자 아브라함은 소년을 일으켜 세우고 손을 잡고 걸어갔고, 그의 말은 위로와 훈계로 가득했습니다. 그러나 이삭은 그의 말을 알아듣지 못했습니다. 아브라함은 모리아 산에 올랐지만, 이삭은 그를 이해하지 못했습니다. 아브라함은 잠시 그를 외면했지만, 이삭이 다시 아브라함의 얼굴을 보았을 때 그의 시선은 사나워졌고 그의 존재 전체는 완전한 공포였습니다. 그는 이삭의 멱살을 잡고 땅바닥에 내던지며 말했습니다.

"바보 같은 소년, 내가 네 아버지라고 생각하니?[33] 나는 우상 숭배자이다. 그것이 하나님의 명령이라고 생각하니? 아니, 그것은 나의 욕망이다."

그러자 이삭은 괴로움에 떨며 외쳤습니다.
"하늘에 계신 하나님, 아브라함의 하나님, 저를 불쌍히 여기소서, 이 땅에 아버지가 없으니 당신이 내 아버지가 되어 주소서!"

그러나 아브라함은 혼자서 부드럽게 말했습니다
"하늘에 계신 주 하나님, 감사합니다. 그가 당신을 믿지 않는 것보다 나를 괴물로 믿는 것이 낫습니다."

$$* \\ *\ *$$

아이가 젖을 떼야 할 때, 어머니는 유방이 검게 물들입니다. 아이가 젖을 먹지 않아야 할 때, 유방이 매력적으로 보이기는 어려울 것입니다. 그래서 아이는 유방이 변했다고 믿지만, 어머니는 언제나 한결같습니다. 그녀의 시선은 예전처럼 부드럽고 사랑스럽습니다. 아이를 젖을 떼기 위해 더 끔찍한 수단이 필요하지 않은 사람은 얼마나 운이 좋습니까!

II

아브라함이 일어난 것은 이른 아침이었습니다. 그는 노년의 신부 사라를 껴안았고, 사라는 그녀의 수치심을 앗아간 이삭에게 입맞춤했습니다. 이삭은 그녀의 자랑이었으며, 앞으로 있을 모든 세대를 위한 그녀의 소망이었습니다.[34] 그들은 침묵으로 길을 따라 달렸고, 아브라함은 나흘째 되는 날 고개를 들어 멀리 모리아산을 보았지만 다시 한번 땅을 향해 시선을 고정하고 쳐다보았습니다. 그는 조용히 장작을 준비하고 이삭을 결박하고 조용히 칼을 뽑았는데, 그때 하나님께서 선택하신 숫양을 보았습니다. 그는 이것을 제물로 바치고 집으로 돌아갔습니다. 그날부터 아브라함은 늙어서 하나님이 이렇게 하라고 명령하신 것을 잊을 수 없었습니다. 이삭은 이전처럼 번성했지만, 아브라함의 눈은 어두워졌고 더 이상 기쁨을 보지 못했습니다.

*
* *

[35]아이가 커서 젖을 뗄 때가 되면, 어머니는 처녀처럼 유방을 숨기고 아이는 더 이상 어머니가 없습니다. 다른 방식으로 어머니를 잃지 않은 아이는 얼마나 다행입니까!

III

아브라함이 일어난 것은 이른 아침이었습니다. 그는 젊은 어머니 사라에게 입맞춤을 하고, 사라도 이삭에게 입맞춤을 하며 기쁨을 나누었습니다. 아브라함은 생각에 잠겨 길을 갔습니다. 하갈과 사막으로 쫓아낸 아들도 생각했습니다.[36] 그는 모리아 산에 올라 칼을 뽑았습니다.

조용한 저녁, 아브라함은 홀로 길을 떠나 나귀를 타고 모리아 산으로 향했습니다. 그는 얼굴을 땅에 대고 엎드렸습니다. 하나님께 자신의 죄를 용서해 달라고, 이삭을 기꺼이 희생하려 했던 죄를, 아들에 대한 아버지의 의무를 잊고 있었던 죄를 용서해 달라고 기도했습니다. 그는 종종 외로운 길을 걸었지만 평안을 찾지 못했습니다. 자신이 가진 최고의 소유물을, 자신이 기꺼이 여러 번 죽을 수 있었던 그 소유물을 하나님께 희생제물로 드리려 한 것이 죄라는 것을 이해할 수 없었습니다. 그것이 죄라면, 이삭을 그토록 사랑하지 않은 것이 죄라면, 그 죄를 용서받을 수 있다는 것을 이해할 수 없었습니다. 도대체 어떤 죄가 이보다 더 끔찍할 수 있습니까?

*
* *

[37]아이가 젖을 떼야만 할 때, 어머니도 슬픔이 없는 것은 아닙니다. 왜냐하면 어머니와 아이는 점점 더 분리되어야 하고, 처음에는 어머니의 가슴

아래에 누웠다가 나중에는 어머니의 가슴에 안긴 아이는 다시는 그렇게 가까이 있지 않을 것이기 때문입니다. 그래서 그들은 짧은 슬픔을 함께 슬퍼합니다. 아이를 그렇게 가까이 두고 더 이상 슬퍼할 필요가 없었던 사람은 얼마나 다행입니까!

IV

이른 아침이었고 아브라함의 집에는 모든 것이 여행할 준비가 되어 있었습니다. 그는 사라와 작별인사를 했고, 충실한 종 엘리에셀[38]이 길을 따라 다시 돌아갈 때까지 동행했습니다. 아브라함과 이삭은 모리아 산에 도착할 때까지 화목하게 동행했습니다. 아브라함은 침착하고 부드럽게 제사를 위한 모든 준비를 마쳤지만, 이삭이 돌아서서 칼을 뽑을 때 아브라함의 왼손이 절망에 사로잡혀 온몸에 전율이 도는 것을 보았지만, 아브라함은 칼을 뽑았습니다.

그 후 그들은 다시 집으로 돌아왔고 사라는 서둘러 그들을 만나러 갔지만, 이삭은 믿음을 잃었습니다. 이삭은 자신이 본 것에 대해 아무에게도 말하지 않았고, 아브라함도 그것을 본 사람이 있다고 의심하지 않았습니다.

*
* *

[39]아이가 젖을 떼야만 때, 어머니는 아이가 죽지 않도록 더 강한 생계수단을 손에 들고 있습니다. 이 더 강한 생계수단을 가진 사람은 얼마나 다행입니까.

⁴⁰우리가 이야기하는 사람도 이와 비슷한 방식으로 이 사건을 깊이 생각 했습니다. 그는 모리아 산 순례에서 돌아올 때마다, 지쳐서 쓰러졌습니다. 그는 손을 모으고 이렇게 말했습니다.

"아브라함만큼 위대한 사람은 없었다. 누가 그를 이해할 수 있겠는가?"

아브라함에 대한 찬사[41]

인간에게 영원한 의식이 없다면,[42] 모든 것의 기저에 어두운 열정 속에서 꿈틀거리며 모든 것을 만들어내는 거칠고 발효하는 힘만 있다면, 그것이 중요하든 하찮든, 광대하고 결코 채워지지 않는 허무함이 모든 것 밑에 숨어 있다면, 그때 삶이란 절망 외에는 무엇일까요?

그런 상황이라면, 인류를 하나로 묶어주는 성스러운 유대가 없다면, 숲의 잎사귀처럼 한 세대 후에 다음 세대가 등장한다면,[43] 숲속 새들의 노래처럼 한 세대가 다른 세대를 계승한다면, 바다를 지나는 배처럼 한 세대가 세상을 지나가는 것이라면, 사막을 지나는 바람처럼, 아무런 생각도 없고 비생산적인 공연처럼 한 세대가 세상을 지나가는 것이라면, 영원한 망각이 영원히 배고픈 채로 먹이를 찾기 위해 숨어 있는 것이라면, 영원한 망각에서 먹이를 떼어낼 만큼 강력한 힘이 없다면, **삶은 얼마나 허무하고 위로가 없는 것일까요!**

그러나 그것은 그렇지 않습니다. 바로 그런 이유 때문에, 하나님께서는 남자와 여자를 창조한 것처럼 영웅과 시인이나 웅변가를 창조했습니다. 시인이나 웅변가는 영웅이 하는 일을 아무것도 할 수 없습니다. 오직 그를 존경하고 사랑하고 기뻐할 수 있을 뿐이지요. 그러나 영웅 역시 시인 못지않게 행복합니다. 말하자면 영웅은 자신의 더 나은 본성, 즉 자신이 매혹되는 존재이기 때문에 그보다 더 행복합니다. 다른 사람이 자신이 아니기 때문에, 그의 사랑이 존경(감탄, Beundring)이 될 수 있기 때문에 행복합니다.

시인은 **기억의 천재**(Erindringens Genius)[44]입니다. 그는 행한 것을 떠올리는 것 외에는 아무것도 할 수 없고, 행한 것을 감탄하는 것 외에는 아무것도 할 수 없습니다. 자신의 것을 아무것도 취하지 않고 맡겨진 것에 열중합니다. 그는 마음의 욕망을 따르지만, 그가 찾는 대상을 찾으면 노래와 연설로 모든 사람의 집마다 돌아다니며 모두가 영웅을 존경하고 영웅을 자랑스러워할 수 있도록 합니다. 이것이 그의 직업이자 겸손한 임무이며 영웅의 집에서 충성스럽게 봉사하는 것입니다.

그가 이런 식으로 자신의 사랑에 진실하다면, 영웅에게서 그를 속이려는 망각의 교활함에 맞서 밤낮으로 싸운다면, 그는 자신의 임무를 완수한 것입니다. 그때 그를 충실하게 사랑했던 영웅과 함께 모입니다. 말하자면, 시인은 영웅의 더 나은 본성이기 때문입니다. 확실히 기억처럼 무기력한 본성이지만, 기억이 변한 것처럼 변했기 때문입니다. 따라서 위대했던 사람은 잊히지 않을 것입니다. 시간이 걸리더라도, 오해의 구름(Misforstaaelsens sky)[45] 이 영웅을 빼앗아 가더라도, 그의 연인은 그럼에도 불구하고 올 것이며 시간이 지날수록 더 충실하게 그를 붙잡을 것입니다.

아니! 세상에서 위대했던 사람은 아무도 잊히지 않을 것이지만, 모든 사람은 자신의 방식으로 위대했습니다. 그가 사랑하는 것의 위대함에 비례하여 모든 사람이 위대했습니다. 자신을 사랑한 사람은 그 덕으로 위대해졌고, 다른 사람을 사랑한 사람은 그 헌신으로 위대해졌지만, 하나님을 사랑한 사람은 무엇보다도 가장 위대해졌습니다. 모든 사람이 기억될 것이지만, 모든 사람은 그의 기대(Forventning)에 비례하여 위대해졌습니다.

한 사람은 가능한 것을 기대함으로써 위대해졌고, 다른 사람은 영원한 것을 기대함으로써 위대해졌습니다. 그러나 불가능한 것을 기대한 사람, 그는 가장 위대해졌습니다. 모든 사람이 기억될 것이지만, 모든 사람은 그가 싸운 것의 크기에 비례하여 전적으로 위대했습니다. 세상과 투쟁한 사람은 세상을 정복함으로써 위대해졌고, 자기 자신과 싸운 사람은 자신을 정복함으로써 위대해졌습니다.[46] 그러나 하나님과 싸운 사람, 그는 모든 사람 중에 가장 위대해졌습니다.[47]

세상에서는 사람과 사람, 한 사람이 수천 명과 싸웠습니다. 그러나 하나님과 싸운 사람, 그는 가장 위대한 사람이었습니다. 그들은 이 땅에서 싸웠습니다. 자신의 힘으로 모든 것을 정복한 사람이 있었고, 자신의 무력함으로 하나님을 정복한 사람이 있었습니다. 자신을 의지하여 모든 것을 얻은 사람이 있었고, 자신의 힘을 믿고 모든 것을 희생한 사람이 있었습니다. 그러나 하나님을 믿은 사람, 그는 가장 위대해졌습니다.

그의 힘으로 위대해진 사람도 있었고, 지혜로 위대해진 사람도 있었고, 소망으로 위대해진 사람도 있었고, 사랑으로 위대해진 사람도 있었습니다. 그러나 아브라함은 가장 위대해졌습니다. 그의 힘이 무력해진 저 힘에 의해,[48] 그 비밀이 어리석음인 저 지혜에 의해,[49] 그 형태가 광기인 저 소망에 의해,[50] 자신에 대한 증오인 그 사랑에 의해[51] 가장 위대해졌습니다.

아브라함은 믿음으로 조상들의 땅을 떠나 약속의 땅으로 이주하여 이방인이 되었습니다.[52] 그는 한 가지를 남겨두고 한 가지를 가져갔는데, 바로 세상적인 이해를 버리고 믿음을 가져간 것입니다. 그렇지 않았다면, 그는 분명 이민을 떠나지 않았을 것이며, 분명 불합리하다(urimeligt)고 생각했을 것입니다. 믿음으로 그는 약속의 땅에서 이방인이 되었습니다. 그가 소중히 여기는 것을 상기시키는 것은 아무것도 없었지만, 새로움으로 인해 모든 것은 그의 영혼에 슬픈 그리움을 자극하는 유혹이었습니다. 그러나 그는 주님께서 기뻐하시는[53] **하나님의 택하신 사람**(Guds Udvalgte)[54]이었습니다!

사실, 그가 하나님의 은혜에서 추방된 유배자라면 더 잘 이해할 수 있었을 것입니다. 그러나 지금은 그와 그의 믿음이 조롱당하는 것 같았습니다. 세상에는 그가 사랑하는 조국에서 추방당해 살았던 사람들도 있었습니다.[55] 그는 잊히지 않고, 잃어버린 것을 애타게 찾고 또 찾았을 때, 그의 애통함은 잊히지 않았습니다. 아브라함에게는 애통함이 없습니다. 애통해하는 것도 인간적이고 우는 자와 함께 우는 것도 인간적입니다.[56] 그러나 믿음을 갖는 것이 더 위대합니다. 믿음의 사람을 바라보는 것은 더 복된 일입니다.

아브라함은 믿음으로 그의 자손으로 땅의 모든 세대가 복을 받을 것이라는 약속을 받았습니다.[57] 시간이 지났고 가능성이 있었고 아브라함에게 믿음이 있었습니다. 시간이 지났고 불합리해졌지만, 아브라함에게는 믿음이 있었습니다. 세상에도 기대를 품은 사람이 있었습니다.[58] 시간이 지나고 저녁이 가까워졌습니다. 그러나 그는 기대를 잊을 정도로 경멸하지 않았습니다. 따라서 그도 잊히지 않을 것입니다. 그러자 그는 슬퍼했고, 그의 슬픔은 삶이 그랬던 것처럼 그를 실망하게 하지 않았으며, 슬픔의 달콤함 속에서 실망한 기대를 품고 그를 위해 할 수 있는 모든 일을 했습니다. 슬퍼하는 것도 인간적이고, 슬픔과 함께 슬퍼하는 것도 인간적입니다. 그러나 믿음을 갖는 것이 더 위대합니다. 믿음의 사람을 바라보는 것이 더 복된 일입니다.

아브라함에게는 슬픔이 없습니다. 세월이 흘러도 슬퍼하며 날을 새지 않았습니다. 사라가 늙지 않았는지 의심의 눈으로 바라보지 않았습니다. 그녀에 대한 기대 때문에 늙지 않아야 한다고 해의 흐름을 멈추지 않았습니다.[59] 사라를 위해 슬픔에 잠긴 채로 노래하지도 않았습니다. 아브라함은 늙었고, 사라는 그 땅에서 조롱의 대상이 되었지만, 그는 하나님의 선택을 받은 사람이었고 그의 자손으로 땅의 모든 세대가 복을 받을 것이라는 약속의 상속자였습니다.

결국 그가 하나님의 선택을 받지 못했다면 더 좋지 않았을까요? 하나님의 선택 받은 자가 된다는 것은 무엇을 의미할까요? 젊었을 때의 소원을 노년에 어렵게 이루기 위해 젊었을 때의 소원을 부정해야 하는 것일까요? 하지만 아브라함은 그 약속을 믿고 붙잡았습니다. 아브라함이 흔들렸다면 포기했을 것입니다. 그는 하나님께 다음과 같이 말했을 것입니다.

"이렇게 하는 것이 주님의 뜻이 아닌 것 같으니, 나의 소원을 포기하겠습니다.[60] 그것은 나의 유일한 소원이었고, 나의 축복이었습니다. 나의 영혼은 열려 있고 진실합니다. 주님께서 이를 거절했다고 해서 비밀스러운 분노를 숨기지 않겠습니다."

그는 잊히지 않았을 것이고, 그의 모범으로 수많은 사람을 구원했을 것이지만, 여전히 믿음의 조상이 되지는 못했을 것입니다. 소원을 포기하는 것도 위대하니까요. 그러나 포기한 후에 그것을 지키는 것이 더 위대합니다. 영원한 것을 붙드는 것도 위대하지만, 시간적인 것을 포기한 후에 시간적인 것을 지키는 것은 더 위대합니다.

이제 '때가 찼습니다.[61] 아브라함에게 믿음이 없었다면, 사라는 반드시 슬픔으로 죽었을 것입니다. 슬픔에 무뎌진 아브라함은 성취를 이해하지 못하고 젊은이의 꿈처럼 웃었을 것입니다. 그러나 아브라함에게는 믿음이 있었습니다. 따라서 그는 젊었습니다. 항상 최선의 것을 바라는 사람은 늙고 삶에 속고, 항상 최악의 것을 대비하는 사람은 일찍 늙습니다. 그러나 믿음이 있는 사람, 그는 영원한 젊음을 보존합니다.

그러니 이 이야기를 찬양합시다! 사라는 비록 늙었지만, 모성의 기쁨을 사모할 만큼 젊었습니다. 백발이 성성한 아브라함도 아버지가 되기를 소원할 만큼 젊었습니다. 이 이야기의 놀라움은 그들의 기대한 대로 이루어졌다는 것입니다. 더 심오한 의미에서, 믿음의 놀라움이란 아브라함과 사라가 소원할 만큼 젊었다는 것입니다. 그 믿음이 그들의 소원과 그 젊음을 지켜주었다는 것입니다. 아브라함은 약속의 성취를 받아들였고, 믿음으로 받았습니다. 그래도 약속대로, 믿음대로 일어났습니다. 모세는 지팡이로 반석을 쳤지만, 믿음이 없었습니다.[62]

그래서 아브라함의 집에는 금빛 결혼식 날 사라가 신부로 섰을 때 기쁨이 넘쳤습니다.

하지만 계속 그렇게 살 수는 없었습니다. 아브라함은 다시 한번 시험을 받아야[forsøges] 했습니다. 그는 모든 것을 계획하는 교활한 힘과, 잠들지 않는 경계하는 적과, 모든 것보다 오래 사는 노인과 싸웠습니다. 그는 시간과 싸웠고 자신의 믿음을 지켰습니다.[63] 이제 싸움의 모든 두려움이 한순간에 집중되었습니다.

"하나님이 아브라함을 시험하여(fristede)[64] 이르시되, 네가 사랑하는 네 독자 이삭을 데리고 모리아 땅으로 가서 내가 네게 보여줄 산에서 번제로 바치라."

그래서 모든 것을 잃어버렸고, 더 끔찍하게도 그런 일이 일어나지 않은 것보다 더 끔찍했습니다! 그래서 주님은 아브라함을 조롱하고 계셨을 뿐입니다! 주님은 놀랍게도 터무니없는 일을 실현하셨습니다. 이제 주님은 그것이 전멸되는 것을 보고 싶어 하십니다. 이것은 참으로 어리석은 일이었지만, 아브라함은 약속이 선포되었을 때 사라처럼 웃지 않았습니다.[65] 모든 것을 잃었습니다! 70년[66] 동안의 신뢰와 기대, 믿음의 성취에 대한 잠깐의 기쁨.

노인의 지팡이를 빼앗는 이가 누구이며, 스스로 그 지팡이를 부러뜨리라고 요구하는 이가 누구입니까! 사람의 흰머리를 낙담하게 만드는 이가 누구이며, 스스로 그렇게 하라고 요구하는 이가 누구입니까! 이 존경받는 노인과 무고한 아이에 대한 동정심이 없습니까? 그러나 아브라함은 하나님의 선택된 사람이었고 시련(Prøvelse)을 부과한 것은 주님이었습니다.

이제 모든 것이 사라질 것입니다! 아브라함의 후손에 대한 모든 영광스러운 기억, 아브라함의 씨에 대한 약속, 그것은 주님께서 아브라함에게 주셨던 한순간의 변덕, 찰나의 생각에 불과했고 이제 아브라함은 그것을 지워야만 했습니다. 아브라함의 마음에 있는 믿음만큼이나 오래되었고 이삭보다 훨씬 더 오래된 그 영광스러운 보물(Hiin herlige Skat),[67] 아브라함의 삶의 열매, 기도로 거룩해지고 싸움에서 성숙해진 아브라함의 입술에 맺힌 축복, 이 열매는 이제 일찍 찢어져야 하며, 무의미한 것으로 표현되어야만 합니다. 이삭이 희생되어야 한다면, 도대체 무슨 의미가 있습니까!

아브라함이 소중한 모든 것을 떠나보내야 했던 그 슬프고도 복된 시간, 다시 한번 명예로운 머리를 들어야 했던 그 시간, 그의 얼굴이 주님처럼 빛나야 했던 그 시간,[68] 이삭을 온종일 복되게 하는 강력한 축복에 그의 온 영혼을 모아야 했던 그 시간, 그 시간은 아직 오지 않았습니다! 아브라함은 이삭을 떠날 것이지만 그 자신이 남겨질 것입니다. 죽음은 그들을 분리할 것이지만 이삭이 그 먹이(전리품, dens Bytte)가 될 것입니다. 노인은 죽는 중에 기뻐하면서 이삭에게 손을 얹지 않고, 삶에 지친 나머지 이삭에게 폭력적인 손을 얹을 것입니다. 그리고 그를 시험하신 분은 하나님이셨습니다! 화가 있을지라! 그런 소식을 가지고 아브라함에게 온 사자에게 화가 있을지라! 누가 감히 이 슬픔의 사자가 될 수 있었을까요? 그러나 아브라함을 시험하신(prøvede) 분은 하나님이셨습니다.

그러나 아브라함은 이 삶을 위해 믿고 또 믿었습니다. 사실, 그의 믿음이 미래만을 위한 것이었다면, 그는 모든 것을 더 쉽게 버리고 자신이 속하지 않은 세상을 서둘러 떠났을 것입니다. 그러나 아브라함의 믿음은 있었더라도, 그런 믿음이 아니었습니다. 왜냐하면 그것은 진정한 믿음이 아니라 믿음과 가장 먼 거리에 있는 가능성이기 때문입니다. 이 가능성은 희미하게 가장 먼 거리의 지평선에 있는 대상을 바라봅니다. 하지만 절망이 장난을 치고 있는 심연에 의해 그 대상과 분리되어 있습니다.[69]

그러나 아브라함은 바로 이 삶을 위한 믿음이 있었습니다. 그가 땅에서 늙고, 사람들에게 존경을 받고, 가족에게 축복을 받고, 자신의 인생에서 가장 소중한 이삭을 잊지 못할 것이라는 믿음이 있었습니다. 즉, "사랑하는 아들"이라 계명에서 말하는 것처럼[70] 아들을 사랑하는 아버지의 의무를 이행했다는 말로는 표현할 수 없는 사랑으로 그는 이삭을 품었습니다. 야곱에게는 열두 아들과 그중에 사랑하는 아들이 있었지만,[71] 아브라함에게는 사랑하는 아들이 한 명뿐이었습니다.

그러나 아브라함은 믿었고 의심하지 않았습니다. 그는 불합리한 것을 믿었습니다. 아브라함이 의심했다면 다른 일, 즉 위대하고 영광스러운 일을 했을 것입니다. 아브라함이 위대하고 영광스러운 일 외에 도대체 다른 무엇을 할 수 있었겠습니까! 그는 모리아 산으로 나가 나무를 쪼개고 불을 피우고 칼을 뽑아 하나님께 외쳤을 것입니다.

"이 제물을 거절하지 마십시오. 이것은 제가 가진 최선의 것이 아닙니다. 잘 알고 있습니다. 약속의 자녀에 비하면 이 늙은이는 무슨 쓸모가 있겠습니까? 그러나 이것은 제가 주님께 줄 수 있는 최선입니다. 이삭이 이 사실을 결코 알지 못하게 하여 그가 젊었을 때 위안을 얻게 하소서."

그는 자신의 가슴에 칼을 꽂았습니다. 그는 세상에서 존경을 받을 것이고, 그의 이름을 절대 잊히지 않을 것입니다. 그러나 존경을 받는 것과 고뇌하는 자를 구원하는 길잡이 별[72]이 되는 것은 별개의 문제입니다.[73]

그러나 아브라함에게는 믿음이 있었습니다. 그는 주님을 움직일 수 있기를 기도하지 않았습니다. 소돔과 고모라에 의로운 형벌이 내렸을 때야 비로소 아브라함이 기도로 나아갔습니다.[74] 우리는 성서에서 다음과 같이 읽습니다.[75]

"하나님이 아브라함을 시험하시며(fristede)[76] 말씀하셨습니다. 아브라함아, 아브라함아, 어디 있느냐? 아브라함은 대답했습니다. 내가 여기 있나이다."

이 말씀의 대상이 되신 당신, 당신도 마찬가지였나요? 먼 곳에서 가혹한 운명이 다가오는 것을 보았을 때, 산에 "나를 숨기십시오"라고, 언덕에 "내 위에 떨어지십시오"라고 말하지 않았습니까?[77] 혹은 당신이 더 강했다 하더라도, 당신의 발은 길을 따라 비틀거리며 걷지 않았나요? 익숙한 길을 따라

돌아가기를 원하지 않았나요? 그리고 당신의 이름을 불렀을 때, 당신은 속삭이듯 부드럽게 대답했습니까? 아브라함은 그렇지 않았습니다. 그는 유쾌하고, 자유롭고, 자신감 있게, 큰 소리로 대답했습니다.

"제가 여기 있습니다."

우리는 다음과 같이 읽습니다.
"아브라함은 아침 일찍 일어났다."

그는 마치 축제하듯 서둘러 아침 일찍 모리아 산의 지정된 장소에 도착했습니다. 그는 사라에게도 아무 말도 하지 않았고, 엘리에셀에게도 아무 말도 하지 않았습니다. 결국 그를 이해할 수 있었을까요? 시험의 본질(Fristelsen)이 그에게 침묵의 서약을 요구한 것이 아니기 때문입니다.

"그는 나무를 쪼개고 이삭을 결박하고 불을 지피고 칼을 뽑았습니다."[78]

나의 독자! 많은 아버지가 세상에서 가장 소중한 자식을 잃었을 때 미래에 대한 모든 희망을 잃었다고 생각했지만, 이삭이 아브라함에게 의미했던 그런 약속의 자녀였던 사람은 아무도 없었습니다. 많은 아버지가 자식을 잃었지만 그 자식을 데려간 것은 불변하시고, 헤아릴 수 없는 전능자의 뜻인 하나님, 그분의 손이었습니다.

아브라함은 그렇지 않았습니다! 더 어려운 시험(Prøve)이 그를 위해 준비되어 있었고, 이삭의 운명은 칼과 함께 아브라함의 손에 맡겨졌습니다. 거기에 그가 서 있었습니다. 고독한 희망을 품은 노인이 서 있었습니다. 그러나 그는 의심하지 않았고, 좌로나 우로 고뇌하지 않았으며, 기도로 하늘을 향해 도전하지 않았습니다. 그는 자신을 시험하시는(prøvede) 분이 전능자 하나님이라는 것을 알았습니다. 자신에게 요구되는 것이 가장 힘든 희생제물임을 알았습니다. 그러나 하나님이 요구하실 때, 어떤 희생제물도 더 가혹할 수 없다는 것을 알았으며, 그리하여 그는 칼을 뽑았습니다.

아브라함의 팔을 누가 강하게 하였습니까! 오른팔이 힘없이 가라앉지 않도록 지탱해 주신 분[79]이 누구입니까! 이 장면을 보는 사람은 누구나 마비됩니다. 누가 아브라함의 영혼을 강하게 하셔서[80] 모든 것이 어두워지고 이삭도 숫양도 보지 못하게 하셨습니까! 이 장면을 보는 사람은 누구나 눈이 멀게 됩니다. 하지만 눈이 마비되거나 눈이 먼 사람은 거의 없을 것이며, 그보다 더 드물게 무슨 일이 일어났는지 제대로 이야기하는 사람은 더더욱 없을 것입니다. 우리는 모든 것을 알고 있습니다. 그것은 단지 시련(Prøvelse)이었을 뿐입니다.

아브라함이 모리아 산에 서서 의심했다면, 결단하지 못한 채 주위를 둘러보았다면, 칼을 뽑기 전에 우연히 숫양을 발견했다면, 하나님께서 이삭 대신 숫양을 제물로 바치도록 허락했다면, 그는 집으로 돌아갔을 것이고, 모든 것이 똑같았을 것이고, 사라를 가졌을 것이고, 이삭을 지켰을 것이지만, 얼마나 달라졌을까요! 그의 귀환은 도주요, 그의 구출은 사고요, 그의 보상은 수치요, 그의 미래는 아마도 멸망이었을 것입니다.

그렇다면 그는 자신의 믿음이나 하나님의 은혜를 증거하는 것이 아니라, 모리아 산에 가는 것이 얼마나 끔찍한 일인지 증거했을 것입니다. 그러면 아브라함은 잊히지 않았을 것이고 모리아 산도 잊히지 않았을 것입니다. 그러면 방주가 착륙한 아라랏[81]이 언급되는 방식으로 언급되지 않고 아브라함이 의심한 곳이 바로 이곳이었기 때문에 공포의 장소라고 불렸을 것입니다.

*
* *

존경하는 아버지 아브라함이여!

당신이 모리아 산에서 집으로 돌아갔을 때, 당신은 모든 것을 얻고 이삭을 지켰기 때문에 잃어버린 것을 위로하기 위해 찬사가 필요하지 않습니다. 그렇지 않습니까? 주님께서는 이삭을 다시 데려가시지 않으셨지만, 당신은 천막의 저녁 식탁에 함께 행복하게 앉았습니다. 당신이 다음 세상에서 영원히 앉아 있는 것처럼 말입니다.[82]

존경하는 아버지 아브라함이여!

그 시절로부터 수 세기가 지났지만, 모든 언어가 당신을 떠올리기 때문에 망각의 힘으로부터 당신의 기억을 빼앗을 늦은 사랑하는 자가 필요하지 않습니다. 그런데도 당신은 누구보다 영광스럽게 사랑하는 자에게 보답합니다. 다가올 삶에서 당신은 그를 당신의 가슴에서 영원히 행복하게 만들고,[83] 이생에서는 당신의 행동의 경이로움으로 그의 눈과 마음을 사로 잡습니다.

존경하는 아버지 아브라함이여!

인류의 두 번째 아버지여![84] 하나님과 다투기 위해 성난 원소들과 창조의 힘과의 무서운 싸움을 경멸하는 그 엄청난 열정을 가장 먼저 느끼고 증거한 당신, 이교도들이 존경했던 **신성한 광기**[85]에 대해 거룩하고 순수하며 겸손한 표현을 가장 먼저 알았던 당신, 당신을 찬양하고 싶었던 사람이 제대로 하지 못했다면 용서해 주십시오.

그는 자신의 마음이 요구하는 대로 겸손하게 말했습니다. 겉으로 보이는 대로 짧게 말했습니다. 그러나 그는 당신이 모든 예상을 깨고 노년의 아들을 얻는 데 100년이 걸렸고,[86] 이삭을 지키기 전에 칼을 뽑아야 했던 것을 결코 잊지 않을 것입니다. 130년[87] 동안 그는 당신이 믿음보다 더 나아 가지 않았다는 것을 결코 잊지 않을 것입니다.

참고 자료

1   로마의 황제 타르퀴니우스 스페르부스의 아들은, 그가 간교한 수법으로 가비시의 지
     배자가 되었을 때, 로마에 있는 부친에게 밀사를 보내어 다음에 할 일을 물었다. 타르
     퀴니우스는 그 밀사를 믿지 않았기 때문에, 그 밀사를 정원으로 데리고 와서 거닐며
     지팡이로 가장 높이 솟은 양귀비꽃 열매 몇 개를 쳐서 떨어뜨렸다. 밀사는 그 뜻을 몰
     랐으나 황제의 아들은 그 이야기를 듣고 곧 그 도시의 지도적 인물의 머리를 베라는
     지시인 줄 알고 그 일을 실천하였다. 이 모토는 키르케고르가 제삼자에게 이해되지
     않는 어떤 것을 그의 애인 레기네에게 간접적으로 전달하려는 것을 암시하고 있는 것
     일 수 있다. 또한, 양귀비를 베는 행위, 즉 적들의 제거라는 명백한 내용은 여기서 중
     요하지 않다. 키르케고르가 강조하는 것은 어떤 행위가 특별한 지식을 가진 사람에게
     전혀 다른 의미를 가질 수 있다는 것 같다. 아들은 아버지와 특별한 관계 때문에 이해
     했다. 마찬가지로 신앙을 가진 사람은 보통 사람이 보게 될 것과 같은 것을 보게 되겠
     지만, 신앙 때문에 거기서 다른 것을 보게 될 것이다. '평범한' 사람에게 아브라함은
     살인을 시도하는 것을 본다. 믿음의 눈으로 보면 그는 하나님께 순종하고 있다.
2   하만(1730~88), 북방의 현자, 철학자이자 프로테스탄트 사상가. 계몽적 합리주의가
     강한 영향력을 가진 시대에 그에 대한 철저한 비판을 전개하고 후의 낭만주의나 실존
     주의에 연결된 길을 열었다. 쾨니히스베르크에서 태어나, 본래는 상업적 목적으로 건
     너간 런던에 체류중, 결정적 회심을 체험하였다.
3   이 책의 제목과 관련하여서는 다음을 참고하라. [빌2:12] "그러므로 나의 사랑하는 자
     들아 너희가 나 있을 때뿐 아니라 더욱 지금 나 없을 때에도 항상 복종하여 두렵고 떨
     림으로 너희 구원을 이루라"
4   드 실렌티오(de silentio): 라틴어로 "침묵에서" 또는 "침묵에 관하여"를 의미한다. 키
     르케고르는 이 책을 쓸 당시 가명의 작가 요하네스 드 실렌티오를 저자로 사용하였
     다.

5   도박장이나, 게임장에서 점수를 올바르게 나타내는지 보는 사람

6   이 부분은 무엇보다 덴마크의 헤겔파 철학자였던 요한 루드비그 하이버그(John Ludvig Heiberg, 1791-1860)와 한스 라센 마르텐센(Hans Lassen Martensens, 1808-1884)과 관련이 깊다. 마르텐센은 헤겔의 작품을 읽고 헤겔 사변 신학자였던 칼 다우브(Carl Daub)의 작품을 연구했다. "앞으로 나아간다"는 말은 체계를 세우려 했던 헤겔파 학자들을 언급하는 것이다.

7   르네 데카르트, 『철학의 원리』. 원석영 역. 서울: 아카넷, 2014.

8   그 당시 경비원의 임무 중의 하나가 불이 났을 때, 화재발생 경보를 알리는 것이었다.

9   르네 데카르트, 『방법서설』 김선영 역 (서울: 부북스, 2018), 1부 4와 5를 참고하라.

10   예를 들어, 다음을 보라. Fragment, KW VII (SV IV 246-47); Postscript, KW XII (SV VII 290 fn., 307).

11   아마도 이 부분은 데카르트를 의미한다.

12   디모데후서 4:7, "나는 선한 싸움을 싸우고 나의 달려갈 길을 마치고 믿음을 지켰으니"

13   이 작품의 부제가 "변증법적 서정시"이다. 그런데도, 요하네스 드 실렌티오는 번갈 아 가면서 그가 시인이든가 변증가(dialectician, 철학자)이든가 하는 것을 주장하기 도 하면서 거부하기도 하는 것처럼 보인다.

14   평소보다 업무량이 많을 때 문서 및 기타 공문서를 정리하는 것이 업무인 임시 고용 비서를 의미한다.

15   덴마크어로 확인해 보면 알겠지만, '과학'과 '열정'이라는 덴마크어 단어는 리듬감이 있다.

16   추가, 나중에 최종본에서 삭제된 것; Pap. IV B 89:1 n.d., 1843
우리 시대에 작가가 된다는 것은 학자들이 돌아다니며 문 앞에서 노래를 부르던 시절 에 학생이 되는 것만큼이나 굴욕적인 일이기 때문이다.

17   아드레세아비센의 신문 광고: 아드레세아비센은 코펜하겐의 광고 기관이었 다. 이 신문은 사실상 편집 자료를 발행하지 않았지만, 1854년까지 공식 명칭인 Kjøbenhavns kongelig alene privilegerede Adressecomptoirs Efterretninger 로 광고와 공지를 독점했다. 1800년부터 신문은 일주일에 6일 발행되었고, 1841 년에는 발행 부수가 7000부였다. 정원사는 아드레아비센에서는 사용되지 않았지 만 원예 및 정원 가꾸기 광고와 관련하여 Berlingske politiske와 Avertissements-Tidende에서 자주 사용되던 비네트(vignet)를 가리킨다. 이 비네트는 허리를 구부 린 자세로 물뿌리개를 손에 들고 덤불 몇 개에 물을 주는 남자의 모습을 묘사하고 있

다.

18 이 부분은 다음을 참고하라. JJ:98, Pap. IV A 88

작가가 되는 것이 조금씩 가장 불쌍한 일이 되었다. 일반적으로 정원사의 견습생처럼 자신을 표현해야 한다. 아드레세아비센(Adresseavisen)의 비네트에서 모자를 쓰고 절을 하고 기어 다니며 좋은 자료로 자신을 추천한다. 얼마나 어리석은가. 글을 쓰는 사람은 읽는 사람보다 자신이 쓰는 내용을 더 잘 이해해야 한다. 그렇지 않으면 글을 쓰지 말아야 한다.

혹은, 대중을 속이는 방법을 아는 영리한 엉터리 변호사가 되도록 주의해야 한다.―나는 안 한다. 안 한다. 나는 절대 하지 않는다. 아니, 아니, 아니다. 나는 내가 원하는 대로 글을 쓴다. 다른 사람들은 구매, 읽기, 리뷰 등을 자제하고 그들이 원하는 대로 할 수 있다.

옆의 그림을 참고하라.

19 이 말은 J.L. 하이버그의 7번째 장면에 나오는 내용이다. 하이버그의 <평론가와 동물>(Recensenten og Dyret, 1826)에서 영원한 제자 트로프는 자신의 비극 <인류의 멸망>을 똑같은 조각으로 잘라 두 권으로 나누고 싶어하는데, 이는 "맛을 살리는 데 비용이 더 들지 않는데 왜 그렇게하지 않아야 합니까?"라는 말로 이루어진다. 다음을 참고하라. J.L. Heibergs Samlede Skrifter. Skuespilbd. 1-7,Kbh. 1833-41, ktl. 1553-1559; bd. 3, 1834, s. 221.

20 관세가 부과되는 수입 물품을 검사하는 일을 하는 공공 세관원을 비하하는 용어로, 예를 들어 성문에서 수입 물품을 검사하는 일을 담당한다.

21 여기에서 키르케고르는 당시 유행하고 있었던 전체 헤겔 작품을 공유했던 헤겔주의

자들을 겨냥하고 있다.

22 탑: 아마도 누가복음 14장 28~30절에서 예수님이 말씀하신 것을 가리킨다. "너희 중의 누가 망대를 세우고자 할진대 자기의 가진 것이 준공하기까지에 족할는지 먼저 앉아 그 비용을 계산하지 아니하겠느냐? 그렇게 아니하여 그 기초만 쌓고 능히 이루지 못하면 보는 자가 다 비웃어 이르되, 이 사람이 공사를 시작하고 능히 이루지 못하였다 하리라."

23 다음을 참고하라. 최종본에서; Pap. IV B 81 n.d., 1843

1. προοιμια[프로이미아]. 분위기

2. 그의 갈망은 아브라함이 그 늙은 이교도처럼 슬픔을 뒤로한 채 말을 타고 인생을 걸어가는 것이 아니라, 눈앞에 모리아산을 두고 이삭을 곁에 두고 사흘간의 여정을 함께 하는 것이었다. 그는 그 시간에만 함께 있기를 원했다. . . .

JJ:103, Pap. IV A 93

나는 앉아서 내 속사람에 있는 소리를, 음악의 행복한 음표를, 오르간의 깊은 진지함을 듣는다. 그것들을 전체로 작업하는 것은 작곡가를 위한 것이 아니라 사람을 위한 것이다. 그는 삶에 대한 더 무거운 요구가 부재하는 한 자신을 이해하고 싶다는 단순한 요구에 매인다.—자기 안에 아무런 요소가 없을 때, 매개하는 것은 예술이 아니다.

24 작품 전체에서 네 가지 관련 기본 용어가 사용된다. "시험(유혹)하다(tempt, friste)," "시험(유혹, temptation, Fristelse)," "시험하다(test, prøve)," "시도하다(try, forsøge)," "시련(Prøvelse)"이 그것이다. 모두 시험이나 유혹을 통해 시도한다는 본질적인 의미는 동일하다. 그러나 "시험하다(friste)"는 작품에서 두 가지 의미로 사용된다. (1) 9쪽, 63쪽에서와 같이 "시험하다"라는 의미(개역개정 성경)로 사용되며, 당시 덴마크어 성경의 용어이기 때문에 이 용어를 사용했다. 60, 71, 123쪽에서와 같이 "시험"과 "유혹"이 동의어로 함께 사용되는 경우도 있다. (2) 그러나 나중에 요하네스 드 실렌티오는 60, 115쪽에서와 같이 "유혹"을 높은 것에 대한 낮은 것의 끌림이라는 일반적인 의미로 사용한다. 따라서 하나님에 대한 절대적 의무와 관련하여 보편적인 것으로서의 윤리는 유혹이 될 수 있다. '시험하다', '시도하다', '시련'이라는 다른 세 가지 용어의 의미는 "유혹하다"의 첫 번째 의미와 동의어이다. 참고로, Repetition, 209쪽(KW VI, SV III 243), Postscript, KW XII(SV VII 226, 399), JP II 2222(Pap. X4 A 572)을 참조하라.

25 키르케고르는 여기에서 창세기 22:1-19를 자유롭게 인용하고 의역한다.

26 창세기 12:1-2, "여호와께서 아브람에게 이르시되 너는 너의 고향과 친척과 아버지

의 집을 떠나 내가 네게 보여 줄 땅으로 가라. 내가 너로 큰 민족을 이루고 네게 복을 주어 네 이름을 창대하게 하리니 너는 복이 될지라."

27 이 부분은 창세기 18:1-15과 창세기 21:1-3을 가리킨다. 이곳을 보면, 하나님께서는 아브라함과 사라를 방문하여 아들을 낳을 것이라고 약속하신다. 아브라함과 사라는 둘 다 나이가 많았지만 아들을 낳았다.

28 다음을 참고하라. 초고에서; Pap. IV B 73
아브라함은 이삭을 제물로 바쳐서 위대했던 것이 아니라, 믿음이 있었기 때문에, 쾌활하고 의지가 있었기 때문에 위대했다. 이것이 네 가지 문제에서 강조되는 내용이다. 왜냐하면 각각의 경우에 그는 그것을 행하지만 믿음으로 행하지 않기 때문이다.

29 창세기 22:1-2

30 다음 외경을 참고하라. 이 부분은 창세기에 등장하지 않는다. 키르케고르는 다음 외경을 참고하였다. 유딧서 10:10, "그들이 성문을 열자 유딧은 자기 하녀를 데리고 그곳을 빠져나갔다. 그 도성 사람들은 유딧이 산을 내려가 골짜기를 지나 보이지 않게 될 때까지 지켜보았다."
1842년 5월 키르케고르의 일기 JJ을 보면 다음과 같이 기록되어 있다. JJ:1 , Pap. III A 197
나는 구약성경 유딧서에서 낭만주의자의 완벽한 예를 발견했다. 10장 11절:
"유딧이 여종과 함께 나가니, 성읍 사람들이 유딧이 산을 내려갈 때까지, 골짜기를 지나갈 때까지 그녀를 보았으나 더 이상 볼 수 없었다. 그리고 그들은 골짜기를 지나 곧장 앞으로 나아갔다."

31 이 부분은 다음을 참고하라. JJ:87, JP V 5640 (Pap. IV A 76) n.d., 1843
개요
(구약성경이나 코란에 나타나지 않은 내용) 이삭이 아버지와 함께 모리아 산으로 갈 때, 그 여행의 목적인 그가 희생제물로 드려진다는 사실을 알고 있었다고 가정해 보자. 오늘날 시인이 본다면, 아버지와 아들이 길을 가면서 한 이야기를 이렇게 묘사했을 것이다. 우선 아브라함이 아버지의 깊은 사랑의 눈으로 아들을 바라보았을 것을 상상해 본다.
아버지는 마음이 아프고 위엄 있는 표정을 하고 다급하게 말한다. 아들 이삭에게 아들의 운명을 인내심 있게 견디라고 권고했고, 아들의 이런 운명으로 인해서 아버지로서 겪는 고통이 이루 말할 수 없다는 사실을 아들에게 희미하게나마 이해를 시켰다. 하지만 도움이 되지 않았다. 그런데 아브라함이 잠시 아들을 떠나 있다가 다시 아들에게 돌아왔을 때 이삭은 아버지의 모습이 알아볼 수 없을 정도로 변했다고 나는 상상해 본다.

아브라함의 눈은 사나웠고, 표정은 냉혹했으며, 존경스럽던 머리카락은 그의 머리 위에서 분노한 듯이 솟아있었다. 아브라함은 이삭의 가슴을 움켜쥐고 칼을 뽑으면서 말했다. "너는 내가 이 일을 하나님 때문에 한다고 생각하지만, 그러나 그건 잘못된 생각이야. 나는 아들을 살해하는 우상숭배자다. 이 열정이 내 영혼을 움직였어. 나는 너를 살해하고 싶다. 이것은 하나님이 시킨 일이 아니라 내가 원해서 한 거야. 나는 식인종보다 더 악한 자다. 절망하거라. 이 어리석은 꼬마야. 내가 네 아버지인 줄 아느냐? 나는 너를 죽일 살인자다. 이것은 내가 원해서 하는 일이다."

그러자 이삭은 무릎을 꿇고 하늘을 보고 부르짖었다. "자비로우신 하나님, 저에게 자비를 베풀어주소서." 그러나 그때 아브라함은 혼잣말로 속삭였다. "마땅히 그래야지. 아들이 나를 괴물로 믿고, 나를 저주하고, 내가 그의 아버지였다는 사실을 저주하고 하나님께 기도하는 것이 차라리 더 낫다. 이것이 하나님께서 내린 시험이었다는 사실을 몰랐으면 좋겠어. 만일 알게 되면 그는 정신이 나가서 하나님을 저주할지도 몰라."

그러나 이런 갈등을 접해본 현대 시인이 어디 있겠는가? 하지만 아브라함의 행동은 참으로 시적이고, 고귀하고, 내가 일찍이 비극에서 읽었던 그 어떤 것보다도 더 고귀하다. 아기를 젖뗄 때, 어머니는 젖가슴을 검게 칠하지만, 엄마의 두 시선은 아이를 사랑스레 바라본다. 아기는 젖가슴이 이상하게 변했다고 믿게 되지만, 어머니는 변함이 없다. 엄마가 왜 젖가슴을 검게 칠했을까? 엄마가 말하길, "왜냐하면 아기가 젖을 먹을 수 없는데 젖가슴이 매력적으로 보이는 것은 수치이기 때문이다"라고 한다. 이 갈등은 쉽게 해결된다. 왜냐하면 가슴은 엄마의 일부일 뿐이기 때문이다. 더 끔찍한 충돌을 경험하지 않은 자, 자신을 검게 칠할 필요가 없는 자, 자신이 악마의 모습을 닮을 수 있도록, 그런 방식으로 적어도 하나님과의 관계 속에서 다른 사람을 구원하기 위해 지옥으로 내려갈 필요가 없는 자, 그는 행운아이다. 이것이 아브람의 충돌이었을 것이다.

이 수수께끼를 풀어낸 사람이 내 삶을 설명할 수 있었다.

그러나 나와 동시대인들 중에 누가 이것을 이해했을까?

여백에서; JP V 5641 (Pap. IV A 77) n.d.

아브라함의 전생에 죄책감이 없었던 것은 아니었을 것이고, 이제 조용한 마음으로 그것이 하나님의 형벌이라는 생각에 빠져들게 할 수도 있고, 심지어 그 형벌을 최대한 무겁게 만들기 위해 하나님을 도와야 한다는 우울한 생각까지 하게 할 수도 있다.

32 고대 그리스 세계에서 무릎을 꿇고 윗사람의 무릎을 껴안는다는 것은 겸손과 존경의 표현이었다. 따라서 고민에 빠진 오디세우스는 호머 오디세이의 6권 노래 142절에서 나우시카 공주에게 다가가 "거룩한 자의 무릎을 겸손히 껴안아야 할지"를 고민한다(참고. 호메로스, 《일리아스/오디세이아》. 이상훈 역. 서울: 동서문화사, 2012) 이삭은 아브라함에게 자비를 구하지 않고, 이피게니아는 아버지 아가멤논에게 그런 간청을 했다.

33 이 부분은 다음을 참고하라. 초고에서; Pap. IV B 69 n.d., 1843
아마도 한 가지 방법이 더 있을 수도 있다. 사라에게 이 사실을 알려서 이의를 제기하게 하는 것이다. 이 지점에서 아브라함의 절망은 다음과 같이 표현될 수 있다. "불쌍한 여자여, 이삭은 사실 우리 아이가 아니다. 그가 태어났을 때 우리 둘 다 늙지 않았느냐? 그 소식을 들었을 때 당신도 웃지 않았느냐?"

Pap. IV B 69에 추가된 것; Pap. IV B 70
아브라함은 사라에게 이렇게 말했던 것이다. 그녀는 겁에 질려 그를 말리려 했지만 아브라함은 이렇게 말했다. "불쌍한 여자여, 당신이 어떻게 우리 아이인 줄 알았느냐? 당신이 그를 낳은 것은 늙어서가 아니었느냐, 우리 둘 다 쇠약해지지 않았느냐? 그것은 우리 아이가 아니라 유령이다."

Pap. IV B 69에 추가된 것; Pap. IV B 71
아브라함은 사라와 이혼하기를 원했다. 그는 사라의 불임이 모든 것의 원인이라고 주장했다.

34 아브라함과 사라에 관한 약속은 다음을 보라. 창세기12:1-3, 17:2-21.

35 최종본에서; Pap. IV B 83 n.d., 1843
여백에서: 아이가 커서 젖을 떼야 할 때, 어머니는 젖을 숨기고 아이는 젖이 더 이상 없다고 믿지만, 어머니는 젖을 간직하고 있다. 아이의 젖을 떼기 위해 이 순진한 속임수만을 필요로 하는 자, 그는 얼마나 운이 좋은가!
아이가 젖을 뗄 때가 되면 어머니는 처녀처럼 유방을 숨기게 되고, 아이에게는 더 이상 어머니가 없다.

36 다음을 보라. 창세기 16장, 창세기 21:9-21

37 이후의 단락은 다음을 참고하라. 최종본의 여백에서; Pap. IV B 84 n.d., 1843
아이가 젖을 떼야만 할 때, 엄마도 슬픔이 없는 것은 아니다.* 엄마의 가슴에 안겨 있던 아이가 더 이상 엄마 곁에 있지 않게 될 것이기 때문이다. 그래서 그들은 짧은 슬픔을 함께 슬퍼한다. 아이를 더 이상 밀어내지 않아도 된 사람은 얼마나 다행인가.

*왜냐하면 그들은 점점 더 분리되고 서로 멀어지기 때문에, 처음 그녀의 가슴 아래에 누워 있었고 그 후 그녀의 가슴에 안긴 아이는 더 이상 그녀와 그렇게 가까이 있지 않을 것이기 때문이다.

38 자식이 없는 아브라함은 다메섹의 엘리에셀을 자신의 후계자로 여겼다. 다음 성경구절을 참고하라.

[창15:2] "아브람이 이르되 주 여호와여 무엇을 내게 주시려 하나이까 나는 자식이 없사오니 나의 상속자는 이 다메섹 사람 엘리에셀이니이다."

39 이후의 단락은 다음을 참고하라. 최종본의 여백에서; Pap. IV B 85 n.d., 1843

아이가 젖을 떼야만 할 때, 어머니는 더 강한 생계수단으로 아이를 먹인다. 아이가 죽도록 젖을 뗄 필요가 없었던 사람은 얼마나 운이 좋은가?

40 이후의 단락은 다음을 참고하라. 초고에서; Pap. IV B 66 n.d., 1843

이렇게 그리고 수많은 비슷한 방식으로 그는 그 사건에 대해 생각했다. 그는 결코 지칠 줄 몰랐고, 매번[*] 끝날 때마다, 손을 모아 이렇게 말했다.

"아브라함만큼 위대했던 사람은 없다. 그를 이해할 수 있는 사람은 그것 때문에 위대하다."

때때로 그는 아브라함에게 자신을 비난할 만한 무언가가 있었다면, 즉 그의 내면에 신성한 대본을 읽을 수 있는 어떤 요소가 있었다면 더 부담스러웠을지 궁금해했다. 그러나 그는 아브라함의 시련[Prøvelse]이 가장 어려웠다는 것을 이해할 수 있었다. 왜냐하면 그의 영혼에 의심이 생기는 한, 그것은 오직 하나님의 사랑에 관한 것이었기 때문이다. 그러나 자신에게 진노를 내린 사람은 시험을 받지 않고 벌을 받는다는 것, 비록 자기 자신을 희생시키고, 가장 소중한 것을 파괴하고, 긴 생애 동안 이러한 고통을 받아야 하는 끔찍한 형벌일지라도 말이다. 그러나 이 두 가지 영적 시험[spiritual trial, Anfægtelser]은 같은 정도이거나 같은 강도를 가지고 있었다. 그럼에도 불구하고 그는 이러한 생각으로 혼란스러워지기 시작할 때마다, 이런 의미에서 하나님께서 사람을 시험하신다는 생각을 굳게 붙잡고 싶었기 때문에, 자신이 감당할 수 없는 일에 성급히 뛰어들었다는 단순한 설명으로 자신을 위로했다.

[*]여백에서: 그는 모리아 산으로 갔다가 집으로 돌아올 때마다 지쳐서 쓰러졌다. 그러나 모리아 산으로 가는 여정에 지칠 줄 몰랐다.

Pap. IV B 66의 여백에서; Pap. IV B 67

전체 이야기의 요점은 아브라함이 자신보다 이삭을 더 사랑한다는 것을 진정으로 확신하는 데 있다. 이 의심은 끔찍하다. 누가 그것을 결정하는가? 그렛 사람(Cherethites)과 블렛 사람(Pelethites)에 대한 확신[*]은 아무 소용이 없다. 여기서 그것은 개인에서의 하나님-의식(God-consciousness)의 문제이다. 외적인 표현 자체, 즉 행위가 그것과 모순되기 때문이다. 아브라함이 그렇게 한 다음 자신에 대해 불확실해지면, 아무도 그를 이해하지 못할 것이며, 그는 미쳐 버리거나 다시 자신 안에서 하나님-의식을 얻게 될 것이라고 확신 할 수 있다. 그가 의무 때문에 아들을 희생한다면, 의무의 맥락에서 보면 아들은 한 인간으로서의 지위를 가지기 때문에 덜 중요하지만(로마인이 범죄를 저질러 아들을 처형하도록 허용한 것과 같은 맥락에서), 그가 의무를 위반하고 모든 것이 시련의 맥락에서 나타난다면, 그것은 극히 중요하다. 자기를 부인하고, 의무에서 벗어나 자기를 희생하고, 무한한 것을 파악하기 위해 유한한 것을 포기하는 사람은 충분히 안전하다. 의무는 보편적인 것이기 때문에, 그는 항상 보편적인 것 안에서 이해되어야 한다. 그러나 훨씬 더 높은 것을 파악하기 위해 의무를 포기한 사람, 그가 오류에 빠진다면, 그에게 무슨 구원이 있겠는가?** 이 충돌에서 끔찍한 것은 이것이다. 이것이 하나님의 명령과 인간의 명령 사이의 충돌이 아니라, 하나님의 명령과 하나님의 명령 사이의 충돌이라는 점이다.

[*] 이 부분은 다음을 참고하라. [삼하8:18] "여호야다의 아들 브나야는 그렛 사람과 블렛 사람을 관할하고 다윗의 아들들은 대신들이 되니라."
[삼하15:18] "그의 모든 신하들이 그의 곁으로 지나가고 모든 그렛 사람과 모든 블렛 사람과 및 왕을 따라 가드에서 온 모든 가드 사람 육백 명이 왕 앞으로 행진하니라."
[삼하20:23] "요압은 이스라엘 온 군대의 지휘관이 되고 여호야다의 아들 브나야는 그렛 사람과 블렛 사람의 지휘관이 되고"

** Pap. IV B 67에 추가된 것; Pap. IV B 68
그는 하나님과의 행복을 위해 세상에서의 행복을 파괴한다. 이제 그가 하나님을 오해했다면, 그는 어디로 향해야 할까?
셰익스피어에 대한 찬사에서, 그가 이 마지막 고통을 묘사하지 않은 것을 유감스럽게 생각한다.
41 초고에서; Pap. IV B 72 n.d., 1843
아브라함이 의심하고 결과적으로 신중했다면, 그는 아마도 침묵을 지키고 모리아 산에 나가서 자신을 희생했을 것이다. 그것은 참으로 고귀했을 것이다. 그런데도 아브라함은 의심하는 사람이었을 것이다. 그러나 그는 물속에서 나온 것이 아니라, 물속으로 걸어들어간 것이다. 인간의 계산을 포기한 것이 아니라, 인간의 계산에 따라 고귀한 사람이 되었을 것이다.

42 여기에서 처음으로 가명의 작품에서 "영원한 의식"이라는 표현과 변형적 형태가 사용되었다. 또한, 이 말이 사용된 예는 다음을 참고하라. Philosophical Fragments, KW VII (SV IV 173, 224, 271); The Concept of Anxiety, p. 153, KW VIII (SV IV 418); Stages on Life's Way, KW XI (SV VI 91); Postscript, KW XII (SV VII 6, 122, 483, 500); Upbuilding Discourses in Various Spirits, KW XV (SV VIII 226); The Sickness unto Death, pp. 70-71, 79, 113, KW XIX (SV XI 182, 191, 223).
간단히 말해, 이것은 자아 의식을 의미한다. 특별히 플라톤처럼 기억의 맥락에서, 궁극적으로는 하나님 앞에서의 자아 의식이다.

43 다음을 참고하라. 호머, 일리아스 6권 146-48절, "튀데우스의 아들이여, 기상이 높은 그대는 어째서 나의 가문을 따지고 묻는가. 나뭇잎이 살아가는 모양이야말로 인간의 생사와 조금도 다를 것이 없소. 때로는 바람이 불어와 땅 위에 나뭇잎을 흩뿌리지만, 또 한편에서는 숲속에서 무성하게 자라 나뭇잎을 왕성하게 하고, 봄의 계절을 맞소. 마찬가지로 인간 세상도 한편에서는 태어나고, 한편에서는 잊혀지고 사라져 가는 법이오."

44 기억의 천재: 기억의 수호신. 인간의 보호자이자 안내자로 따르는 날개 달린 젊은이로 종종 묘사되는 영혼을 뜻한다.

45 오해의 구름: 호머에서는 영웅을 구름으로 감싸서 위험에서 벗어나게 하는 것이 신들의 능력이다. 예를 들어, 아프로디테는 그리스 메넬라오스가 트로이의 알렉산더를 죽이려고 할 때 일리아드 세 번째 노래 380f에서 이런 식으로 그를 돕는다. "그러나 멀리 아프로디테가 그를 붙잡아 / 여신인 빛으로 구름으로 감싸고 / 그를 집으로 인도했다."
또한 사도행전 1장 9절에서 예수님이 제자들이 지켜보는 가운데 "구름이 그를 그들의 시야에서 데려가셨다"는 예수님의 승천에 대한 기록을 암시하는 것일 수도 있다.

46 잠언 16:32, "노하기를 더디하는 자는 용사보다 낫고 자기의 마음을 다스리는 자는 성을 빼앗는 자보다 나으니라."

47 이 부분은 야곱을 암시한다. 창세기 32:25-30, "자기가 야곱을 이기지 못함을 보고 그가 야곱의 허벅지 관절을 치매 야곱의 허벅지 관절이 그 사람과 씨름할 때에 어긋났더라. 그가 이르되 날이 새려하니 나로 가게 하라. 야곱이 이르되 당신이 내게 축복하지 아니하면 가게 하지 아니하겠나이다. 그 사람이 그에게 이르되 네 이름이 무엇

이냐 그가 이르되 야곱이니이다. 그가 이르되 네 이름을 다시는 야곱이라 부를 것이 아니요 이스라엘이라 부를 것이니 이는 네가 하나님과 및 사람들과 겨루어 이겼음이니라. 야곱이 청하여 이르되 당신의 이름을 알려주소서. 그 사람이 이르되 어찌하여 내 이름을 묻느냐 하고 거기서 야곱에게 축복한지라. 그러므로 야곱이 그곳 이름을 브니엘이라 하였으니 그가 이르기를 내가 하나님과 대면하여 보았으나 내 생명이 보전되었다 함이더라."

48 이 부분은 고린도후서 12:1-10을 암시한다. 여기에서 바울은 자신의 환상과 계시에 대해 이야기한다.

고린도후서 12:9, "나에게 이르시기를 내 은혜가 네게 족하도다. 이는 내 능력이 약한 데서 온전하여짐이라 하신지라. 그러므로 도리어 크게 기뻐함으로 나의 여러 약한 것들에 대하여 자랑하리니 이는 그리스도의 능력이 내게 머물게 하려 함이라."

49 고린도전서 3:18-19, "아무도 자신을 속이지 말라. 너희 중에 누구든지 이 세상에서 지혜 있는 줄로 생각하거든 어리석은 자가 되라. 그리하여야 지혜로운 자가 되리라. 이 세상 지혜는 하나님께 어리석은 것이니 기록된 바 하나님은 지혜 있는 자들로 하여금 자기 꾀에 빠지게 하시는 이라 하였고"

50 로마서 4:18, "아브라함이 바랄 수 없는 중에 바라고 믿었으니 이는 네 후손이 이같으리라 하신 말씀대로 많은 민족의 조상이 되게 하려 하심이라."

51 요한복음 12:25, "자기의 생명을 사랑하는 자는 잃어버릴 것이요 이 세상에서 자기의 생명을 미워하는 자는 영생하도록 보전하리라."

52 히브리서 11:8-19를 참고하라. 또한, 창세기 17:8을 보라.

53 주님께서 기뻐하신 사람: 마태복음 12장 18절에서 하나님의 종에 대해 "내 마음에 기뻐하는 바 내가 사랑하는 자로다"라고 말한다. 또한 마태복음 17장 1-8절에는 예수님이 제자 세 명과 함께 산에서 변화를 받으신 후 광명한 구름이 나타나 말씀하시는 장면이 나온다: "이는 내 사랑하는 아들이요 내 기뻐하는 자니 너희는 그의 말을 들으라 하시는지라."

54 하나님이 택하신 사람: 하나님께서 백성의 지도자로 선택하신 아브라함(참조, 창 12:1-3)과 그리스도께서 십자가에 못 박히셨을 때 누가복음 23:35에서 의원들이 말하는 그리스도를 가리키는 명칭이다. [눅23:35] "백성은 서서 구경하는데 관리들은 비웃어 이르되 저가 남을 구원하였으니 만일 하나님이 택하신 자 그리스도이면 자신도 구원할지어다 하고"

55 아마도 로마의 시인 오비드(기원전 43년~서기 17년?)로 추정되며, 서기 8년에 카이사르 아우구스투스에 의해 흑해의 토미로 추방당했다. 다음을 참고하라. Tristia and

Ex Ponto, P. Ovidii Nasonis opera quae extant, ed. A. Richter (Leipzig: 1828; ASKB 1265); Tristia [and] Ex Ponto, tr. A. L. Wheeler (Loeb Classics, New York: Putnam, 1924).

56 로마서 12:15, "즐거워하는 자들과 함께 즐거워하고 우는 자들과 함께 울라."

57 창세기 22:18, "또 네 씨로 말미암아 천하 만민이 복을 받으리니 이는 네가 나의 말을 준행하였음이니라 하셨다 하니라."
갈라디아서 3:8, "또 하나님이 이방을 믿음으로 말미암아 의로 정하실 것을 성경이 미리 알고 먼저 아브라함에게 복음을 전하되 모든 이방인이 너로 말미암아 복을 받으리라 하였느니라."

58 53번 각주를 참고하라.

59 여호수아 10:12-13, "여호와께서 아모리 사람을 이스라엘 자손에게 넘겨 주시던 날에 여호수아가 여호와께 아뢰어 이스라엘의 목전에서 이르되 태양아 너는 기브온 위에 머무르라 달아 너도 아얄론 골짜기에서 그리할지어다 하매, 태양이 머물고 달이 멈추기를 백성이 그 대적에게 원수를 갚기까지 하였느니라. 야살의 책에 태양이 중천에 머물러서 거의 종일토록 속히 내려가지 아니하였다고 기록되지 아니하였느냐."

60 이 부분은 마태복음 26:39를 암시하고 있다. "조금 나아가사 얼굴을 땅에 대시고 엎드려 기도하여 이르시되 내 아버지여 만일 할 만하시거든 이 잔을 내게서 지나가게 하옵소서. 그러나 나의 원대로 마시옵고 아버지의 원대로 하옵소서 하시고"

61 갈라디아서 4:4-5, "때가 차매 하나님이 그 아들을 보내사 여자에게서 나게 하시고 율법 아래에 나게 하신 것은 율법 아래에 있는 자들을 속량하시고 우리로 아들의 명분을 얻게 하려 하심이라."

62 이스라엘 백성이 신 광야에서 목이 마르자, 비옥한 이집트에서 그들을 인도한 모세와 아론을 책망했다. 모세와 아론은 주님의 영광이 그들에게 나타난 계시의 장막 입구로 갔다. 모세는 지팡이를 받아 믿지 않는 동족들이 보는 앞에서 반석을 두 번 치니 물이 풍성히 쏟아져 가축들도 갈증을 해소했지만, 주님은 모세와 아론에게 "여호와께서 모세와 아론에게 이르시되 너희가 나를 믿지 아니하고 이스라엘 자손의 목전에서 내 거룩함을 나타내지 아니한 고로 너희는 이 회중을 내가 그들에게 준 땅으로 인도하여 들이지 못하리라 하시니라."라고 말씀하신다. 민수기 20:1-13을 참고하라.

63 교활한 힘 ... 시간과의 싸움: 이 구절에는 아마도 다음 두 가지 가능한 것보다 더 많은 문학적 암시가 포함되어 있을 것이다: "눈을 깜빡이지 않는 깨어 있는 적"은 그리스 신화에 나오는 아르고스(라틴어 Argus)일 수 있으며, 이 이야기는 오비디우스가 『변신』 1곡, 625ff에서 나온다. 주노(그리스 헤라)는 강신 이나쿠스(그리스 이나쿠

스)의 딸 이오가 주피터(그리스 제우스)와 사랑에 빠지자 영웅 아르구스에게 그녀를 지키도록 맡겼다. 주노는 이오를 소로 만들어 아르구스가 나무에 묶어 두었다. 그는 백 개의 눈으로 그녀를 지켰지만, 머큐리(그리스 헤르메스)가 목성의 명령에 따라 모두 잠들게 했고, 그 후 목성은 아르구스를 죽이고 주노는 그를 꼬리에 눈이 장식된 공작으로 변신시켰다.

아담 올렌슐라거(Adam Oehlenschläger)는 무적의 이교도 신 토르(Thor)가 요툰헤임(Jotunheim)의 거인들을 방문하는 동안 해결하려 했던 불가능한 과제에 대한 고대 북유럽 신화를 다시 말했다. 다음을 참고하라. "요툰헤임을 향한 토르의 여행" 북유럽 시집에 수록된 5곡의 서사시. Et episk Digt i 5 Sange" in Nordiske Digte, Kbh. 1807, ktl. 1599, p. 97ff. 토르는 고대 여인과 레슬링 시합에서 패배하는데, 그 여인은 나중에 시간 그 자체로 밝혀진다: "늙고 주름진 여자, 당신을 찌르고 천천히 극복했을지도 모르는 보기에 너무 이상했던 사람. 당신의 힘이 컸음에도 불구하고 두려움에서 사라지지 않는 사람, 승리하도록 가르친 사람, 시간, 강한 토르였습니다!"

64 창세기 22:1-2를 참고하라. 이 단어가 현대어 덴마크어 성경에는 Prøve로 되어 있다.

65 창세기 18:12, "사라가 속으로 웃고 이르되 내가 노쇠하였고 내 주인도 늙었으니 내게 무슨 즐거움이 있으리요."

창세기 17:17, "아브라함이 엎드려 웃으며 마음속으로 이르되 백 세 된 사람이 어찌 자식을 낳을까 사라는 구십 세니 어찌 출산하리요 하고"

다음을 참고하라. 초고에서; Pap. IV B 69 n.d., 1843

아마도 한 가지 방법이 더 있을 수 있다. 사라에게 이 사실을 알려서 이의를 제기하게 하는 것이다. 이 지점에서 아브라함의 절망이 이런 식으로 표현될 것이다. "불쌍한 여자여, 이삭은 사실 우리 아이가 아니다. 그가 태어났을 때 우리 둘 다 늙지 않았느냐, 그 소식을 들었을 때 당신도 웃지 않았느냐?"

66 이삭이 태어날 당시 아브라함의 나이가 100세였으므로 이삭의 나이는 30세였을 것이다. 키르케고르는 『두려움과 떨림』을 썼을 때 30세였다.

67 창세기 12:2, "내가 너로 큰 민족을 이루고 네게 복을 주어 네 이름을 창대하게 하리니 너는 복이 될지라."

68 예수님이 제자 세 명과 함께 있는 산에서 설명하신 것, 즉 변화 또는 영광을 암시한다. 마태복음 17:2, "그들 앞에서 변형되사 그 얼굴이 해 같이 빛나며 옷이 빛과 같이 희어졌더라."

69 이 부분은 누가복음 16:19-31의 부자와 나사로의 비유를 암시한다. [눅16:26-27] "그뿐 아니라 너희와 우리 사이에 큰 구렁텅이가 놓여 있어 여기서 너희에게 건너가고자 하되 갈 수 없고 거기서 우리에게 건너올 수도 없게 하였느니라. 이르되 그러면 아버지여 구하노니 나사로를 내 아버지의 집에 보내소서."

70 창세기 22:2, "여호와께서 이르시되 네 아들 네 사랑하는 독자 이삭을 데리고 모리아 땅으로 가서 내가 네게 일러 준 한 산 거기서 그를 번제로 드리라."

71 요셉을 말한다. 다음을 보라. 창세기 35:22-23, "이스라엘이 그 땅에 거주할 때에 르우벤이 가서 그 아버지의 첩 빌하와 동침하매 이스라엘이 이를 들었더라. 야곱의 아들은 열둘이라. 레아의 아들들은 야곱의 장자 르우벤과 그 다음 시므온과 레위와 유다와 잇사갈과 스불론이요."
창세기 37:3, "요셉은 노년에 얻은 아들이므로 이스라엘이 여러 아들들보다 그를 더 사랑하므로 그를 위하여 채색옷을 지었더니"

72 길잡이 별: 아마도 동방박사들이 안내하는 별을 따라 예수님이 태어난 곳으로 인도되는 마태복음 2장 9절을 암시한다.

73 이 부분은 다음을 참고하라. 초고에서; Pap. IV B 72 n.d., 1843
아브라함이 의심하고 결과적으로 신중했다면, 그는 아마도 침묵을 지키고 모리아 산에 나가서 자신을 희생했을 것이다. 그것은 참으로 고귀했을 것이다. 그런데도 아브라함은 의심하는 사람이었을 것이다. 그러나 그는 물속에서 나온 것이 아니라, 물속으로 걸어들어간 것이다. 인간의 계산을 포기한 것이 아니라, 인간의 계산에 따라 고귀한 사람이 되었을 것이다.

74 창세기 18:23, "아브라함이 가까이 나아가 이르되 주께서 의인을 악인과 함께 멸하려 하시나이까?"

75 창세기 22:1-3, "그 일 후에 하나님이 아브라함을 시험하시려고 그를 부르시되 아브라함아 하시니 그가 이르되 내가 여기 있나이다. 여호와께서 이르시되 네 아들 네 사랑하는 독자 이삭을 데리고 모리아 땅으로 가서 내가 네게 일러 준 한 산 거기서 그를 번제로 드리라. 아브라함이 아침에 일찍이 일어나 나귀에 안장을 지우고 두 종과 그의 아들 이삭을 데리고 번제에 쓸 나무를 쪼개어 가지고 떠나 하나님이 자기에게 일러 주신 곳으로 가더니"

또한, 이 부분은 다음을 참고하라. JP V 5485 (Pap. III C 4) n.d., 1840-41
우리는 다음과 같이 읽는다. 하나님이 아브라함을 시험하시며 그에게 말씀하셨다. "아브라함아" 그리고 아브라함이 대답했다. "제가 여기 있습니다." 우리는 특히 하나님을 신뢰하고 헌신하는 성품, 시험에 맞서는 담대한 자신감, 자유롭고 주눅 들지 않고 대답하는 모습에 주목해야 한다. "내가 여기 있습니다."

우리도 마찬가지일까, 아니면 혹독한 시련이 다가오는 것을 보면 피하고 싶고, 숨을 수 있는 세상의 외딴 구석을 바라보며, 산이 우리를 감춰주기를 바라거나, 조급하게 짐을 다른 사람에게 떠넘기려 하거나, 심지어 도망치려 하지 않는 사람들도 얼마나 천천히, 얼마나 마지못해 발을 질질 끌며 도망치려 하지는 않는가? 아브라함은 그렇지 않았다. 그는 당당하게 대답한다. "제가 여기 있습니다."

그는 이삭을 잃고 슬픔에 잠겨 있을 것을 잘 알고 있던 사라나, 누구와 함께 있었다면 분명 위로를 구했을 집안의 충실한 종 엘리에셀도 자신의 고통으로 누구에게도 괴롭히지 않는다. 우리는 다음과 같이 읽는다. "그는 아침 일찍 일어났다. 그는 환희에 찬 축제처럼 서둘러서 새벽이 되자 주님께서 지정하신 장소인 모리아에 도착했다. 그리고 그는 불을 피울 나무를 자르고 이삭을 결박하고 불을 붙이고 칼을 뽑았다."

나의 독자, 이스라엘에는 자식을 잃는다는 것은 그에게 소중한 모든 것을 잃는 것이고 미래에 대한 모든 희망을 빼앗기는 것이라고 믿는 아버지가 많았다. 그러나 이삭이 아브라함에게 있었던 의미에서 약속의 자녀였던 사람은 없었다. 그런 상실을 겪은 많은 아버지가 있었지만, 결국 그것은 하나님의 전능하고 불가해한 통치였기 때문에, 주어진 약속을 인격적으로 소멸시킨 것은 하나님이셨기 때문에 욥과 함께 말할 의무가 있었다. "여호와께서 주셨고, 여호와께서 거두어 가셨다."

아브라함은 그렇지 않았다. 그는 자신의 손으로 하라는 명령을 받았다. 이삭의 운명은 칼과 함께 아브라함의 손에 달려 있었다. 그리고 그는 유일한 희망을 안고 이른 아침 산 위에 섰다. 그러나 그는 의심하지 않았고, 오른쪽도 왼쪽도 바라보지 않았으며, 불평으로 하늘에 도전하지 않았다. 그는 그것이 하나님이 요구할 수 있는 가장 무거운 희생이라는 것을 알았지만, 하나님에게는 어떤 것도 너무 큰 것은 없다는 것도 알고 있었다.

물론 우리는 모두 이 이야기의 결과를 알고 있다. 어린 시절부터 알고 있었기 때문에 더 이상 우리를 놀라게 하지 않을 수도 있지만, 사실 잘못은 이야기에 있는 것이 아니라 아브라함과 함께 느끼고 그와 함께 고통받기에는 너무 미지근하기 때문에 우리 자신에 있다. 그는 흔들리지 않았고 자신을 비난할 것이 없었기 때문에 행복하고 자신감 있고 하나님을 신뢰하며 집으로 돌아갔다. 아브라함이 불안하고 필사적으로 주위를 둘러보다가 아들을 구할 수 있는 숫양을 발견했다고 상상해 본다면, 미래에 대한 확신도 없이, 하나님께 어떤 희생이라도 드릴 준비가 되어 있다는 자신감도 없이, 그의 마음속에 하나님의 은혜와 사랑을 선포하는 하늘의 신성한 음성도 없이, 그는 수

치로 집에 돌아가지 않았을까?

아브라함도 다음과 같이 말하지 않았을까? "이제 나는 노인이되었고 젊음은 사라졌고 꿈은 성취되지 않았습니다. 나는 남자가 되었고 내가 당신을 갈망했던 것이 나를 거부했고, 이제 나는 노인이 되었으므로 당신은 모든 것을 놀라운 방식으로 성취했습니다. 이제 저에게 조용한 저녁을 주시고, 새로운 싸움에 저를 소환하지 마시고, 제 나이의 위로로 주님이 주신 것을 기뻐하게 하소서."

76　이 부분은 창세기 22:1-3절도 해당하지만, 창세기 3:9도 해당할 수 있다.

77　호세아 선지자는 우상 숭배에 대한 하나님의 복수로 이스라엘을 위협한다. [호10:8] "이스라엘의 죄 곧 아웬의 산당은 파괴되어 가시와 찔레가 그 제단 위에 날 것이니 그 때에 그들이 산더러 우리를 가리라 할 것이요 작은 산더러 우리 위에 무너지라 하리라."

예수님이 골고다로 이끌리실 때, 그를 따르는 울고 있는 여인들에게 이렇게 말씀하신다.[눅23:28-30] "예수께서 돌이켜 그들을 향하여 이르시되 예루살렘의 딸들아 나를 위하여 울지 말고 너희와 너희 자녀를 위하여 울라. 보라 날이 이르면 사람이 말하기를 잉태하지 못하는 이와 해산하지 못한 배와 먹이지 못한 젖이 복이 있다 하리라. 그 때에 사람이 산들을 대하여 우리 위에 무너지라 하며 작은 산들을 대하여 우리를 덮으라 하리라."

78　이 부분은 창세기 22:3, 9-10을 자유롭게 인용한 것이다.

79　출애굽기 17:8-13을 암시한다. 이스라엘 백성이 아말렉 족속과 싸우는 동안 모세는 하나님의 지팡이를 손에 들고 언덕 위에 서서 이스라엘 백성에게 우위를 점했지만 모세가 손을 내리자마자 아말렉 족속이 진격해 왔다. 모세가 지칠 무렵 아론과 훌은 아말렉이 패배한 해가 질 때까지 양쪽에서 모세의 손을 받쳐주었다.

80　아브라함의 영혼을 강하게 하신 분: 아마도 겟세마네에서 예수가 하늘 아버지께 기도한 후 천사가 나타나 임박한 죽음을 생각하며 두려움에 사로잡힌 예수를 강하게 하신 이야기를 암시한다(누가복음 22:43-44 참고).

81　창세기 8:4, "일곱째 달 곧 그 달 열이렛날에 방주가 아라랏 산에 머물렀으며"

82　이 부분은 마태복음 8:11을 암시한다. "또 너희에게 이르노니 동 서로부터 많은 사람이 이르러 아브라함과 이삭과 야곱과 함께 천국에 앉으려니와"

83　불쌍한 나사로가 죽었을 때 천사들이 그를 아브라함의 품으로 데려갔다(눅 16:19-31 참고).

84　이 부분은 첫 번째 아버지가 아담임을 암시한다.

85　이교도들의 신성한 광기: 아마도 이 개념에 대한 더 긴 논의가 있는 플라톤의 『파이

드로스』에 대한 암시일 것이다, 『파이드로스』 244a - 245c, 256a-e, 265b 참고.

86   창세기 21:5, "아브라함이 그의 아들 이삭이 그에게 태어날 때에 백 세라."

87   130년: 이삭이 태어났을 때 아브라함은 100세였으므로 이삭의 나이는 여기서 30세로 추정된다. 키르케고르는 『두려움과 떨림』을 썼을 때 30세였다.

문제

PROBLEMATA[1]

예비적 토로(Expectoration)[87]

외적이고 가시적인 세계에서는 다음과 같은 옛 속담이 있습니다. "일하는 자만 빵을 얻는다."[2]

이상하게도, 이 속담이 본국인 이 세계에서는 잘 맞지 않습니다. 왜냐하면 불완전함이 외적 세계의 근본적인 법이고 여기에서 일하지 않는 자도 빵을 얻을 뿐 아니라, 심지어 잠을 자는 자도 일하는 자보다 더 풍부하고 빵을 얻기 때문입니다. 외적 세계에서, 모든 것은 가진 자에게 속합니다. 모든 것은 무차별적인 법의 지배를 받습니다. 반지의 영(spirit)[3]은 반지를 가진 자에게 복종합니다. 그가 알라딘이든 누레딘이든 상관없습니다.[4] 세계의 부를 가진 자는 그가 어떻게 가졌든 상관없이 그 부를 가집니다.

영의 세계에서는 다릅니다. 여기에서는 영원한 신적 질서가 우세합니다. 여기에서는 의로운 자와 불의한 자 양쪽에 비가 오지 않습니다. 태양이 선과 악 양쪽에 비취지 않습니다.[5] 여기에서는 일하는 자만 빵을 얻습니다. 불안해했던 자만 쉼을 얻습니다. 낮은 세상에 온 자만 사랑하는 자를 구합니다. 칼을 빼든 자만 이삭을 구합니다.

일하지 않는 자는 빵을 얻는 것이 아니라 속습니다. 신들이 사랑하는 자 대신에 천상의 유령으로 오르페우스[6]를 속인 것처럼 말입니다. 신들이 그를 속였습니다. 왜냐하면 그는 부드러웠고, 용감하지 못했기 때문입니다. 그는 키타라 연주자였지, 남자가 아니었으므로 신들이 그를 속인 것이지요.

이런 영적인 세계에서는 아브라함을 아버지[7]로 둔다거나 열일곱 명의 조상을 둔다는 것이 아무런 도움이 되지 않습니다. 일하지 않는 자는 이스라엘의 처녀들에 대해 성서가 기록한 것이 딱 맞습니다.[8] 곧, 그는 바람을 낳습니다. 하지만 일하는 자는 그의 아버지를 낳습니다.

건방지게도 영의 세계에 외적 세계가 탄식하고 있는 동일한 무차별적인 법을 소개하려는 지식이 있습니다.[9] 이 지식은 무엇이 위대한지 아는 것만으로도 충분하다고 믿습니다. 다른 일은 필요 없습니다. 그러나 이런 이유로 이 지식은 빵을 얻지 못합니다. 모든 것이 금으로 변하는 동안 굶어 죽고 맙니다.[10] 그렇다면 이 지식은 무엇을 아는 것일까요?

수천 명의 그리스의 동시대인들이 있었고, 그 이후 세대에 셀 수 없는 많은 사람들이 있었습니다. 그들 모두는 밀티아데스의 승리를 알고 있었습니다. 그러나 이 승리로 인해 잠을 잘 수 없었던 사람은 한 사람뿐이었습니다.[11] 아브라함의 이야기를 기억하고, 문자 그대로 암기하고 있는 수없이 많은 사람들이 있습니다. 하지만 이 이야기로 인해 잠을 잘 수 없는 사람은 얼마나 될까요?

아브라함에 대한 이야기는 아무리 이해되지 않는다 해도 영광스러운 것이 있으나, 여기에 다시 우리가 기꺼이 일하기 원하고 짐을, 지기를 바라고 있는지[12]에 관한 문제가 있다는 점에서 주목할 만합니다. 그러나 우리는 일하기를 원치 않으면서도 이 이야기를 이해하기를 원합니다. 아브라함에게 영광을 돌립니다. 하지만 어떻게 합니까? 상투적인 말로 전체 이야기를 암송합니다.

"위대한 것은 그가 하나님을 사랑했다는 점이다. 그래서 그는 기꺼이 하나님께 최고의 것을 드렸다."

이것은 사실입니다. 그러나 '최고의 것'이란 애매한 용어입니다. 마음으로나 입술로나 우리는 이삭과 최고의 것을 일치시킵니다. 이 이야기를 고찰하는 자는 생각하는 동안 담배를 피울 수도 있습니다. 청중은 편안하게 다리를 뻗을 수도 있습니다.

주님이 길을 가다가 만난 저 부자 청년[13]이 모든 재산을 팔아 가난한 사람에게 그 돈을 나누어주었다면, 모든 위대한 행위를 찬양하듯 그를 찬양할 수 있습니다. 그럼에도 불구하고 우리는 일하지 않고 그를 이해할 수 없습니다. <u>그가 아무리 최고의 것을 희생한다 해도, 아브라함이 될 수 없습니다.</u> 아브라함의 이야기에서 누락된 것이 **불안**입니다.[14] 왜냐하면 나는 돈에 대해서는 **윤리적 의무가 없지만,** 아버지는 아들에게 최고이면서도 가장 거룩한 **윤리적 의미가 있기 때문입니다.** 우리가 이것을 망각하면서도 아브라함에 대해 말하기 바랍니다. 그래서 말하고 있고, 말하는 과정에서 두 용어인 이삭과 최고의 것을 바꿔치기합니다. 모든 것은 잘 되어 갑니다.

그러나 이것을 가정해 보십시오. 듣는 누군가 잠을 이루지 못해 고통당하고 있습니다. 그때, 가장 끔찍하고, 가장 심오하고, 비극적이면서도 코믹한 오해가 다가옵니다. 그가 집에 가서 아브라함처럼 행하려고 합니다. 왜냐하면 결국 그의 아들이 최고의 것이기 때문입니다. 설교자가 이 사실을 알아차렸다면, 아마도 그자에게 찾아가서, 그의 모든 성직자다운 위엄을 끌어모아 소리쳤을 것입니다.

"야, 이 미친놈아, 사회의 쓰레기 같은 놈아, 도대체 무슨 악마가 사로잡아 아들을 죽이려 하느냐?"

이 목사는 한 번도 아브라함을 설교하면서 이 사람 같은 열정도 느낀 적도, 어떤 땀도 흘린 적이 없었습니다. 그가 자기 자신에게 놀란 것이지요. 그가 이 가엾은 사람에게 천둥과 같이 소리를 지를 수 있다니. 이렇게 분노하며 진지해질 수 있다니. 그는 스스로에게 만족했을 것입니다. 그가 이토록 강조하면서 열변을 토해낸 적이 없었기 때문입니다. 그는 자신과 그의 아내에게 말합니다.

"나는 부흥강사라고. 나에게 부족했던 것은 기회가 없었던 거야. 내가 주일날 아브라함에 대해 설교할 때, 결코 감동받는 적이 없었지."

동일한 설교자가 조금이라도 이 이야기를 이해할 수 있는 약간의 여유라도 있었더라도, 이 죄인이 다음과 같이 조용하고 위엄 있게 대답했다면, 그는 이 여유를 상실했을 것이라 나는 확신합니다.

"하지만 결국 이것은 주일날 설교했던 겁니다."

설교자는 어떻게 머릿속에 이와 같은 것을 얻을 수 있었을까요? 하지만 이것은 그랬습니다. 그의 유일한 실수는 그가 말하고 있는 것을 몰랐다는 것입니다. 코메디와 소설의 소재를 가득 채운 천박하고 무의미한 것들보다 이와 같은 상황을 더 좋아했던 시인이 없었다니! 희극적인 것과 비극적인 것은 여기 절대적 무한 속에서 서로 접촉합니다. 이 목사의 설교는 그 자체로 충분히 우스꽝스럽습니다. 그러나 이 결과를 통해서 보면 무한히 우스꽝스럽습니다. 그럼에도 불구하고 이것은 당연합니다.

[15]혹은 이것을 가정해 보십시오. 반항하지 않는 죄인이 목사의 심각한 설교로 회개합니다. 이 열정적인 목사는 행복하게 집으로 갑니다. 그가 설교단에서 영향을 끼쳤을 뿐 아니라, 무엇보다 영적 상담가로서 저항할 수 없는 힘을 지녔다는 것을 깨닫고 행복하게 집에 갔던 것이지요. 주일날 그가 회중들에게 영감을 주는 한 그렇습니다. 반면, 월요일에 그는 설교자가 설교한 것처럼 세상이 돌아가지 않는다는 옛 속담이 거짓이며, 이를 행위로 보여주는 자 앞에 마치 불 칼을 든 케루빔처럼[16] 나타납니다.*

*옛날에 사람들이 말했다. 세상이 설교자가 설교한 대로 돌아가지 않는 것은 아주 큰 불행이다. 아마도 철학의 도움으로 다음과 같이 말하는 때가 올 것이다.
"다행히도, 설교자가 설교한 대로 돌아가지 않습니다. 우리의 삶에는 의미 있는 것들이 있으나, 그의 설교에는 아무것도 없기 때문입니다."

그러나 이 죄인이 설득되지 않는 채 남는다면, 그의 상황은 정말로 비극입니다. 그는 아마도 처형되거나 정신병원으로 보내질 것입니다. 다시 말해, 소위 현실과 관련하여, 그는 불행해집니다. 다른 의미에서, 확신컨대, 아브라함은 그를 행복하게 할 수 있습니다. **왜냐하면 일하는 자는 멸망하지 않기 때문입니다.**

설교자에게 이와 같은 모순은 어떻게 설명되어야 할까요? 아브라함은 위대한 사람이라는 관례적인 권리를 얻었으니, 그가 하는 모든 일은 위대한 것이지만, 다른 사람이 같은 일을 하면 죄요, 극악무도한 죄인가요? 이 경우, 나는 그런 천박한 찬양에 참여하지 않을 것입니다.

믿음이 그의 아들을 기꺼이 죽이려 한 것을 거룩한 행위로 만들 수 없다면, 다른 모든 사람에게 내려졌던 같은 심판이 아브라함에게도 내려질 것입니다. 사람이 그의 생각을 관철할 만한 용기가 부족하여, 아브라함을 살인자라고 말한다면, 쓸모없는 찬양에 시간을 낭비하는 것보다 차라리 이런 용기를 얻는 것이 더 낫습니다. 아브라함이 행한 일에 대한 윤리적 표현은 그가 **이삭을 살인**했음을 의미하는 것이었습니다. 종교적 표현은 그가 **이삭을 희생했음**을 의미하는 것이었습니다. 그러나 명확히 이 모순 속에 잠을 이룰 수 없는 불안이 있습니다. **이 불안이 없다면, 아브라함은 원래의 아브라함이 아닙니다.**

혹은 아브라함이 이 이야기가 말한 것을 행하지 않았다면, 아마도 이것이 그날의 지역적 상황에 따라 달라지는 것이었다면, 그를 잊어버립시다. 왜냐하면 현재가 될 수 없는 저 과거를 기억하는 것은 아무짝에도 쓸모가 없기 때문입니다.

혹은 아마도 설교자는 이삭이 그의 아들이었다는 윤리적 감시와도 같은 무언가를 망각했습니다. 다시 말해, 믿음이 0이나 무(Nichts)로 변하여 제거된다면, 남아 있는 모든 것은 잔인한 사실입니다. 즉, 아브라함은 이삭을 살인했음을 의미합니다. 이것은 믿음이 없다면, 누구나 모방하기 쉽습니다. 다시 말해, **그를 곤란하게 하는 것이 믿음입니다.**

나에 대해 말하자면, 완전한 생각을 통찰할 만한 용기가 부족하지는 않습니다. 지금까지 나는 어떤 생각을 해도 아무것도 두려워한 적이 없습니다. 내가 그런 두려운 것을 만났다면, 적어도 다음과 같이 말할 만한 정직함이 있기를 소망합니다.

"이 생각 때문에 나는 두렵다. 이 생각이 나에게 충격을 준다. 따라서 나는 이것을 생각하지 않을 것이다."

내가 이렇게 생각하는 것이 잘못된 것이라면, 형벌이 뒤따를 것입니다. 아브라함이 살인자였다는 판단이 진실한 것으로 여겼을지라도, 내가 그를 향한 나의 존경심을 억제할 수 있을지 확실하지 않습니다. 내가 그렇게 생각했다면, 아마도 아무것도 말하지 않았을 것입니다. 왜냐하면 그런 생각을 다른 사람에게 가르치지 말아야 하기 때문입니다. 그러나 아브라함은 환영이 아닙니다. 그는 잠을 자면서 길을 가다 명성을 얻은 것도, 변덕스러운 운명의 장난에 놀아난 것이 아닙니다.

몇몇 개인들이 균형을 잃고 동일한 것을 행하는 위험을 무릅쓰지 않고 아브라함에 대해 거침없이 말할 수 있습니까? 내가 감히 그럴 수 없다면, 아브라함에 대해 입 다물고 침묵합니다. 무엇보다도 연약한 자에게 올무가 되지 않도록 그를 욕되게 할 것입니다. 사실, 믿음을 전부로 만든다면, 다시 말해, 믿음을 있는 그대로의 모습으로 만들 수 있다면, 우리 시대에 감히 믿음에 대해 아무런 위험 없이 말할 수 있다고 믿습니다. 왜냐하면 이 시대는 믿음이 그렇게 **극단적으로**(extravagerer)[17] 간 적이 없기 때문입니다.

사람이 아브라함과 닮은 점을 이룰 수 있는 것은 믿음뿐입니다. 살인은 불가능합니다. 사랑을 한순간의 덧없는 기분, 사람의 육욕적 감정으로 만들어 버린다면, 아무리 사랑의 공로에 대해 말한다 해도 연약한 자에게 덫을 놓은 것뿐입니다. 확실히 누구나 아브라함의 이야기에 대해 순간적인 감정을 느낄 수 있습니다. 그러나 불후의 성취로 사랑이 성화했던 저 두려운 행위를 행하려 하는 누구나, 그는 모든 것을 상실합니다. 그런 성취뿐 아니라, 그 일을 행한 자도 상실합니다.

그때, 아브라함에 대해 얼마든지 말할 수 있습니다. 위대한 것은 무엇이든, 위대함으로 이해될 때 아무것도 해로울 것이 없기 때문입니다. 이것은 마치 죽일 수도 있고 구원할 수도 있는 양날의 검과 같습니다.[18] 그에 대해 말하는 것이 나의 운명이라면, 아브라함이 얼마나 경건하고 하나님을 두려워할 줄 아는 사람인지, 하나님께 택함 받기에 얼마나 합당한지를 보여줌으로 시작할 것입니다. 이런 사람만 시험(test, Prøve)이 부과됩니다. 그러나 누가 그런 사람인가요?

다음으로 나는 아브라함이 이삭을 어떻게 사랑했는지를 서술할 것입니다. 이 목적을 이루기 위해 내가 말한 것이 아버지의 사랑이 타오르는 불꽃이 될 수 있도록 나를 좀 지켜달라고 모든 선한 영들에게 부탁할 것입니다. 왕이 다스리는 나라에서 감히 이런 식으로 사랑할 수 있다고 주장할 수 있는 아버지가 그리 많지 않다고 서술하고 싶습니다. 그러나 아브라함이 사랑한 것처럼 사랑하지 않았다면, 이삭을 바치겠다는 어떤 생각도 **영적 시험**(Anfægtelse)[19]일 것입니다.

이 점에 대해서만도 일요일마다 몇 번이라도 설교할 수 있습니다. 결국 서두를 필요가 없습니다. 올바르게 행해진다면, 몇몇 아버지들은 더 이상 듣지 않기를 요구하겠으나 그들이 실제로 아브라함이 사랑한 것처럼 사랑하는 데 성공한다면, 잠시나마 기뻐할 것입니다. 그러나 아브라함의 행위에 대해 두려움뿐 아니라 위대함을 듣고 난 후, 저 길을 따라가고자 모험하는 자가 있었다면, 나는 말에 안장을 얹고 그와 함께 따라갈 것입니다. 모리아 산에 가기 전에 쉬는 역(station)[20]마다, 나는 그에게 돌아갈 수 있다고, 그런 싸움에서 시험받기(forsøges) 위해 부름 받았다는 오해에 대해 회개할 수 있다고, 용기가 부족했다는 것을 고백할 수 있다고 설명할 것입니다. 그리하여 하나님이 이삭을 원하신다면, 그분께서 직접 취해야만 하신다고 설명할 것입니다.

그런 사람은 버림받지 않을 것이고, 다른 모든 사람과 더불어 복을 받는다는 것이 나의 확신입니다. 하지만 시간 안에서는 복을 받지 못합니다. 가장 큰 믿음의 시대라 하더라도, 사람에 대해 이와 같은 판단을 내리지 않겠습니까? 관대했더라면(høimodig), 한때 나의 생명을 구원할 수 있었던 사람을 내가 압니다. 그가 기탄없이 말했습니다.

"나는 무엇을 할 수 있는지 잘 알고 있다. 하지만 감히 그럴 수가 없다. 결국 내가 힘이 부족하다는 것을 알고 후회하게 될까 두렵다."

그는 관대하지 않았습니다. 그러나 그렇다고 해서 과연 누가 그를 사랑하지 않겠습니까?

내가 이렇게 말했을 때, 청중들이 감동을 받아 믿음의 변증법적인 투쟁과 거대한 열정을 깨달았다면, 청중들 편에서의 잘못에 대해 나는 아무런 책임이 없습니다. [21]그리하여 그들은 다음과 같이 생각할 것입니다.

"우리가 해야 하는 전부는 그의 옷자락을 붙잡는 것일 정도로 그는 믿음이 있습니다."[22]

나는 여기에 다음과 같이 덧붙일 것입니다.

"나는 전혀 믿음이 없습니다. 본래 나는 약삭빠른 사람입니다. 약삭빠른 사람들은 언제나 믿음의 운동을 하는 데에 많은 어려움이 있습니다. 그러나 가장 단순하고 가장 순진한 자가 더욱 쉽게 도착하는 곳보다 이 어려움을 극복함으로써 약삭빠른 사람이 더 멀리 간다 하더라도 이 어려움에 어떤 가치를 두지 않을 것입니다."

헤겔 철학과 아브라함

사랑은 시인들을 설교자로 삼습니다. 그리고 가끔 우리는 사랑을 존중하는 법을 아는 목소리를 듣습니다. 그러나 믿음에 대해서는 단 한마디의 말도 들리지 않습니다. 누가 이 열정을 존중하며 말할 것인가요? 철학은 더 멀리 갑니다. 신학은 창가에 앉아 화장합니다.[23] 철학에 총애를 얻으려고 교태를 부리고 매력을 발산합니다. 헤겔을 이해하는 것은 어렵다고 말합니다. 그러나 아브라함을 이해하는 것은 사소한 문제입니다. 헤겔을 넘어서는 것[24]은 기적 같은 업적이지만 아브라함을 넘어서는 것은 모든 것 중에 가장 쉽습니다.

나로서는 헤겔 철학을 이해하는 데 상당한 시간을 할애했고, 또한 상당히 잘 이해했다고 생각합니다. 굉장히 건방진 생각이겠지만, 내가 아무리 노력해도 특별한 구절을 이해하지 못했을 때, 그것은 헤겔조차 명확하지 않았기 때문이라 생각합니다. 이런 일은 아주 쉽고 당연합니다. 골치 아픈 것도 없습니다. 하지만 아브라함에 대해 생각하는 것, 이것은 전혀 별개의 문제입니다. 그때 나는 박살 나고 맙니다. 나는 아브라함의 삶을 보고 있노라면, **무지막지한 역설**을 느낍니다. 언제나 충격적입니다. 나의 생각이 이 역설을 통과할 수 없습니다. 머리카락의 한 가닥도 앞으로 나갈 수가 없습니다. 나는 어떤 관점을 얻기 위해 모든 근육을 전부 사용해 봅니다. 하지만 바로 이 순간에 마비되고 맙니다.

나도 세상이 위대하고 관대하다고 찬양하는 것에 대해 낯설지 않습니다. 나의 영혼은 이에 대한 친근감을 느낍니다. 영웅이 싸웠던 명분이 곧 나의 명분이었음을 겸손하게 확신합니다. 내가 이것을 고려할 때, 자신에게 외칩니다.

"이제 너의 명분이 문제다(jam tua res agitur)."[25]

나는 나 자신을 영웅으로 생각하지만, 아브라함에게는 나 자신을 생각할 수 없습니다. 내가 저 고지에 도달하면, 맥없이 주저앉습니다. 왜냐하면 내가 거기에서 만나는 **역설**이 있기 때문입니다. 그러나 나는 어떤 의미에서 믿음이 열등한 것이라 결론짓지 않습니다. 오히려 **최고의 것**이지요. 철학이 이 자리에 무언가를 놓고 믿음을 무시하면 정직하지 못합니다. <u>철학은 믿음을 줄 수도 없고 주지도 말아야 합니다.</u> 그러나 철학은 자신을 이해해야 하고 자기가 제공한 것을 알고 아무것도 빼앗지 말아야 합니다. 철학은 믿음을 줄 수도 없고 주어서도 안 되지만, 자신을 이해하고 자신이 무엇을 제공하는지 알아야 하며, 무엇보다도 아무것도 아닌 것처럼 속여서 사람을 속이지 않아야 합니다.

나는 삶의 고난과 위험에 대해 낯설지 않습니다. 그것들을 두려워하지 않고 자신 있게 다가갑니다. 나는 무서운 것에 익숙하지 않습니다. 내 기억은 충실한 친구이고 상상력은 내가 아닌 부지런한 어린 소녀가 하루 종일 조용히 앉아 일을 하고 저녁에는 항상 풍경이나 꽃이나 양치기 이야기(Schäfer-Historier)[26]가 아니더라도 내가 그것을 보아야 할 정도로 달콤하게 이야기하는 방법을 알고 있는 부지런한 소녀입니다. 나는 그 끔찍한 얼굴을 직접 보았고, 공포에 질려 도망치지는 않지만, 용기를 내어 그것을 향해 나아간다 해도 나의 용기는 여전히 믿음의 용기가 아니며 그것과 비교할 수 있는 것이 아니라는 것을 잘 알고 있습니다. 나는 **믿음의 운동**을 만들 수 없으며, 눈을 감고 부조리한 것에 자신 있게 뛰어들 수 없습니다.[27] 그것은 저에게는 불가능합니다. 그러나 그것에 대해 나 자신을 찬양하지 않습니다.

　나는 **하나님은 사랑**이라고 확신합니다.[28] 나에게 이 생각은 독창적인 서정적 타당성(oprindelig lyrisk Gyldighed)[29]을 지니고 있습니다. 이 생각이 내게 있을 때 나는 말할 수 없이 행복하고, 그것이 없을 때, 나는 사랑의 대상에 대한 연인보다 더 격렬하게 갈망합니다. 그러나 나는 믿음이 없습니다. 이 용기가 부족합니다. 나에게 하나님의 사랑은 직접적 의미와 반대 의미 모두에서 현실의 전체와 비교할 수 없습니다. 그것을 알기 때문에 나는 비겁해서 징징대며 불평하지도 않고,[30] 그렇다고 믿음이 훨씬 더 높은 것임을 부정할 만큼 완벽하지도 않습니다. 나는 내 방식대로 사는 것을 견딜 수 있고 행복하고 만족하지만 내 기쁨은 믿음의 기쁨이 아니며 그것에 비하면 불행합니다. 나는 나의 작은 문제로 하나님을 괴롭히지 않고, 세부 사항은 나와 관련이 없으며, 나는 나의 사랑만을 바라보고 그 처녀 불꽃을 순수하고 깨끗하게 유지합니다.[31] 믿음은 하나님이 지극히 작은 자를 돌보신다고 확신합니다. 나는 이생에서 왼손과 결혼하는 것[32]으로 만족하고, 믿음은 오른쪽을 요구할 만큼 겸손하니, 그것이 내가 부인하지도 않고 부인하지 않을 겸손입니다.

　우리 세대에 정말 믿음의 운동을 할 수 있는 사람이 있을까요? 내가 크게 착각하지 않았다면, 우리 세대는 오히려 내가 할 수 있다고 믿지도 않는 일, 즉 불완전한 일을 하는 것을 자랑스러워하는 경향이 있습니다. 내 영혼은 자주 행해지는 일을 하는 것을 주저합니다. 즉, 수천 년의 세월이 엄청난 거리인 것처럼, 위대함에 대해 비인간적으로 이야기하는 것입니다. 나는 마치 어제 일어난 일처럼 위대함에 대해 인간적으로 이야기하는 것을 더 좋아합니다. 위대함 그 자체를 높이거나 판단하는 거리로만 두는 것을 선호합니다.

내가 (비극적 영웅의 자격으로, 내가 더 높은 곳에 오를 수 없기에) 저 모리아산을 향한 특별한 왕실 여행을 명령받았다면, 무엇을 했을지 잘 알고 있습니다. 나는 비겁하게 집에 머물러 있지 않았고, 길에서 억지로 끌려가지도 않을 것입니다. 칼을 잊어 지체하는 일도 없었을 것입니다. 시간을 잘 지켰을 것이고 만반의 준비를 하였을 것이라 확신합니다. 아마도 더 빨리 끝내기 위해 너무 일찍 도착했을 가능성도 있습니다. 하지만 아직 해야 할 일이 남아 있다는 것도 알고 있었습니다. 말에 타는 순간 혼자 이렇게 말했을 것입니다.

"이제 모든 것을 잃었다. 하나님은 이삭을 요구하신다. 나는 이삭을 희생제물로 드려야 하며, 그와 함께 나의 모든 기쁨을 희생제물로 드려야 한다. 그러나 하나님은 사랑이시며 나에게도 여전히 그렇게 남아 계신다. 시간의 세상에서 하나님과 나는 서로 대화할 수 없다. 우리는 공통의 언어가 없기 때문이다."

우리 시대에 어떤 사람들은 너무 어리석고, 위대한 사람을 부러워하여, 자신과 나를 속여 내가 실제로 그런 일을 행하면 아브라함보다 더 위대한 일을 한 것처럼 상상할 것입니다. 나의 거대한 **체념**(Resignation)[33]은 아브라함의 소심함(Smaalighed)보다 더 이상적이고 시적이기 때문입니다. 그러나 이것은 가장 큰 거짓입니다. 왜냐하면 나의 엄청난 체념은 믿음의 대용품이 었기 때문입니다. 나는 나를 찾고 다시 내 안에 안식하기 위해 무한한 운동

이상을 할 수 없었습니다. 나는 아브라함이 사랑했던 것처럼 이삭을 사랑하지 않았습니다. 내가 결심했다는 것이 나의 용기를 증명할 수 있습니다. 인간적으로 말해, 내 영혼을 다해 그를 사랑했다는 것은 모든 것이 죄가 되는 조건이지만, 나는 아브라함처럼 사랑하지 않았기 때문에 모리아 산에 너무 늦게 오지 않고 마지막 순간에도 주저했을 것입니다.

게다가 내 행동으로 인해 전체 이야기를 망쳤을 것입니다. 내가 다시 이삭을 얻었다면 부끄러워해야 했기 때문입니다. 아브라함에게는 가장 쉬웠던 일이 저에게는 어려웠을 것입니다. 다시 한번 이삭으로 기뻐하는 것 말입니다! 그의 영혼의 모든 무한한 힘으로, proprio motu et propriis auspiciis[자신의 동의와 책임으로], 무한한 운동을 하면서 더 이상 아무것도 할 수 없는 그는 고통으로만 이삭을 지킵니다.

하지만 아브라함은 어떻게 했나요? 그는 너무 일찍도 너무 늦게도 도착하지 않았습니다. 그는 나귀를 타고 천천히 길을 따라 내려갔습니다. 이 모든 시간 동안 그는 믿음을 가졌고, 하나님이 이삭을 요구하지 않으실 것이라는 믿음을 가졌지만, 요구가 있다면 기꺼이 희생할 의향이 있었습니다. 그는 **부조리한 것**(det Absurde)의 힘으로 믿음을 가졌습니다. 왜냐하면 인간의 계산은 의문의 여지가 없었고, 그에게 그것을 요구하신 하나님이 다음 순간에 그 요구를 철회해야 한다는 것은 확실히 터무니없는 일이었기 때문입니다. 그는 산에 올랐고, 칼이 빛나는 순간에도 하나님께서 이삭을 요구하지 않으실 것이라는 믿음을 가졌습니다. 의심할 여지 없이 그는 결과에 놀랐지만 **이중의 운동**(Dobbelt-Bevægelse)을 통해 첫 번째 상태에 도달했기 때문에 처음보다 더 기쁘게 이삭을 맞이했습니다.

더 나아가 봅시다. 우리는 정말로 이삭을 제물로 바쳤다고 해봅시다. 아브라함에게는 믿음이 있었습니다. 그는 미래의 삶에서 복을 받을 것이라는 믿음이 아니라, 이 세상에서 복을 받을 것이라는 믿음을 가졌습니다. 하나님은 그에게 새로운 이삭을 주실 수 있고, 희생된 이삭을 다시 살릴 수 있다고 믿었습니다. 인간의 모든 계산은 오래전에 멈췄기 때문에 그는 **부조리한 것**의 힘으로 믿음을 가졌습니다.

슬픔이 사람을 미치게 만들 수 있고, 그것만으로도 충분히 어렵습니다. 또한 사람이 조금 이상해지더라도, 바람을 거슬러[34] 이해를 구원할 수 있는 **의지의 힘**(Villie-Kraft)이 있다는 것도 분명합니다. 나는 이것을 폄하할 의도가 없습니다. 그러나 이해를 상실할 수 있는 것, 더불어 중개자(Vexel-Mægler)[35]인 유한한 모든 것을 잃을 수 있는 것, 그리하여 <u>부조리한 것의 힘으로 정확히 동일한 유한한 것을 얻는 것</u>, 이것이 나의 마음을 오싹하게 합니다. 하지만 나는 이것을 나쁜 것이라고 말하지 않습니다. 반대로, 이것이야말로 유일한 기적이기 때문입니다.

일반적으로 믿음이 만들어내는 것은 예술 작품이 아니며, 더 서투른 본성을 위한 거칠고 서투른 작업이라고 생각하지만, 실상은 전혀 다릅니다. **믿음의 변증법**은 모든 것 중에서 가장 훌륭하고 놀라운 것입니다. 내가 상상할 수 있는 고도(Elevation)[36]를 갖고 있지만 그 이상은 아닙니다. 나는 무한으로 넘어가는 위대한 트램폴린 도약(Tramplin-Spring)[37]를 할 수 있고, 내 등은 어린 시절의 줄타기 댄서의 등과 같아, 저에게는 그런 일은 아주 쉽습니다. 하나, 둘, 셋 하면 나는 **존재**(Tilværelsen, existence)에서 거꾸로 걸어갈 수 있습니다. 하지만 다음 운동을 할 수는 없습니다. 나는 **놀라운 일**을 할 수 없습니다. 그저 경탄할 뿐입니다.

실제로 아브라함이 나귀의 등 위로 올라타는 순간, "이제 이삭을 잃어버렸으니 모리아 산까지 먼 길을 달려가느니 차라리 집에서 그를 제물로 바치는 것이 낫겠다"라고 혼자 중얼거렸다면, 나에게 아브라함은 필요 없었을 것입니다. 그러나 나는 지금 그의 이름에 일곱 번 절하고 그의 행위에 일흔 번 절하고 있습니다.[38]

이삭을 맞이한 그의 열렬한 기쁨과 유한성과 그 기쁨을 위해 아무런 준비와 시간이 필요하지 않은 것으로 증명할 수 있듯, 그는 그렇게 하지 않았습니다. 아브라함이 그렇지 않았다면, 그는 아마도 하나님을 사랑했지만 믿음을 갖지 못했을 것입니다. 왜냐하면 믿음 없이 하나님을 사랑하는 사람은 **자신을 반성**하는(reflekterer)[39] 반면, 믿음으로 하나님을 사랑하는 사람은 **하나님을 반성**하기 때문입니다.

무한 체념

아브라함은 이 지점에 서 있습니다. 그의 시야에서 통과해야 할 마지막 단계가 **무한 체념**(uendelige Resignation)입니다. 그는 정말로 계속 나아가서 믿음에 이릅니다. 이 모든 믿음의 망상—"급할 것 없다. 때가 되기 전에 애통할 가치가 없다."라고 생각하는 비참하고 미지근한 건조함, "어떻게 될지, 어떤 일이 일어날지 알 수 없다."라고 말하는 비참한 희망—이러한 망상은 삶의 천박함에 속하며 **무한 체념**은 이미 그것들을 무한히 멸시하고 있습니다.

아브라함, 나는 이해할 수 없습니다. 어떤 의미에서 나는 그에게서 **놀라움**을 느끼지 않고는 배울 수 있는 것이 없습니다. 사람들이 이 이야기의 결과를 고려하여 믿어야 한다고 상상하면, 그들은 자신을 속이고 믿음의 첫 번째 운동, 즉 무한 체념에서 하나님을 속이고 싶어 합니다. 그들은 역설에서 세상의 지혜를 빨아들일 것입니다. 어쩌면 이런저런 것들이 성공할지도 모릅니다. 왜냐하면 우리 시대는 믿음에 멈추려 하지 않고, **물로 포도주를 만든 기적과 함께**,[40] **더 멀리 나아가 포도주를 물로 바꾸는 기적을 일으키기 때문입니다.**

믿음으로 멈추는 것이 최선이 아닙니까? 모든 사람이 더 나아가고 싶어 하는 것은 반역 아닙니까? 우리 시대에 여러 가지 방법으로 선언된 것처럼 사랑으로 멈추고 싶지 않을 때, 모든 것이 어디에서 끝날까요? 세속적인 영리함, 옹졸한 계산, 천박함과 비열함, 인간의 신성한 기원[41]을 의심하게 만들 수 있는 모든 것에서 끝납니다. 믿음에 서 있는 사람에게는 넘어지지 않도록 조심하는 것이 최선이 아니겠습니까?[42] 믿음의 운동은 부조리한 것의 힘으로 끊임없이 이루어져야 합니다. 그러나 주의하십시오. 그러면서도 그렇게 함으로써 유한한 것을 잃지 않고 온전한 전체를 얻게 됩니다. 내 입장에서는 믿음의 운동을 설명할 수는 있지만, 실천할 수는 없습니다.

수영하는 동작을 배우고 싶을 때 천장에 줄을 매고 몸을 매달면, 그 동작을 묘사할 수는 있지만 수영을 하지는 못하듯, 나는 믿음의 운동을 묘사할 수는 있지만 실천할 수 없습니다. 내가 물에 던져지면 수영은 하지만 (나는 물새[Vaderne][43]가 아니므로) 다른 운동(동작)을 하게 되는 반면, **믿음은 정반대의 운동을 합니다. 즉, 믿음은 무한의 운동을 한 후, 유한의 운동을 합니다.**

이런 운동을 할 수 있는 사람은 운이 좋은 사람입니다! 그가 놀라운 일을 행하니 나는 그를 존경하는 데 결코 지치지 않을 것입니다. 아브라함이든 아브라함 집의 노예든, 철학 교수든 가난한 하인 소녀든, 나는 오직 그 운동에만 주의를 기울일 뿐입니다. 그러나 나는 그것에만 주의를 기울이고 나 자신이나 다른 누구에게도 속지 않습니다. 무한 체념의 기사들은 쉽게 알아볼 수 있습니다. 그들의 걸음걸이는 가볍고 대담합니다. 그러나 **믿음의 보물**(Troens Klenodie)[44]을 가지고 있는 그들은 다른 사람들을 실망하게 할 수 있습니다. 왜냐하면 외적으로 그들은 믿음처럼 무한 체념이 깊이 경멸하는 **부르주아 속물주의**와 눈에 띄게 닮았기 때문입니다.

나는 솔직히 내 경험에서 단 하나의 진정한 사례를 찾지 못했다고 고백합니다. 그렇다고 해서 다른 모든 사람이 그러한 사례일 수 있음을 부인하지는 않습니다. 그동안 나는 수년 동안 그런 사례를 찾고 있었지만 헛된 일이었습니다. 일반적으로 사람들은 강과 산, 새로운 별, 화려한 새, 기괴한 물고기, 우스꽝스러운 인류 종족을 보기 위해 전 세계를 여행 다닙니다. 삶을 얼빠진 듯 바라보고 무언가를 보았다고 생각하는 잔인한 무감각(stupor)에 빠지게 됩니다.

그런 일에 나는 아무 관심이 없습니다. 그러나 그런 믿음의 기사가 어디에 사는지 안다면, 나는 그에게 걸어갈 것입니다. 이 경이로움이 나를 절대적으로 사로잡기 때문입니다. 나는 그를 잠시도 떠나지 않고 매 순간 그가 어떻게 이 운동을 하는지 지켜볼 것입니다. 평생 돌봄을 받는다고 생각하고 그를 보는 것과 스스로 실천하는 것으로 시간을 나누고, 따라서 그를 존경하는 데 모든 시간을 보낼 것입니다.

앞서 말했듯이 나는 그런 사람을 찾지 못했지만, 한편으로는 그를 상상할 수도 있습니다. 여기 그가 있습니다. 친분이 쌓이고 나는 그를 소개받았습니다. 그를 처음 본 순간 단번에 그를 떠올렸고, 뒤로 물러서서 손뼉을 치며 낮은 목소리로 말할 것입니다.

"세상에, 이 사람이 맞나? 정말 이 사람이야? 세금 징수원(Rodemester)[45] 처럼 생겼어!"

하지만 이 사람이 맞습니다. 나는 그에게 조금 더 가까이 다가갑니다. 유한자와 이질적인 무한자를 폭로하는 눈빛, 표정, 몸짓, 슬픔, 미소 등 무한자에서 나오는 이질적인 광전신[46]이 혹시라도 있지 않을까 그의 사소한 운동을 조심스럽게 살펴봅니다. 아니, 없습니다! 나는 무한자가 엿볼 수 있는 균열이 없는지 그의 모습을 머리끝부터 발끝까지 살펴봅니다. 아니, 없습니다! 그는 끝까지 견고합니다.

그의 자세는요? 활기차고 전적으로 **유한성**에 속합니다. 일요일 오후에 프레스버그[47]로 걸어가는 어떤 건강한 시민도 이보다 더 단단하게 땅을 밟지 못합니다. 그는 전적으로 세상에 속해 있으며, 그 어떤 부르주아 속물도 이보다 더 세상에 속할 수 없습니다. 무한의 기사가 인정받는 그 멀고 귀족적인 본성은 아무것도 감지할 수 없습니다. 그는 모든 것에서 즐거움을 찾고 모든 것에 참여하며, 그가 특정한 일에 참여하는 것을 볼 때마다 그러한 일에 집착하는 세속적인 사람을 표시하는 교활함으로 그것을 수행합니다.

그는 자신의 일에 집중합니다. 그를 보면 이탈리아식 부기(det italienske Bogholderi)[48]에 영혼을 빼앗긴 펜을 쥔 사람처럼 느껴질 정도로 꼼꼼한 사람입니다. 일요일은 그에게 휴일입니다. 그는 교회에 갑니다. 하늘의 시선이나 비교할 수 없는 어떤 징후도 그를 배신하지 않습니다. 그를 모르는 사람은 그를 다른 군중과 구별할 수 없을 것입니다. 기껏해야 그의 풍성하고 강력한 찬송가 노래가 그가 좋은 폐를 가지고 있음을 증명할 뿐입니다.

오후에는 숲으로 산책하러 나갑니다. 그는 수많은 사람들, 새로운 옴니버스(de nye Omnibusser),[49] 해협 등 눈에 보이는 모든 것을 즐깁니다. 스트랜드베이엔(Strandveien)[50]에서 그를 만나면, 사람들은 그가 자신을 즐기는 상인의 영혼으로 받아들일 것입니다. 그는 시인이 아니기 때문에 이런 식으로 즐거움을 찾았고, 나는 그에게서 시적으로 **헤아릴 수 없는 것**(Incommensurabilitet)을 끌어내려고 노력했으나 헛수고였습니다.

저녁이 되어 집으로 돌아가는 그의 걸음걸이는 우체부처럼 안정적입니다. 가는 길에 그는 집에 돌아오면 아내가 야채를 곁들인 양고기 머리 구이와 같은 특별한 따뜻한 식사를 준비해 줄 것이라고 생각합니다. 그는 같은 생각을 가진 사람을 만난다면, 식당 주인에게 어울리는 열정으로 이 요리에 대해 외스터포트(Østerport)[51]까지 계속 이야기할 것입니다. 그는 4실링[52]이 없지만 아내가 이 맛있는 식사를 만들고 그를 기다리고 있다고 굳게 믿고 있습니다. 그의 식욕은 에서보다 더 왕성하기 때문에[53] 그가 먹는 모습을 보는 것은 엘리트들의 부러움의 대상이자 서민들에게는 영감의 대상이 될 것입니다. 그런데 신기하게도 그의 아내에게는 그런 식욕이 없습니다. 그러나 그는 똑같습니다.

그는 건축 현장을 지나가던 중 다른 남자를 만납니다. 그들은 잠시 대화를 나누고 순식간에 건물을 세우고 필요한 모든 것을 마음대로 처분합니다. 낯선 사람은 그가 분명히 자본가라고 생각하고 떠나지만, 존경하는 기사(knight)는 생각합니다.

"글쎄, 저런 일이 생기면, 나도 쉽게 얻을 수 있지."

그는 열린 창가에 앉아 자신이 사는 동네를 둘러봅니다. 쥐 한 마리가 하수구 밑으로 들어갑니다. 아이들이 밖에서 놀고 있습니다. 일어나는 이런 모든 일에 열여섯 살 소녀와 비슷한 평정심으로 몰입합니다. 하지만 그는 천재가 아닙니다. 나는 스파이가 되어 그에게서 천재의 비범함(헤아릴 수 없는 것)을 찾아내려고 노력했으나 헛수고였습니다.

저녁이 되면 그는 파이프 담배를 피웁니다. 그를 제대로 보면, 길 건너편의 황혼 속에서 고기를 파는 정육점 주인이라고 확신하게 될 것입니다. 그는 관대한 척하고 무모한 게이름뱅이처럼 태평합니다. 그런데도 가장 비싼 값에 적절한 시간을 사들입니다.[54] 왜냐하면 부조리한 힘의 도움이 아니라면, 아무것도 하지 않기 때문입니다. 하지만, 하지만, 그렇습니다. 부러움 외에는 다른 이유가 없다면, 나는 그것에 대해 분노할 수 있지만, 이 사람은 매 순간 무한의 운동을 만들어 왔고 또 만들고 있습니다.

그는 무한 체념 속에서 **존재**(Tilværelsens)의 깊은 슬픔을 비워냅니다. 무한의 행복을 알고, 세상에서 가장 소중한 모든 것을 포기하는 고통을 느꼈습니다. 그런데도 유한은 더 높은 것을 전혀 알지 못하는 사람에게 달콤한 것처럼 그에게도 달콤합니다. 왜냐하면 유한 속에 남아 있으면 두렵고 고된 훈련의 흔적은 없지만, 유한이 가장 확실한 것인 것처럼 그 속에서 기뻐하게 만드는 이 안정감을 가지고 있기 때문입니다. 하지만, 하지만 그가 제시하는 지상의 모든 모습은 **부조리한 것의 힘에 의한 새로운 창조**(ny Skabning)[55]입니다. **그는 모든 것을 무한히 포기했다가 부조리한 것의 힘에 의해 다시 모든 것을 되찾았습니다.** 그는 계속해서 무한의 운동을 하지만, 그것으로부터 계속해서 유한성을 얻을 것이라는 그런 확신과 정확성으로 이를 행합니다. 누구도 다른 어떤 것도 의심하지 않습니다.

발레 무용수가 특정 자세로 도약할 때 단 한 번도 그 자세를 위해 긴장하지 않고 바로 그 도약에서 1초의 망설임도 없이 그 자세를 취하는 것은 발레 무용수에게 가장 어려운 위업이라고 합니다.[56] 발레 무용수 중 이것을 할 수 있는 사람은 없을지도 모르지만, 이 기사는 해냈습니다. 대부분의 사람은 세속적인 기쁨과 슬픔에 완전히 빠져 살며, 춤에 참여하지 않는 구경꾼입니다.

무한의 기사는 발레 댄서이며 고도(Elevation)[57]가 있습니다. 그들은 위로 운동을 했다가 다시 내려오는데, 이것 역시 불행한 전환이 아니며 보기 흉하지 않습니다. 그러나 그들이 내려올 때마다, 즉시 자세를 취하지 못하고 잠시 흔들립니다. 이 흔들림은 그들이 세상에서 **나그네**라는 것을 보여줍니다. 그들의 기술에 따라 다소 눈에 띄지만 가장 숙련된 기사조차도 이 흔들림을 숨길 수 없습니다. 공중에서 그들을 볼 필요는 없습니다. 그들이 땅에 닿는 순간, 그들을 볼 필요가 있을 뿐입니다. 그때, 그들을 알아볼 수 있지요. 그러나 순간적으로 서서 걷는 것처럼 보이도록 내려오는 것, 삶으로의 도약을 걷는 것으로 바꾸는 것, 보행자의 숭고함을 절대적으로 표현하는 것, 오직 그 기사만이 할 수 있으며 이것이 유일한 기적입니다.

공주와의 사랑

그런데도 이 기적이 너무 쉽게 속일 수 있으므로 현실과의 관계를 밝힐 수 있는 구체적인 사례의 운동을 설명할 것입니다. 이것이 핵심 문제니까요. 한 청년이 공주와 사랑에 빠지고, 이 사랑은 그의 삶의 전체 내용입니다. 그러나 그 관계는 실현될 수 없고, 이상에서 실제로 옮겨질 수 없는 관계입니다.* 물론 유한한 자의 노예, 삶의 늪에 빠진 개구리들은 비명을 지릅니다.

"그런 사랑은 어리석은 짓이라고. 부자 양조장의 과부도 똑같이 훌륭하고 견고한 짝일 수 있지."

*개인이 현실(Virkelighedens)의 전체 실재(Realitet)를 집중시킨 다른 관심사가 실현 불가능한 것으로 판명되면 체념의 운동을 촉발할 수 있다는 것은 말할 필요도 없다. 나는 이 운동을 보여주기 위해 연애를 선택했는데, 그 이유는 이 관심이 훨씬 더 이해하기 쉽고, 따라서 더 깊은 의미에서 극소수의 개인에게만 관심을 가질 수 있는 모든 예비적 고려 사항에서 벗어날 수 있기 때문이다.

그들은 늪에서 계속 울부짖게 내버려두십시오.

무한 체념의 기사는 그런 일을 하지 않습니다. 그는 세상의 모든 영광을 위해서가 아니라 사랑을 포기하지 않습니다. 그는 바보가 아닙니다. 우선, 그는 사랑이 실제로 그의 삶의 실체라고 스스로 확신합니다. 그의 영혼은 건강하고 자랑스럽기에 술에 취해 그 사랑을 최소한이라도 낭비하지 않습니다. 그는 비겁하지 않으며, 사랑이 자신의 가장 비밀스럽고 가장 먼 생각 속으로 스며들어 가는 것을, 사랑이 의식의 모든 힘줄(Ligament)을 복잡하게 뒤틀고 얽히게 하는 것을 두려워하지 않습니다. 만약 사랑이 슬픔에 빠지면, 그는 결코 거기서 빠져나올 수 없을 것입니다.

그는 사랑이 모든 신경을 두근거리게 하는 행복한 기쁨을 느끼지만, 그의 영혼은 독이 든 잔을 비우고 그 독액이 피 한 방울까지 스며드는 것을 느낀 사람의 영혼처럼 엄숙합니다.[58] 바로 이것이 위기의 순간입니다. 이 순간이 삶과 죽음의 순간이기 때문입니다. 이렇게 모든 사랑을 마시고 이 사랑에 푹 빠진 그는, 모든 것을 시도하고 위험을 감수할 용기가 부족하지 않습니다. 그는 자기 삶의 조건을 살핍니다. 잘 훈련된 비둘기처럼 그의 모든 손

짓과 부름에 순종하는 재빠른 생각들을 모읍니다. 마치 비둘기처럼 이 생각들은 지팡이를 흔들면 사방으로 흩어집니다. 그러나 이제 그들이 모두 슬픔의 사자처럼 돌아와서 그것이 불가능하다고 설명하면, 그는 매우 조용해지고 그들을 해고하고 고독해집니다. 그런 다음 그는 운동을 시작합니다. 여기서 내가 말하는 것이 어떤 의미를 갖는다면, 요점은 이 운동이 정상적으로 수행된다는 것입니다.*

첫째, 기사는 자기 삶의 전체 내용과 현실의 의미를 하나의 소원(Ønske)에 집중할 수 있는 힘을 갖게 됩니다. 이 집중력(Concentration), 이 완전성(Sluttethed)이 부족한 사람은 처음부터 그의 영혼이 여러 가지로 분산되어 운동할 수 없습니다.

*여기에는 열정이 필요하다. 무한의 모든 운동은 **열정**을 통해 이루어지며, 어떤 반성도 운동을 만들어낼 수 없다. 이것이 운동을 설명하는 존재의 연속적 도약이다. 반면, 헤겔[59]에 따르면 매개는 모든 것을 설명해야 할 키메라(chimera)[60]이며, 그가 설명하려고 시도한 적이 없는 유일한 것이기도 하다. 이해한 것과 이해하지 못한 것을 구분하는 소크라테스[61]의 유명한 구별을 하기 위해서는 열정이 필요하다. 더 나아가 진정한 소크라테스적 운동, 즉 무지의 운동을 하기 위해서는 [열정이 필요하다]. 우리 세대에게 부족한 것은 반성이 아니라 열정이다. 그러므로 어떤 의미에서 우리 시대는 너무 삶에 집착하고 있어 죽을 수 없다. 그렇기 때문에 죽는다는 것은 가장 놀라운 도약 중 하나이다. 시인이 인생의 좋은 것들에 대한 열망을 대여섯 줄로 아름답고 간결하게 표현한 후 다음과 같이 끝내는 작은 시가 항상 나에게 매우 호소력이 있다.

ein seliger Sprung in die Ewigkeit[영원을 향한 행복한 도약][62]

금융가가 투자에서 잃으면 다른 투자에서 이익을 얻기 위해 광범위하게 분산 투자하여 자원을 투입하는 것처럼, 그도 인생에서 영리하게 행동합니다. 요약하자면, 그는 기사가 아닙니다.

둘째, 기사는 모든 행위를 단 하나의 의식 행위에 집중할 수 있는 힘을 갖게 될 것입니다. 그에게 이러한 완전성이 결여되어 있다면, 그의 영혼은 처음부터 다양하게 분산되어 있었던 것이지요. 그는 운동을 할 만한 시간이 없었을 것입니다. 인생의 심부름을 하다가 끝날 것이고, 결국 영원으로 들어가지 못할 것입니다. 왜냐하면 영원에 가까이 간 순간에, 갑자기 무언가를 잊었던 것을 발견하게 될 것이고 따라서 다시 돌아가야 하기 때문입니다. 다음 순간에 그는 이것이 가능하다고 생각합니다. 물론, 이것은 사실입니다. 그러나 그런 관찰로 운동을 하게 되는 것이 아니라, 관찰에 도움으로, 더 깊고 깊숙이 진흙 속으로 가라앉을 것입니다.[63]

그때, 기사가 운동을 합니다. 어떤 운동인가요? 그는 이 전체를 잊은 것일까요? 왜냐하면 이 또한 일종의 집중을 구성하기 때문입니다. 아닙니다. 기사는 자신과 모순되지 않으며, 그의 삶 전체 내용을 잊고 동일하게 유지하는 것은 모순입니다. 그는 다른 사람이 되고 싶은 욕구를 느끼지 않으며, 결코 그것을 위대한 것으로 간주하지도 않습니다. 오직 더 낮은 본성만이 자신을 잊고 새로운 존재가 됩니다.

예를 들어, 나비는 자신이 애벌레였다는 사실을 완전히 잊고, 결과적으로 자신이 나비였다는 사실을 완전히 잊어버려 물고기가 될 수도 있습니다.[64] 더 깊은 본성은 결코 자신의 본모습을 잊지 않고 자신이었던 것 이외의 다른 것이 되지 않습니다.

그러므로 기사는 모든 것을 기억할 것이지만 이 기억은 정확히 고통입니다. 그런데도 무한 체념 속에서 그는 존재와 화해합니다. 그 공주에 대한 그의 사랑은 그에게 영원한 사랑의 표현이 될 것이고, 종교적 성격을 띠게 될 것이며, **영원한 존재에 대한 사랑**으로 변형될 것입니다. 이 사랑은 그 성취를 충분히 부정했지만 그럼에도 불구하고 그 어떤 현실도 그에게서 빼앗을 수 없는 영원한 형태의 타당성에 대한 영원한 의식 속에서 그를 다시 한번 화해하게 할 것입니다.

바보와 젊은이들은 인간에게는 모든 것이 가능하다고 말합니다. 그러나 그것은 큰 오류입니다. 영적으로 말하면, 모든 것이 가능하지만 유한한 세상에는 불가능한 것이 많습니다. 그러나 기사는 이 불가능을 영적으로 표현함으로써 가능하게 만들지만, 그는 그것을 포기함으로써 영적으로 표현합니다. 그를 현실로 이끌었지만, 불가능에 좌초된 욕망은 이제 내면으로 향하지만, 그렇다고 해서 잃어버린 것도 아니고 잊힌 것도 아닙니다.

때로는 기억을 일깨우는 것이 욕망의 어두운 감정입니다. 때로는 스스로 기억을 일깨우기도 합니다. 왜냐하면 자기 삶 전체 내용을 허무한 순간의 일로 드러내기에는 그것은 그에게 너무 자랑스러운 일이기 때문입니다. 그는 이 사랑을 젊게 유지하고 세월과 아름다움으로 그와 함께 성장합니다. 그러나 그는 그 성장을 위해 유한한 때가 필요하지 않습니다.

그가 운동을 했던 순간부터, 공주를 상실합니다. 그는 연인을 보는 그런 에로스한 감흥이 필요 없을 뿐 아니라, 계속해서 작별 인사를 할 필요도 없습니다. 왜냐하면 영원의 의미에서 그는 그녀를 기억하고 있기 때문입니다.[65] 그는 다시 한번 작별 인사를 하기 위해 마지막으로 서로를 만나고 싶어 하는 연인들이 마지막이라고 생각하는 열망은 정당하다는 것을 잘 알고 있습니다. 그들은 서로 빨리 잊으니까요. 그는 다른 사람을 사랑할 때도 충분히 자신이 되어야 한다는 깊은 비밀을 깨달았습니다.

그는 더 이상 공주가 하는 일에 대해 유한하게 걱정하지 않습니다. 정확히 이것은 그가 무한히 운동을 했음을 증명합니다. 여기서 개인의 운동이 진짜인지 가짜인지 알 수 있는 때(기회, Leilighed)가 있습니다. 자신이 운동을 했다고 생각했지만, 시간이 지남에 따라 공주는 다른 일을 했습니다.

예를 들어, 그녀는 왕자와 결혼했습니다. 그의 영혼은 체념의 탄력성을 잃었습니다. 이것으로 그는 자신이 올바른 운동을 하지 않았음을 보여주었습니다. 무한히 체념한 사람은 충분히 자신이 되어 있기 때문입니다. 기사는 체념을 버리지 않고, 처음 순간처럼 사랑의 젊음을 간직합니다. 그는 그 사랑을 잃지 않습니다. 왜냐하면 무한히 운동을 했기 때문입니다. 공주가 무엇을 하든 그를 방해할 수 없습니다.

다른 사람의 행동에 대한 법칙을 가진 것은 더 낮은 본성일 뿐입니다. 즉 자신 밖에서의 행동에 대한 전제를 가진 것입니다. 그러나 공주도 비슷한 성향을 가지고 있다면, 아름다운 무언가가 나타날 것입니다. 그녀 스스로 기사도의 질서에 자신을 맡길 것입니다. 이곳에서는 투표로 선출되는 것이 아니라, 입단하고자 하는 용기를 가진 누구나 기사단이 될 수 있습니다. 이것이 기사도의 질서이며, 이것이 남자와 여자의 차이를 구별하지 않음으로써 불멸을 증명합니다.

그녀는 또한 자신의 사랑을 젊고 건강하게 간직할 것입니다. 그녀 역시 노래 가사처럼[66] 매일 밤 주인의 곁에 누워 있지 않더라도, 고통을 극복할 것입니다. 이 둘은 리듬이 있는 예정된 조화(harmonia præstabilita)[67]로 영원히 조화를 이룰 것입니다. 그러나 순간이, 그들을 유한하게 관련되지 않는 순간이 온다면, 그들은 늙게 될 것입니다. 사랑이 시간에서 자신을 표현할 수 있는 순간이 온다면, 그들이 시작에서 하나가 되었다면, 시작한 곳에서 바로 시작할 것입니다. 남자든 여자든 이것을 이해한 사람은 절대 속을 수 없습니다. 왜냐하면 그들이 속았다고 상상하는 것은 더 비천한 본성뿐이기 때문입니다. 이런 자부심이 없는 어떤 소녀도 실제로 사랑이 무엇인지 이해하지 못합니다. 그러나 이런 자부심이 있다면, 세계 전체의 어떤 간사함과 교활함도 그녀를 속일 수 없습니다.

무한 체념의 개념

무한 체념 속에는 평화와 안식이 있습니다. 너무 교만한 것보다 더 끔찍한 일, 즉 자신을 경멸하는 것으로 자신을 타락시키지 않은 모든 사람은 이 운동을 할 수 있도록 자신을 훈련할 수 있습니다. 이 운동에 의해, 그 고통 속에서 자신을 존재와 화해시킬 수 있습니다. 무한 체념은 옛 전설에서 말하는 그 셔츠입니다.[68] 천을 눈물로 짜고, 눈물로 표백하고, 눈물로 꿰맨 셔츠는 철과 강철보다 더 잘 보호합니다. 이 전설의 결점은 제삼자가 이 린넨 천을 처리할 수 있다는 것입니다.

삶의 비밀은 모든 사람이 각자 바느질해야 한다는 것이고, 주목할 만한 점은 남자도 여자만큼 잘 바느질할 수 있다는 것입니다. 무한 체념에는 고통 속에서 평화와 휴식과 위로가 있습니다. 즉 운동이 정상적으로 이루어질 때 말입니다. 나의 짧은 경험으로 겪은 다양한 오해, 어색한 자세, 엉뚱한 운동을 설명하려면, 책 한 권을 다 써도 모자랄 것 같습니다. 사람들은 영(spirit)을 거의 믿지 않습니다. 하지만, 이 운동을 하는 데 있어 가장 중요한 것은 영입니다. dira necessitas(필연의 잔인한 제약)[69]에 의한 일방적인 결과가 되어서는 안 됩니다. 이것이 존재할수록, 이 운동이 정상인지 항상 의심하게 됩니다.

따라서 차갑고 황량한 필연성이 반드시 존재해야 한다고 생각할 때, 누구도 실제로 죽기 전에 죽음을 경험할 수 없다고 선포하고 있는 것이지요. 나에게 이것은 유물론(Materialisme)으로 보입니다. 그러나 우리 시대에는 순수한 운동을 만드는 데에는 별로 관심이 없습니다. 댄스를 배우고 싶어 하는 사람은 다음과 같이 말할 수 있습니다.

"수 세기 동안 한 세대가 다른 세대에 걸쳐 자세를 배웠고, 나는 이를 활용하여 즉시 쿼드릴(quadrille)[70]부터 시작해야 할 때이다."

그가 이렇게 말했다면, 사람들은 아마도 그를 약간 비웃을 것이지만, 영의 세계에서 이것은 매우 그럴듯합니다. 그렇다면 교육이란 무엇일까요? 나는 교육이란 개인이 자신을 따라잡기 위해 겪는 과정이라고 믿었습니다. 이 과정을 겪지 않는 사람은 가장 계몽된 이 시대에 태어나도 아무런 도움을 받지 못할 것입니다.

무한 체념은 믿음 이전의 마지막 단계이므로, 이 운동을 하지 않은 누구나 믿음이 없는 사람입니다. 무한 체념을 통해서만 나의 **영원한 타당성**(evige Gyldighed)[71]을 의식하게 됩니다. 오직 그때만 믿음에 의해 존재를 파악한다고 말할 수 있습니다.

이제 앞서 언급한 믿음의 기사를 만나 봅시다. 그는 다른 기사와 똑같이 자기 삶의 실체인 사랑을 무한히 포기하고 고통 속에서 화해합니다. 그러나 기적이 일어납니다. 그는 다른 모든 것보다 훨씬 더 놀라운 운동을 하나 더 만듭니다. 그는 말합니다.

"그럼에도 불구하고 나는 그녀를 얻을 것이라는 믿음이 있지. 즉, 부조리한 것의 힘으로, 하나님에게는 모든 것이 가능하다는 사실[72]로 인해 믿지."

부조리한 것은 이해 자체의 범위 내에 있는 차이에 속하지 않습니다. 그것은 불가능한 것, 예상치 못한 것, 예측할 수 없는 것과 동일하지 않습니다. 기사가 체념의 행위를 실행하는 순간, 그는 인간적으로 말하자면 불가능하다는 것을 확신했습니다. 그것이 이해의 결론이었으며, 그는 그것을 생각할 충분한 에너지를 가지고 있었습니다. 그러나 무한한 의미에서 그것은 가능합니다. 즉, 자신을 체념함으로써(resignere derpaa) 가능했습니다. 이 소유는 결국 포기이기도 합니다. 그럼에도 불구하고 이해에 있어 이 소유는 부조리가 아닙니다. 왜냐하면 이 소유는 이해가 지배하는 유한한 세계에서 이 소유가 불가능했고 앞으로도 불가능할 것이라는 이해가 계속 옳기 때문입니다. 믿음의 기사 역시 이것을 분명하게 인식하고 있습니다. **결국 그는 부조리한 것에 의해서만 구원받을 수 있습니다.** 이것을 그는 믿음으로 파악합니다.

결과적으로 그는 불가능을 인정하고, 바로 그 순간 부조리한 것을 믿습니다. 온 마음과 온 영혼을 다해 불가능을 열정적으로 인정하지 않은 채 그가 믿음이 있다고 상상하려 한다면, 그는 자신을 속이고 있으며, 그의 간증은 여기에도 저기에도 없을 것입니다. 그가 무한 체념조차 얻지 못했기 때문입니다.

명확히 체념이 선행되기 때문에, 믿음은 미적 감정이 아니라 훨씬 더 고차원적인 것입니다. 마음의 직접적인 성향이 아니라 **믿음은 존재의 역설입니다.** 예를 들어, 어린 소녀가 모든 어려움에도 불구하고 여전히 자신의 소망이 이루어질 것이라는 확신을 가지고 있다면, 비록 그녀가 기독교인 부모 밑에서 자랐고 아마도 일 년 내내 목사로부터 확신에 대한 교육을 받았을지라도 이 확신은 결코 믿음의 확신이 아닙니다.

그녀는 어린아이와 같은 순진함과 순수함으로 확신에 차 있습니다. 이러한 확신은 그녀의 본성을 고상하게 하고 초자연적인 위엄을 부여하여 마치 마술사(Thaumaturg)[73]처럼 존재의 유한한 힘을 불러일으키고 돌들을 울게 하는 한편,[74] 그녀는 당황한 상태에서 빌라도처럼 헤롯에게 달려갈 수 있고,[75] 자신의 기도로 온 세상을 움직일 수 있습니다. 그녀의 확신은 가장 매혹적이며 그녀에게서 많은 것을 배울 수 있습니다. 그러나 그녀에게서 배울 수 없는 한 가지가 있습니다. 운동을 하는 방법이지요. 왜냐하면 그녀의 확신은 감히 체념의 고통 속에서 불가능을 볼 수 있는 안목이 없기 때문입니다.

그래서 나는 **체념의 무한한 운동**을 만들기 위해서는 힘과 에너지와 영적 자유가 필요하다는 것을 인식할 수 있습니다. 또한 이를 행할 수 있음을 인식할 수 있습니다. 다음 [운동]은 나를 놀라게 하는데, 나의 뇌는 빙빙 돕니다. 왜냐하면 체념의 운동을 한 후, 부조리한 것의 힘으로 모든 것을 얻는 것, 자신의 소원을 전적으로 완전히 얻는 것, 즉 이것은 인간의 능력을 뛰어넘는, **기적 그 자체**이기 때문입니다. 그러나 나는 이것을 인식할 수 있습니다.

"어린 소녀의 확신은 불가능에 대한 완전한 인식에서 흔들리지 않는 믿음에 비하면 경박함이다."

나는 이 운동을 만들고 싶을 때마다 거의 기절할 뻔했고, 절대적으로 감탄하는 바로 그 순간 큰 불안에 사로잡혔습니다. 이것이 하나님을 시험하는 (friste) 것 아닌가요? 그러나 이것은 **믿음의 운동**이며, 비록 철학이 개념을 혼란스럽게 하기 위해 우리를 속여 믿음이 있다고 생각하도록 한다 해도, 신학이 기꺼이 이 믿음을 싼값에 팔아넘기려 해도, 이것은 계속해서 믿음의 운동으로 남아야 합니다.

<u>체념의 행위에는 믿음이 필요하지 않습니다.</u> 체념에서 내가 얻는 것은 나의 영원한 의식이기 때문입니다. 이것은 내가 모험하는 순수한 철학적 운동입니다. 필요할 때, <u>스스로</u> 위로하고 훈련할 수 있습니다. 왜냐하면 어떤 유한성이 나를 지배하려 할 때마다, 나는 그 운동을 할 때까지 나 자신을 굶겨 복종시키기 때문입니다. 나의 영원한 의식은 하나님에 대한 나의 사랑입니다. 나에게 그것은 최고의 것이지요. 체념의 행위에는 믿음이 필요하지 않지만, 나의 영원한 의식보다 조금이라도 더 얻는 것, 그것은 믿음을 요구합니다. 왜냐하면 이것은 역설이니까요. 이 운동이 종종 혼란스럽습니다.

모든 것을 포기하기 위해서는 믿음이 필요하다고 합니다. 실제로 더 신기한 것은 어떤 사람이 믿음을 잃었다고 한탄하는데, 자신이 저울의 어느 지점에 있는지 확인해 보니 신기하게도 체념의 무한한 운동을 할 수 있는 지점에 도달했다는 것입니다. 체념을 통해 나는 모든 것을 포기합니다. 나는 이 운동을 혼자서 만들고, 내가 그것을 하지 않는다면, 그것은 내가 너무 비겁하고 부드럽고 열정이 없기 때문입니다. 모든 인간에게 부여 된 높은 존엄성의 중요성을 느끼지 못하기 때문입니다. 로마 공화국 전체의 검열 장군보다[76] 훨씬 더 고귀한 자신의 검열관이 되기에는 너무 비겁하고 부드럽고 열정이 없기 때문입니다.

이 운동은 전적으로 나 홀로 하는 것이며, 그로 인해 내가 얻는 것은 영원한 존재에 대한 나의 사랑과 복된 조화를 이루는 나의 영원한 의식입니다. 믿음으로 나는 아무것도 포기하지 않습니다. 오히려 믿음으로 겨자씨 같은 믿음을 가진 사람은 산을 옮길 수 있다는 말[77]과 같은 의미에서 정확하게 모든 것을 받습니다. 영원을 얻기 위해 시간적인 모든 것을 포기하는 것은 순전히 인간적인 용기가 필요하지만, 내가 얻은 영원은 영원토록 결코 포기할 수 없다는 것, 이것은 자기모순입니다. 그러나 부조리한 것의 힘으로 시간적인 영역 전체를 파악하려면 역설적이고 겸손한 용기가 필요하며, 이것이 바로 **믿음의 용기**입니다.

<u>믿음으로 아브라함은 이삭을 포기한 것이 아니라, 믿음으로 아브라함은 이삭을 받았습니다.</u> 체념의 도움으로, 그 부자 청년은 모든 것을 포기해야 했습니다.[78] 그렇게 했다면, 믿음의 기사가 그에게 말했을 것입니다.

"부조리한 것의 힘으로 당신은 한 푼도 남김없이 다시 돌려받을 것입니다. 믿으십시오!"

그리고 이전에 부자였던 청년은 이 말을 결코 가볍게 여겨서는 안 됩니다. 왜냐하면 그가 싫증이 나서 자신의 소유물을 포기했다면, 그의 체념은 그렇게 좋은 것이 아니기 때문입니다.

시간성, 유한성, 그것이 전부입니다. 나는 내 힘으로 모든 것을 체념하고 고통 속에서 평화와 안식을 찾을 수 있습니다. 사람을 겁주는 해골보다 더 무서운 악마가 사람들을 두렵게 한다 해도, 내 눈앞에서 광기가 바보의 탈을 쓰고 있고 그 탈을 써야 할 사람이 바로 나라는 것을 그 얼굴에서 알았다 하더라도, 지상의 행복을 이루려는 관심보다 내 안에서 하나님의 사랑이 정복하려는 관심이 더 크기만 하다면, 모든 것을 참을 수 있고 내 영혼을 구원할 수 있습니다. 최후의 순간에도 사람은 모든 좋은 선물이 내려오는 하늘을 바라보며[79] 온 영혼을 집중할 수 있습니다. 이 표정은 자신에 의해, 자신이 사랑에 충실했다는 것을 의미하는 사람에 의해 이해될 것입니다.

그런 다음 그는 침착하게 의상을 입을 것입니다. 이 낭만주의가 결여된 영혼을 가진 사람은 왕국을 얻든 비참한 은 덩어리를 얻든,[80] 그의 영혼을 팔아버린 것입니다. 내 힘으로는 유한성에 속한 최소한의 작은 것을 얻을 수 없습니다. 나는 계속해서 모든 것을 체념하는 데 나의 힘을 사용하기 때문입니다. 내 힘으로는 공주를 포기할 수 있고, 그것에 대해 삐치지 않고 고통 속에서 기쁨과 평화와 안식을 찾을 수 있지만, 내 힘으로는 공주를 다시 찾을 수 없습니다. 체념하는 데에 나의 모든 힘을 사용하기 때문입니다. 반면에 믿음으로, 그 놀라운 기사가 말합니다.

"믿음으로, 부조리한 것의 힘으로, 그대는 그녀를 얻을 것입니다."

하지만 내가 이 운동을 할 수 없습니다. 시작하자마자 모든 것이 뒤집히고 체념의 고통 속에서 피난처를 찾습니다. 인생에서 헤엄칠 수는 있지만, 신비롭게 떠 있기에는 내가 너무 무겁습니다. 존재에 대한 나의 대비가 끊임없이 가장 아름답고 안전한 조화로 표현되는 방식으로 실존하는(existere) 것, 이것은 내가 할 수 없는 일입니다. 그런데도 반복해서 말하지만, 공주를 얻는 것은 정말 멋진 일임에 틀림없습니다. 이렇게 말하지 않는 체념의 기사는 사기꾼입니다. 그는 단 하나의 소원도 없었습니다. 고통 속에서 자신의 소원을 젊게 간직하지 못했습니다.

소원이 더 이상 살아 있지 않고 고통의 화살이 무뎌진 것이 매우 편리하다는 것을 알게 된 사람이 있을 수 있지만, 그런 사람은 기사가 아닙니다.

이 일을 행하면서 자신을 사로잡은 자유롭게 태어난 영혼은 자신을 경멸할 것이며, 다시 시작하고 무엇보다도 자신의 영혼이 자기를 기만하는 일이 없도록 할 것입니다. 그러나 공주를 얻는 것은 정말 멋진 일임이 틀림없습니다. **믿음의 기사는 유일한 행복한 사람이며, 유한자**(세상)**의 상속자인 반면, 체념의 기사는 나그네이자 이방인입니다.**[81]

이렇게 공주를 얻고, 매일 그녀와 행복하게 사는 것(체념의 기사가 공주를 얻을 수도 있었지만 그의 영혼은 미래의 행복이 불가능하다는 것을 충분히 통찰하고 있었기 때문에), 부조리한 것의 힘으로 매 순간 행복하게 사는 것, 사랑하는 사람의 머리 위에 칼이 걸려 있는 것을 매 순간 보면서도[82] 체념의 고통에서 안식을 찾지 않고 부조리한 것의 힘으로 기쁨을 찾는 것, 이것은 훌륭합니다. 이런 일을 하는 사람은 위대하고, 유일하게 위대한 자입니다. 이 생각이 위대한 자를 존경하는 데 인색하지 않은 내 영혼을 자극합니다.

믿음으로 멈추지 않으려는 우리 세대의 모든 사람이 실제로 삶의 공포를 파악한 사람이라면, 폭풍우가 치는 밤 화약고 근처에 장전된 소총을 들고 홀로 서 있는 군인이 이상한 생각을 한다고 말한 다브의 진술의 의미[83]를 이해한 사람입니다. 믿음으로 멈추지 않으려는 모든 사람이 실제로 그 소원이 불가능하다는 것을 이해하고 그 생각과 홀로 있을 시간을 가질 수 있는 영적 힘을 가진 사람이라면, 믿음으로 멈추지 않으려는 모든 사람이 고통 속에서 화해하고 고통을 통해 화해하는 사람이라면, 믿음으로 멈추지 않으려는 모든 사람이 나중에 (그가 앞서 말한 모든 것을 하지 않았다면, 믿음의 문제일 때 자신을 괴롭히지 않아야 합니다.) 부조리한 것의 힘으로 기적을 수행하고 **존재 전체**(hele Tilværelsen)를 파악한 사람이라면, 내가 쓰는 것은 체념의 운동만 할 수 있는 가장 열등한 구성원이 이 세대를 향한 가장 높은 찬사일 것입니다. 그런데 왜 그들은 믿음으로 멈추지 않을까요? 왜 우리는 때때로 사람들이 믿음이 있다는 것을 인정하는 것을 부끄러워한다는 말을 듣게 될까요? 나는 이해할 수 없습니다. 내가 이 운동을 할 수 있다면, 앞으로는 네 마리의 말이 끄는 마차를 탈 것입니다.[84]

내가 삶에서 보는 모든 부르주아 속물주의, 즉 말로는 정죄하지 않고 행동으로만 정죄하는 것, 실제로는 보이는 것과 다르다는 것, 이것은 기적입니까? 그 믿음의 영웅은 결국 속물주의와 놀랍도록 닮았기 때문에, 그 믿음의 영웅은 심지어 아이러니스트나 유머리스트가 아니라 훨씬 더 높은 무언가를 닮았기 때문에, 참으로 상상할 수 있습니다. 요즘 아이러니와 유머에 대해, 특히 그것을 실천해 본 적이 없지만 그런데도 모든 것을 설명하는 방법을 아는 사람들에 의해 많은 이야기가 있습니다. 나는 이 두 가지 열정이 완전히 낯설지는 않습니다.[85] 독일어와 독일어-덴마크어 개요서에서 볼 수 있는 것보다 조금 더 많이 알고 있습니다. 따라서 나는 이 두 가지 열정이 믿음의 열정과 본질적으로 다르다는 것을 알고 있습니다. 아이러니와 유머도 자기반성적이기 때문에 무한 체념의 영역에 속합니다. 개인이 현실과 비교할 수 없다는 사실에 탄력성을 가지고 있습니다.

의무이든 무엇이든, 나는 더 바랄 것이 없지만 마지막 운동, 믿음의 역설적 운동을 만들 수 없습니다. 사람이 이것을 말할 권리가 있는지는 자신의 결정이어야만 합니다. 이 점에서 원만한 합의에 도달할 수 있는지는 자신과 믿음의 대상인 영원한 존재 사이의 문제입니다. 모든 사람은 무한 체념의 운동을 만들 수 있습니다. 나는 그가 그것을 할 수 없다고 상상하는 사람을 겁쟁이라고 부르는 것을 주저하지 않을 것입니다. 믿음은 다른 문제이지만, 반대로 믿음은 가장 위대하고 가장 어려운 것이기 때문에, 다른 사람들이 믿음이 열등하거나 쉬운 문제라고 믿도록 이끌 권리가 없습니다.

아브라함의 이야기는 다른 방식으로 이해됩니다. 우리는 하나님의 긍휼을 찬양합니다. 하나님께서 이삭을 다시 주셨다는 것이지요. 모든 것이 단지 시련(Prøvelse)에 불과하다는 것이지요. 시련이라는 이 단어는 많이 말할 수도, 적게 말할 수도 있습니다. 그러나 이 전체의 일은 말하자마자 끝났습니다. 우리는 날개 달린 말을 타고 모리아 산에 올라가는 순간, 그 순간에 숫양을 보게 됩니다. 우리는 아브라함이 길을 따라 낑낑거리는 나귀를 탔을 뿐이며, 사흘 동안의 여정이 있었고, 장작을 자르고 이삭을 묶고 칼을 갈기 위해 시간이 필요했다는 사실을 잊어버립니다.

그러나 우리는 아브라함에게 경의를 표합니다. 설교자는 설교하기 전 마지막 15분 전까지도 잠을 잘 수 있고, 듣는 사람도 연설 중에 잠을 잘 수 있는데, 모든 것이 양쪽에서 아무런 문제 없이 훌륭하게 진행되기 때문입니다. 불면증으로 고통받는 사람이 있다면 그는 아마도 집에 가서 구석에 앉아 "모든 것이 순식간에 끝났으니 잠시만 기다리면 숫양을 볼 수 있고 시련은 끝날 것이다"라고 생각할 것입니다. 설교자가 이런 상황에서 그를 만난다면, 그는 위엄을 다해 그에게 다가가서 다음과 같이 말할 것입니다. "불쌍한 자여, 당신의 영혼을 그런 어리석음에 빠지게 하다니. 기적은 일어나지 않고 모든 삶은 시련이야."

설교자는 점점 더 감정이 격해지면서 흥분했고, 자신에 대해 점점 더 기뻐했습니다. 아브라함에 대해 이야기할 때는 혈관이 부풀어 오르지 않았지만, 이제는 이마의 혈관이 부풀어 오르는 것을 느꼈을 것입니다. 아마도 죄인이 조용하고 품위 있게 대답하면 그는 어리둥절할 것입니다.

"결국 지난 주일에 설교하신 내용이 바로 그것입니다."

이제 아브라함을 제거해 버리든가, 그의 삶의 의미인 엄청난 역설에 두려워하는 법을 배워서 다른 모든 시대와 마찬가지로 우리 시대도 믿음이 있으면 기뻐할 수 있음을 이해하도록 합시다. 아브라함이 보잘것없는 사람, 유령, 기분 전환에 사용되는 전시물이 아니라면, 죄인은 결코 그렇게 하고 싶어 하는 실수를 저지를 수 없을 것입니다. 그러나 요점은 아브라함이 한 일의 위대함을 인식하여 그 사람이 이와 같은 일에서 시험받을(forsøges) 소명과 용기를 가지고 있는지 스스로 판단할 수 있도록 하는 것입니다. 설교자의 행동에서 코믹한 모순은 아브라함이라는 하찮은 존재로 만들어 놓고도, 다른 사람이 같은 방식으로 행동하는 것을 금지하고 싶어 한다는 것입니다.

그렇다면 감히 아브라함에 관해 이야기하지 말아야 할까요? 분명히 말할 수 있다고 생각합니다. 내가 그에 대해 이야기한다면, 우선 시련의 고통을 묘사할 것입니다. 나는 아브라함이 겪은 고통을 설명하기 위해 아버지의 고난으로부터 모든 불안과 고통과 괴로움을 거머리처럼 빨아들일 것입니다. 그 모든 것 아래에는 믿음이 있었다는 것을 설명할 것입니다. 사실 이 사흘 반의 여정은 아브라함과 나를 갈라놓은 수천 년의 시간보다 훨씬 더 길 수 있다는 것을 지적하고 싶습니다. 나는 모든 사람이 그런 일을 시작하기 전에 언제든지 회개하고 돌이킬 수 있다는 점을 지적하고 싶습니다. 이것이 나의 관점입니다. 나는 아브라함처럼 시험을 받고자 하는 사람들의 소원을 불러일으키는 것을 두려워하지 않습니다. 그러나 아브라함의 값싼 판본을 팔면서, 모든 사람이 그렇게 하는 것을 금지하는 것은 우스꽝스럽습니다.

　믿음의 엄청난 역설, 살인을 거룩하고 하나님이 기뻐하시는 행위로 만
드는 역설, 이삭을 다시 아브라함에게 돌려주는 역설, 이것은 어떤 생각도
파악할 수 없습니다. 왜냐하면 믿음은 생각이 멈추는 바로 그 지점에서 시
작되기 때문입니다. 이 역설을 인식하기 위해, 이제 나는 아브라함의 이야
기에 내재된 변증법적 측면들을 문제라는 형식으로 끌어내고자 합니다.[86]

참고자료

1　최종본에서 삭제된 경구는 다음과 같다.

Ein Laye und Unglaübiger kann meine Schreibart nicht anders als für Unsinn erklären, weil ich mit mancherley Zungen mich ausdrücke, und die Sprache der Sophisten, der Wortspiele, der Creter und Araber, Weissen und Mohren und Creolen rede, Critik, Mythologie, rebus und Grundsätze durch einander schwatze, und bald κατ᾽ ἄνθρωπον bald κατ᾽ ἐξοχὴν argumentire.[평신도나 불신자는 나의 글쓰기 방식을 '난센스'라는 것 외에 설명할 수 없다. 왜냐하면 나는 다양한 언어로 자신을 표현하고 궤변과 말장난, 크레타인과 아라비아 사람, 백인과 무어인과 크리올인의 언어로 말하고 비판과 신화, 수수께끼(rebus)와 공리의 혼란을 옹알거리며 지금은 인간적인 방식으로, 비범한 방식으로 논쟁을 하기 때문이다].

하만

2　데살로니가후서 3:10, "우리가 너희와 함께 있을 때에도 너희에게 명하기를 누구든지 일하기 싫어하거든 먹지도 말게 하라 하였더니"

3　누레딘은 반지와 램프를 모두 제어할 수 있었다.

4　아라비안나이트에 나오는 알라딘의 반지 이야기에서 알라딘이 아프리카 마법사가 준 반지를 문지르자 반지의 정령이 나타나 자신과 반지의 모든 정령을 자신의 명령에 복종할 준비가 된 채로 자신의 마음대로 움직인다는 내용을 말한다. 타우센트와 하룻밤에서 "알라딘과 요술램프"(531-558번째 밤)를 보라. "Geschichte Aladdins oder die Wunderlampe"(531. til 558. nat) I Tausend und eine Nacht. Arabische Erzählungen,overs. afG. Weil, bd. 1, udg. afA. Lewald,Stuttgart1838, bd. 2-4,Pforzheim1839-41, ktl. 1414-1417; bd. 3, 1841, s. 163-313, fx s. 184f. 예: 184쪽. 반지의 정령이 처음으로 등장하여 알라딘이 멋진 램프를 되찾기 위해 동굴 밖을 나오도록 돕는다. 이 고대 페르시아 동화는 아담 오엘렌슐라거(Adam

Oehlenschlägers)의 희곡 알라딘의 기초가 된 작품이다. 다음을 참고하라.아담 오엘렌슐라거의 Poetiske Skrifter, 1-2권, "알라딘 또는 경이로운 램프," 75-436쪽.

1막 133쪽, 알라딘이 마법사 누레딘이 손가락에 끼워준 반지를 바위에 부딪히자 곧바로 반지의 정령이 나타나 이렇게 말한다. "주인님, 저에게 무엇을 원하십니까? 보십시오, 저는 당신에게 순종해야 합니다. 반지는 당신의 손에 있고 당신은 반지의 영에게 명령합니다. 나는 홀로 서야 하는 사람입니다. 모든 노예는 그 성소를 존중하고 깊은 땅에 무릎을 꿇고 당신의 권능의 말씀을 듣습니다." 이 장면은 4막 강가의 밤, 316쪽에서 같은 말로 반복되며, 5막에서 알라딘은 의도적으로 반지의 정령을 불러냅니다(336쪽). 그러나 이 극은 무엇보다도 반지의 정령보다 더 강력한 힘을 가진 정령을 품고 있는 램프를 획득하는 것이 핵심이다. 반지의 정령은 사용자를 먼 거리까지 빠르게 이동시키고 과거와 미래에 대한 정보를 제공할 수 있는 반면("친구여, 내가 너를 데려온다! 네가 어디로 가든지 네가 알게 될 것을 말하노라." 320쪽), 램프의 정신은 온갖 종류의 부를 불러올 수도 있다. 따라서 누레딘은 마침내 램프를 손에 넣었을 때 모든 것을 얻었다고 확신한다. "이제 내가 가졌구나! 이제 내가 가졌어! 내가 가졌어! 여기, 내 오른손에 있다!" 272쪽.

5 마태복음 5:45, "이같이 한즉 하늘에 계신 너희 아버지의 아들이 되리니 이는 하나님이 그 해를 악인과 선인에게 비취게 하시며 비를 의로운 자와 불의한 자에게 내리우심이니라."

6 다음을 참고하라. 플라톤, 232(179d).

하지만 오이아그로스의 아들 오르페우스는, 죽은 아내를 돌려받기 위해 저승에 갔지만, 신들이 단지 그의 아내의 허깨비만을 보여주고 그를 돌려보냄으로써 자신의 목적을 달성하지 못했네. 그가 키타라를 연주하며 노래하는 자여서 유약하여, 알케스티스처럼 에로스를 위해 죽을 용기가 없어 어떻게든 살아서 저승으로 들어갈 궁리만 했기 때문이었지. 그래서 신들은 그런 이유에서 그에게 벌을 내려서, 여자들의 손에 죽임을 당하게 한 것이네.

오르페우스: 그는 그리스 신화에 나오는 음유 시인이자 키타라 연주의 명인이었다. 자신의 아내 에우리디케가 뱀에 물려 죽자 저승까지 내려가 저승의 신 하데스를 노래로 감동시켜 다시 세상으로 데려가도 좋다는 허락을 받는다. 하지만 저승을 벗어날 때까지 뒤를 돌아보지 말라는 경고를 어김으로써 아내를 데려오지 못한 후, 세상을 등지고 죽은 아내만을 생각하며 슬픔에 잠겨 지내다가 결국 여자들에게 밉보여 찢겨 죽는 비참한 죽임을 당하는데, 강에 던져진 그의 머리는 계속해서 자신의 아내 이름

을 불렀다고 한다. '키타라'는 리라를 개량한 현악기이다.

7   마태복음 3:9, "속으로 아브라함이 우리 조상이라고 생각지 말라. 네가 너희에게 이르노니 하나님이 능히 이 돌들로도 아브라함의 자손이 되게 하시리라."

8   이사야 26:18, "우리가 잉태하고 산고를 당하였을지라도 바람을 낳은 것 같아서 땅에 구원을 베풀지 못하였고 세계의 거민을 출산하지 못하였나이다."

9   이 부분은 다음을 암시하고 있다. 로마서 8:20-22, "피조물이 허무한 데 굴복하는 것은 자기 뜻이 아니요 오직 굴복하게 하시는 이로 말미암음이라. 그 바라는 것은 피조물도 썩어짐의 종 노릇 한 데서 해방되어 하나님의 자녀들의 영광의 자유에 이르는 것이니라. 피조물이 다 이제까지 함께 탄식하며 고통을 겪고 있는 것을 우리가 아느니라."

10 자기가 만지는 것은 모두 금이 되기를 소원한 결과 그의 식사마저 할 수 없게 되어 굶어 죽게 된 미다스왕의 전설이다. 그리스 전설의 왕 미다스는 디오니소스로부터 그가 만지는 모든 것이 황금으로 변한다는 소원을 받았다고 한다. 먹고 싶었던 음식도 금으로 변하고 갈증과 굶주림으로 죽어갈 때, 그는 디오니소스를 불러 선물을 되찾아 달라고 요청했다.

11 마라톤 전투가 있었던 시절에 테미스토클레스는 약관의 소년이었다. 밀티아데스의 명성을 누구나가 떠들어대고 있는 가운데 그만은 혼자서 심사숙고하며 한 밤을 자지 않고 연회에도 출석하지 않았다. 누가 그 까닭을 물었을 때, 그는 "밀티아데스의 개선은 나로 하여금 잠을 잘 수 없게끔 했다."라고 말했다. 플루타르크 영웅 전기를 참고하라. 플루타르코스, 《플루타르코스 영웅전 전집 I》, 이성규 역 (파주: 현대지성, 2021), 208.

12 마태복음 11:28, "수고하고 무거운 짐 진 자들아 다 내게로 오라 내가 너희를 쉬게 하리라."

13 마태복음 19:16-22를 참고하라.

14 『두려움과 떨림』이 출판되고 9개월 후, 1845년 6월 17일에 비길리우스 하프니엔시스가 저술한 『불안의 개념』이 출판되었다.

15 이 구절 이하는 아래와 같은 최종 원고에서 대체된 것이다. 최종 원고에서;
    우리 세대에서 믿음은 무와 0이 되어 버리고 말았다. 믿음이 제거된다면, 아브라함은 살인자다.* 하지만 죄인의 상황은 비극적이다. 그의 운명은 예상하기에 쉽다. 그는…

    여백에서: *그리고 남아 있는 아무것도 없다. 다만 아브라함이 이삭을 죽일 것이라는 잔인한 사실만 있다. 이것은 누구나 모방하기 쉽다. 특별히 믿음이 없는 자는 그를 곤

란하게 하는 믿음이 없기 때문이다. -Pap. IV B 88:2 n.d., 1843

16   창세기 3:24, "이같이 하나님이 그 사람을 쫓아내시고 에덴 동산 동쪽에 그룹들과
      두루 도는 불 칼을 두어 생명 나무의 길을 지키게 하시니라."

17   '사치스러운'이란 의미이지만 여기에서는 '극단적으로 간다'는 의미로 해석될 수 있
      다.

18   이 부분은 히브리서 4:12를 암시하고 있다. "하나님의 말씀은 살아 있고 활력이 있
      어 좌우에 날선 어떤 검보다도 예리하여 혼과 영과 및 관절과 골수를 찔러 쪼개기까
      지 하며 또 마음의 생각과 뜻을 판단하시나니"

19   '영적 시험(spiritual trial)'은 '유혹(temptation)'과 다르다. '시험(test)'과 관련하
      여, 이것은 싸움이고 부과된 능력을 넘어서거나, 일반적으로 승인된 기대 이상의 모
      험과 관련된 괴로움이다. 이에 대한 더 자세한 사항은 다음을 참고하라. JP IV 4364-
      84 그리고 692-94쪽. 예를 들어, 다음을 보라. Either/Or, II, KW IV (SV II 112-14,
      126, 289, 298); Anxiety, pp. 117, 120, 143, KW VIII (SV IV 385, 388, 408-09);
      Postcript, KW XII (SV VII 12, 15, 18, 32-33, 109-10, 112, 226, 399-400).

20   역: 아브라함이 모리아로 가는 성경 이야기는 역으로 나뉘지 않고, 전통에 따르면 아
      브라함의 이야기에서 예상되는 골고다로 향하는 예수의 여정('고통의 길'을 뜻하는
      라틴어 '비아 돌로로사')에 관한 이야기이다. 이야기의 많은 정거장은 내레이터에게
      성찰과 해석을 위해 잠시 멈추는 시간을 제공한다.

21   최종 원고에서;
      그리하여 그들은(청중) 다음과 같이 말하지 않을 것이다.
      "우리가 해만 하는 것은 약간이나마 그에게 영향을 받도록 하는 것입니다. 그 정도로
      [*] 그는 믿음이 있습니다. 결국 그가 말한 것에 무언가 있기 때문입니다."
      그때 나는 말할 것이다.
      "나는 전혀 믿음이 없습니다. 나는 본래 약삭빠릅니다. 나의 계획을 망친 적이 거의
      없습니다. 그럼에도 나는 믿음이 다른 모든 것들보다 더 고차원적임을 이해했습니
      다."**

      [*] 여백에서: 우리가 그의 옷자락을 잡기만 한다면, 그의 옷자락을 붙잡기에 충분하
      다면.

      여백에서: ** 그리고 수많은 다른 사람들보다 내가 운동을 하는 것이 더 어렵다는 사
      실에 나는 아무런 가치를 돌릴 수가 없다. Pap. IV B 88:4 n.d., 1843

22 이 부분은 마태복음 9:20-22를 암시한다. "열두 해 동안이나 혈루증으로 앓는 여자가 예수의 뒤로 와서 그 겉옷 가를 만지니 이는 제 마음에 그 겉옷만 만져도 구원을 받겠다 함이라. 예수께서 돌이켜 그를 보시며 이르시되 딸아 안심하라. 네 믿음이 너를 구원하였다 하시니 여자가 그 즉시 구원을 받으니라."

23 이것은 신학을 일종의 '창녀'로 표현한 것이다.

24 1831년 헤겔이 사망한 후, 헤겔을 넘어서려는 많은 노력이 있었다. 예를 들어, 마르텐센(Martensen)과 하이버그(Heiberg)가 있다.

25 다음을 참고하라. 호라티우스의 《서간집》, 1권, 18, 84, 여기서 표현은 "이웃집에 불이 났을 때"라는 단어와 연결된다. Horace, Epistles, I, 18, 84; Q. Horatii Flacci opera (Leipzig: 1828; ASKB 1248), p. 606; Satires, Epistles and Ars Poetica, tr. H. Rushton Fairclough (Loeb Classics, New York: Putnam, 1929), p. 375: "이웃집 담벼락이 불타고 있을 때, 자신의 안전이 위태로운 것은 바로 당신 자신입니다. …"

26 양치기 이야기: 부드러운 풀, 지저귀는 새, 졸졸 흐르는 시냇물, 가벼운 공기 등 전통적이고 이상적인 풍경 유형(아르카디아 풍경이라고도 함)을 배경으로 사랑과 얽힌 양치기의 이야기이다. 목가시는 고대에 높은 문학적 장르로 시작되어(테오크리투스, 버질) 18세기까지 생산성이 높았지만, 키르케고르 시대에는 사소한 것이 되어 버렸고 감상적으로 변질되어 진부한 것으로 전락했다.

27 특별한 표현으로 "부조리한 것"이라는 문구는 처음 여기에서 쓰였으며, "역설"과 마찬가지로 가명의 작품과 일기 및 논문에서만 반복된다. 특히, 《철학의 부스러기》, 《결론의 비학문적 후서》, 《기독교의 실천》에 자주 등장한다. 다음을 참고하라. Fragments, KW VII (SV IV 218, 227, 266, 291); Stages, KW XI (SV VI 156); Postscript, KW XII (SV VII 20, 80, 156, 171-72, 176-84, 222, 250, 327, 333, 347, 372, 375, 464, 470, 486-87, 490, 495-96, 504-05, 532); Sickness unto Death, pp. 71, 83, 87, KW XIX (SV XI 182, 195, 198).
이 주제와 관련된 일기 및 기록물은 다음을 참고하라. JP I 5-12 and pp. 497-98; VII, p. 3.

28 요한일서 4:8, "사랑하지 아니하는 자는 하나님을 알지 못하나니 이는 하나님은 사랑이심이라."

29 즉, 즉흥적이고 기분과 관련된 설득력. 서정시는 J.L. 하이버그에 의해 고려되었다. 하이버그는 서정시를 주요 문학 장르의 첫 번째이자 다음의 전제 조건으로 간주했다. 논문 "Lyrisk Poesie"에 명시된 바와 같이 "서정적인 것은 즉시 시적인 것이며,

그것이 취소된 시에서도 항상 존재해야 한다. 서정성이 없는 사람은 전혀 시인이 아니다." 참고: Intelligensblade,udg. af J.L. Heiberg, bd. 1-4, Kbh. 1842-44; bd. 3, 1843, s. 29.

30 아마도 그룬트비그를 암시하는 것 같다. 그룬트비그의 찬송가 104장에 "울부짖고 탄식하며/ 밤낮으로/ 심연의 가장자리에서 지켜보는 자여"라는 가사가 있다.

31 고대 로마의 베스타 처녀들은 처녀로 선택되어 순결에 헌신했다. 그들은 베스타 여신의 제단에서 영원한 불을 유지해야 했다. 베스타는 가정의 질서와 안정의 여신이었다.

32 왼손과의 결혼 : 혼인하지 않은 관계를 맺어 연인의 지위를 가지는 것을 뜻한다.

33 여기와 이 섹션의 뒷부분에서 '체념'과 '체념하다'[resignere]는 포괄적인 목표나 목적을 통합적으로 선택하는 행위, 즉 (냉담한 묵인이 아닌) 운동을 의미한다. 예를 들어, 다음을 참고하라.

개요에서; Pap. IV B 93:4

1. 그가 영웅이라면 시인은 분명히 그에게 관심을 가질 것이고, 그가 영웅이 아니라면 가족이 사제와 함께 장례식 설교를 준비하도록 할 수 있다. 그러나 그것은 그가 자신의 입장을 어떻게 수행하느냐에 달려 있다.

2. 이런 이유로 지적인 비극적 영웅은 죽기 전에 불멸이 되는 반면, 외부 세계에 속하는 삶의 의미가 행동에 있는 비극적 영웅은 죽은 후에 불멸이 된다.

3. 아브라함의 고통은 침묵(피타고라스의 죽음)으로 이루어져 있다. 그렇다면 어떻게 말할 수 있을까?

결정적인 순간에 이삭에게 무슨 말을 하면

그는 비극적인 영웅 아래로 떨어진다.

4. 아브라함의 말은 단순한 체념이 아니다.*

그러나 믿음 또한

주님께서 직접 선택하셔야 한다.

주님께서 직접 선택하셨다.

5. *왜냐하면 그는 자신을 잘못 표현했기 때문이다. 그는 이삭을 희생할 사람이므로, 이삭이 죽을 것인지 아닌지 실제로 알아야 하기 때문이다. 그리고 그는 이 과업이 다른 것인 것처럼 자신을 표현한다. 예를 들어, 그는 이삭을 모리아 산으로 데려가야 한다. 그때, 번개가 그를 죽일 것이다. 어떤 의미에서 번개가 치기 전에 그는 그것을 알 수 없기 때문이다.

6. 믿는 ἐποχή[정지]--Pap. IV B 93:1-6 n.d., 1843

34   이것은 배를 가능한 한 바람에 거슬러 밀어붙이는 것을 비유적으로 표현한 것이다.

35   Vexel-Mægler: 환전상, 화폐 거래 및 증권 거래를 하는 사람.

36   고도(Elevation): 군사 용어로 고도란 발사체나 포탄이 수평선에 대해 형성하는 각도를 말하며, 가톨릭 교회에서는 성체(성찬 빵)를 봉헌할 때 성체를 들어 올리는 것을, 발레에서는 무용수가 공중에서 쉽게 점프하고 스텝을 수행하는 능력을 뜻한다.

37   트램폴린 도약: 경사진 탄력성이 뛰어난 스프링보드를 이용한 곡예 점프. 점프와 줄타기는 관광의 즐거움 중 하나였다. 다음을 참고하라. JP III 2343(Pap. V B 49:14). 또한, 이와 관련된 다른 중요한 일기 자료는 다음과 같다. JP III 2338-59 and p. 794; VII, p. 56. 예를 들어, 다음을 보라. The Concept of Irony, KW II (SV XIII 124); Either/Or, II, KW IV (SV II 20); Fragments, KW VII (SV IV 210-11); Anxiety, index, KW VIII (SV IV 289, 303-05, 309-12, 314, 318-19, 320, 323, 325, 331-33, 345-46, 348, 354, 361-63, 379-81, 390, 398-99); Postscript, KW XII (SV VII 3, 27, 78-85, 94, 102, 123, 218, 222, 253, 293, 296-97, 330, 333). 도약의 개념은 질적 이행과 관련이 깊다. 이것은 양적 변화로는 설명될 수 없고, 매개의 연속성으로 설명될 수 없다.

38   이 부분은 마태복음 18:21-22를 암시하고 있다. "그 때에 베드로가 나아와 이르되 주여 형제가 내게 죄를 범하면 몇 번이나 용서하여 주리이까 일곱 번까지 하오리이까? 예수께서 이르시되 네게 이르노니 일곱 번뿐 아니라 일곱 번을 일흔 번까지라도 할지니라."

39   여기에서 '반성하다'라는 말은 의미상 '관계하다'라는 뜻으로 옮길 수 있다.

40   이 부분에 대해서는 요한복음 2:1-10을 참고하라.

41   창세기 1:27, "하나님이 자기 형상 곧 하나님의 형상대로 사람을 창조하시되 남자와 여자를 창조하시고"

42   고린도전서 10:12, "그런즉 선 줄로 생각하는 자는 넘어질까 조심하라."

43   물새: 섭금류(헤엄치는 새와 반대되는 의미). 두려움과 떨림을 준비하는 동안 다음과 같은 고려 사항이 삭제되었다. "아브라함이 의심하고 지혜로웠다면, 그는 침묵을 지키고 모리아 산에 나가서 자신을 희생했을 수 있으며, 그것은 엄숙하지만 아브라함은 의심하는 사람이었다. 그러나 그는 시냇가에 나가지 않고 인간의 계산을 버린 것이 아니라, 인간의 계산에 따라 용기를 내어 걸어갔다."(Pap. IV B 72).

44   믿음의 보물: "믿음은 보물이다." 당시 찬송가 작사자이자 주교였던 H.A. Brorsons을 암시한다. 브뢰르손의 찬송가집 Troens rare Klenodie(1739), 키르케고르가 이 찬송가를 소장하고 있었다.

45 세금 징수 등 다양한 감독 업무를 담당했던 지방 공무원.

46 전기 전신이 개발되기 전에는 거울 시스템(광학 또는 분수전신)이 사용되었다. 시각전신,광전신(Optical telegraph)은 시각적 신호(광통신의 한 형태)를 통해 텍스트 정보를 전달하기 위한 목적으로 방송국, 일반적으로 타워를 나열한 것이다. 이러한 시스템에는 두 가지 주요 유형이 있다. 회전식 표시기 암을 사용하여 표시기가 가리키는 방향에 따라 정보를 전달하는 세마포어 전신과 회전할 수 있는 패널을 사용하여 뒤쪽 하늘에서 오는 빛을 차단하거나 통과시켜 정보를 전달하는 셔터 전신이 있다. 가장 널리 사용되는 시스템은 1792년 프랑스에서 클로드 샤프가 발명한 샤프 전신이었다. 18세기 후반부터 19세기 초반까지 유행했다. 샤프는 자신이 발명한 메커니즘을 설명하기 위해 "télégraphe"라는 용어를 사용했다. 이것이 영어 단어 "telegraph"의 유래이다. 상단에 신호기 장치가 있는 중계 타워 라인은 8~32km(5~20마일) 간격으로 서로 시야 내에 건설되었다. 각 타워의 운영자는 망원경을 통해 인접한 타워를 관찰하고, 신호기 암이 움직이기 시작하면 메시지를 작성하여 다음 타워로 메시지를 전달했다.[위키피디아참고]

47 프레데릭스버그(Frederiksberg)는 코펜하겐 서쪽의 성과 주변 숲이 우거진 공원으로, 요하네스 클리마쿠스(Johannes Climacus)와 공원에 있는 조스티(Josty)의 카페를 언급한 키르케고르를 포함한 코펜하겐 사람들이 가장 좋아하는 나들이 장소이다. 다음을 참고하라. Postscript, KW XII (SV VII 154-56); JP I 419; V 5756 (Pap. I A 172; V A 111).

48 이탈리아식 부기: 복식부기라고도 하며, 일반적으로 사용되는 회계 시스템으로 자산의 각 변동 사항을 차변 항목(지출 또는 미수금)과 대변 항목(수입 또는 미수금)으로 두 번 기록하는 방식이다. 각 항목을 두 번 입력하면 특정 기간이 끝날 때 대변의 합계가 차변의 합계와 같아야 하므로 계정의 정확성을 확인할 수 있다. 이 시스템은 1504년 이탈리아의 수도사 바치올로 다 보르고 디 산타 세폴크로(Bacciolo da Borgo di Santa Sepolchro)에 의해 창안되었다.

49 새로운 옴니버스: 최초로 말이 끄는 옴니버스('모두'를 뜻하는 라틴어)는 1840년경 코펜하겐에서 운행되었다. 이 옴니버스는 밝은 색상의 페인트칠과 화려한 이름(태양, 붉은 여인, 사자, 독수리, 북극성 등)으로 큰 반향을 일으켰다. 첫 번째 경로는 아마게르토브(Amagertorv)에서 프레데릭스버그(Frederiksberg)까지 갔지만 곧 Lyngby, Charlottenlund 및 Jægersborg Dyrehave까지 운행되었다.

50 스트랜드베이엔: 코펜하겐에서 헬싱괴르(Helsingør)까지 외레순드(Øresund)를 따라 이어지는 해안 도로로, 예거스보르(Jægersborg) 동물공원을 지나게 된다.

51 외스터포트: 다이레하펜에서 코펜하겐으로 가는 길에 만나는 첫 번째 관문. 군대가 수도를 요새로 유지하는 것을 포기한 후 외스터포트는 1858년에 철거되었다.

52 4실링: 1달러는 6마르크, 1마르크는 다시 16실링으로 세분되었고, 1리그달러는 96 실링의 가치가 있었으므로 4실링은 잔돈이다. 홀버그(Holberg)의 희극 <율리시즈 폰 이타시아>(Ulysses von Ithacia, 1725년) 2막 3장에서 지휘관 홀로페르네스는 행진하는 동안 군인들에게 탄약통을 두드리라고 명령한다. 그는 이렇게 덧붙인다. "이것을 행하지 않으면, 나머지는 4실링을 주지 않겠다." 참조: Den Danske Skue-Plads bd. 1758 또는 1788[1731-54], ktl. 1566-1567. 권수에는 연도와 페이지 번호가 없음.

53 창세기 25:29-34, "야곱이 죽을 쑤었더니 에서가 들에서 돌아와서 심히 피곤하여, 야곱에게 이르되 내가 피곤하니 그 붉은 것을 내가 먹게 하라 한지라. 그러므로 에서의 별명은 에돔이더라. 야곱이 이르되 형의 장자의 명분을 오늘 내게 팔라. 에서가 이르되 내가 죽게 되었으니 이 장자의 명분이 내게 무엇이 유익하리요. 야곱이 이르되 오늘 내게 맹세하라. 에서가 맹세하고 장자의 명분을 야곱에게 판지라. 야곱이 떡과 팥죽을 에서에게 주매 에서가 먹으며 마시고 일어나 갔으니 에서가 장자의 명분을 가볍게 여김이었더라."

54 이 부분은 에베소서 5:15-16을 암시한다. "그런즉 너희가 어떻게 행할지를 자세히 주의하여 지혜 없는 자 같이 하지 말고 오직 지혜 있는 자 같이 하여 세월을 아끼라 때가 악하니라."

55 고린도후서 5:17, "그런즉 누구든지 그리스도 안에 있으면 새로운 피조물이라. 이전 것은 지나갔으니 보라 새 것이 되었도다."

56 이 부분에 대하여는 키르케고르의 다음 일기를 참고하라. JJ:104, Pap. IV A 94
메피스토펠레스를 묘사하는 부르농빌(Bournonville)*의 장점은 그가 항상 등장하여 그럴듯한 위치로 도약하는 것이다. 이 도약은 악마를 이해하는 데 있어 주목해야 할 순간이다. 악마는 갑작스럽기 때문이다.
악마의 또 다른 측면은 지루함인데, 어린 윈슬로프(Winsløv)가 잘 이해한 방식으로 그것은 코믹한 것으로 전달된다(샤를마뉴(Charlemagne)의 피팽(Pipin)처럼 그가 "인내심"이라고 말한 방식—참고 <The Inseparables>에 나오는 그의 클리스터).

*부르농빌: 당시 솔로 무용수이자 안무가, 발레 마스터였던 앙투안 오귀스트 부농빌 (1805-79)은 1830년부터 덴마크 왕립 극장의 상임 직원이었다. 코펜하겐의 극장에서 자신의 발레 파우스트를 공연했다. 3막으로 구성된 오리지널 로맨틱 발레이다.

1832년 4월 25일부터 1843년 3월 13일까지 32회 공연되었으며, 1842년 6월 10일부터는 메피스토펠레스 역으로 직접 춤췄다(이전에는 파우스트 역을 맡았음).

57   36번 각주 참고.

58   소크라테스를 뜻한다. 독이 든 잔: 아마도 헴록 주스를 마시고 사형 선고를 받아야 했던 소크라테스에 대한 암시일 것이다. 플라톤의 대화편 파이돈에 따르면, 이것은 친구들 사이에서 차분하고 유쾌한 분위기에서 이루어졌다고 한다(참고: 파이돈 117b-c).

59   다음을 참고하라. Repetition, p. 148, KW VI (SV III 189), and note 30.

60   사자, 염소, 용으로 구성된 신화 속 생물, 상상의 산물.

61   이에 대하여는 다음을 보라. 플라톤, 《소크라테스의 변명》 박문재 역 (파주: 현대지성, 2021), 20(21d).

나는 그 자리를 떠나면서 속으로 이렇게 생각했습니다. '우리 두 사람 모두 대단하고 고상한 무엇에 관해 아는 것이 전혀 없는 것은 동일하다. 하지만 그는 아무것도 모르면서도 자기가 무엇인가를 안다고 착각하는 반면에, 나는 그와 마찬가지로 아무것도 모르지만 내가 무엇인가를 안다고 착각하지는 않는 것을 보니, 내가 그 사람보다 더 지혜롭기는 하구나. 나는 내가 알지 못하는 것을 안다고 착각하고 있지는 않기 때문에, 적어도 이 작은 것 한 가지에서는 내가 그 사람보다 더 지혜로운 것 같아 보이는군.'

또한, 《불안의 개념》 모토에는 다음과 같이 나온다. 《불안의 개념》 임규정 역 (서울: 한길사, 2008), 76.

분별의 시대는 지나갔다. 체계가 그런 시대를 극복했다. 우리 시대는, 분별을 좋아하는 사람들을 모두, 이미 오래 전에 사라져버린 그 무엇에 매달리는 영혼을 소유한 괴짜로 간주한다. 설령 그렇다고 하더라도, 소크라테스는, 그가 말과 행동 모두를 통하여 표현한 독특한 분별 때문에, 과거에도 그랬던 것처럼 지금도 여전히 천진난만한 현인이다. 이를 괴짜 하만은 2천 년 뒤에야 비로소 처음으로 대단한 경의를 표하면서 되풀이해서 이렇게 이야기했다. "왜냐하면 소크라테스는 자신이 이해한 것과 이해하지 못한 것을 분별했다는 점에서 위대했기 때문이다."

62   이 구절은 확인되지 않았지만 대략적인 표현은 알려져 있다. 영국 철학자 토마스 홉스의 마지막 말은 "나는 이제 마지막 여정, 즉 어둠 속에서 도약을 하려 한다."(어둠 속에서의 도약)이었다고 한다.

또한, 이 말은 야콥 뵈메(Jacob Böhme)의 말일 수 있다. 키르케고르는 뵈메의 작품

4개를 소장하고 있었다고 한다. 다음을 참고하라. JP IV 5010 (Pap. VIII1 A 105)

63   이 부분은 다음 자료를 참고하라.

튀르키예와 맞서 싸우고 있는 동안, 상상력이 풍부한 남작 뮌하우젠 (Münchhausen)은 자신과 말을 구할 수 있었다. "또 한 번 나는 늪지대를 뛰어넘고 싶었는데, 처음에는 점프하는 도중에 발견했을 때만큼 넓지 않은 것 같았다고 나중에 알게 되었다. 그래서 공중에 떠 있던 나는 속도를 높이기 위해 왔던 곳으로 되돌아갔다. 하지만 두 번째로 점프할 때는 너무 짧게 점프해서 늪지 한가운데서 목을 다쳤다. 비록 해안에서 멀지 않은 곳이었지만, 운 좋게도 내 머리채를 잡고 내 팔의 힘으로 우리 둘을 웅덩이에서 끌어내어 나 자신과 무릎으로 잡고 있던 말을 모두 죽지 않게 구해낸 행운이 없었다면 나는 틀림없이 목숨을 걸어야 했을 것이다." 《폰 뮌하우젠 남작의 멋진 여행》 (Baron von Münchhausens vidunderlige Reiser), 27쪽.

64   플라톤의 대화편 《파이돈》 박문재 역 (파주: 현대지성, 2021), 139-42(81c–82d)를 참고하라. 여기에서 소크라테스는 사후에 "탐식, 방탕, 술 취함" 등에 빠진 사람들의 영혼은 "당나귀 또는 이와 유사한 동물의 몸"에 묶이고 "불의, 횡포, 약탈"을 선호하는 사람들의 영혼은 늑대, 솔개의 몸에 묶인다고 상상한다. 그러나 "철학과 이성 없이 습관과 실천에 의해서만 생겨나는 신중함과 정의라는 공통적이고 시민적인 미덕을 실천한" 사람들의 영혼은 아마도 "벌, 말벌, 개미와 같은 사교적이고 길들여진 종으로 다시 넘어가거나 심지어 이 인간 종으로 다시 넘어가서 적절한 인간이 될 것"이라고 말한다.

65   다음을 참고하라. Repetition, pp. 135-36, KW VI (SV III 177-78).

66   다음을 보라. "Ridder Stig og Findal eller Runernes Magt," V, 62: "그녀는 매일 밤 기사 스티그 흐비데 옆에서 잠든다." Udvalgte danske Viser fra Middelalderen, I-IV, ed. W. H. Abrahamson, R. Nyerup, and K. L. Rahbek (Copenhagen: 1812-14; ASKB 1477-81), I, p. 301 (ed. tr.).

67   harmonia præstabilita: 미리 정해진 또는 미리 결정된 조화. 독일의 철학자이자 자연과학자인 고트프리트 빌헬름 라이프니츠가 만든 널리 사용되는 철학 용어로, 그는 "신의 선함, 인간의 자유, 악의 기원에 대한 실험"(Des Versuchs Von der Güte Gottes, von der Freyheit des Menschen, und vom Ursprunge des Bösen)의 첫 부분 59-62쪽에서 "미리 정해진 조화의 교리"를 공식화한다. 예정된 조화의 교리에 따르면, 신은 실제 존재인 모나드, 즉 창조할 때 모나드를 먼저 창조했다. 모나드, 이 단순한 물질은 그들이 일부가 될 세계의 전체 과정을 그 안에 구체화한다. 예를 들어, 두 개의 의식 또는 영혼 모나드가 서로 소통하는 것처럼 보일 때 그들 사이에는 상호

영향이 없지만, 신은 두 모나드가 자신의 내면 상태를 인식하는 순서가 조정되도록 미리 준비해 놓았다. 따라서 신은 모든 것을 예견한다. 여기서 각 모나드에 잠재적으로 존재하는 것의 실현은 신의 관점에서 볼 때 이전의 어떤 것(잠재력)의 반복이자 그것을 기억하는 것으로 이해된다. 1842-43년에 키르케고르는 라이프니츠의 『신정론』을 주의 깊게 연구했다. 다음을 참고하라. Pap. IV C 9, C 12, C 29ff.

68   다음 자료를 참고하라. "Erzsi die Spinnerin" i Magyarische Sagen, Mährchen und Erzählungen, udg. af Johann Grafen Mailáth, vol. 1-2, Stuttgart og Tübingen 1837 (jf. ktl. 1411, Brünn 1825); 2권, p. 18. 어린 소녀가 잔인한 십자군에게 납치되어 포로로 잡힌 상태에서 그를 무적 상태로 만드는 셔츠를 돌리라는 명령을 받는다. "눈물로 캔버스를 짜고, 눈물로 표백하고, 눈물로 셔츠를 꿰매면 모든 철보다 나를 더 잘 보호하고, 나를 뚫을 수 없습니다."

69   실제로 이것은 운명의 신들의 무자비한 결정을 의미한다. 다음을 참고하라. Horace, Odes, III, 24, 6; Carminum, Opera, p. 218.

70   쿼드릴은 18세기 말과 19세기 유럽과 그 식민지에서 유행했던 춤이다.

71   예를 들어, 다음을 보라. Either/Or, II, KW IV (SV II 188-93).

72   다음을 보라. 마태복음 19:26, "예수께서 그들을 보시며 이르시되 사람으로는 할 수 없으나 하나님으로서는 다 하실 수 있느니라."
또한, 다음을 참고하라. 마가복음 10:27, 14:36; 누가복음 8:27

73   이교도에서 기적을 일으키는 사람.

74   돌을 울게 하다: 트라키아 출신의 전설적인 가수 오르페우스는 노래와 치터 연주로 돌, 나무, 강, 말 못하는 동물을 움직일 수 있었다. 그가 분노한 여성들에 의해 살해당했을 때 그들은 모두 울었다.

75   "헤롯에게서 빌라도에게로 달려가라"라는 관용구, 참조: E. Mau Dansk Ordsprogs-Skat; 1권, 665쪽. 이 속담의 배경은 누가복음 23장에서 예수님이 빌라도에게 끌려가 헤롯에게 갔다가 다시 빌라도에게 가는 과정을 묘사하고 있다. 그들 중 누구도 그를 판단할 위치에 있지 않으므로 이 속담은 무언가를 이루기 위한 어렵거나 완전히 헛된 노력을 표현하고 있다.

76   검열관: 고대 로마에서는 검열관이라고 불리는 두 명의 관리가 인구 조사와 세금 징수를 담당했으며, 공공의 도덕성을 감독하는 역할도 담당했다.

77   마태복음 17:20, "이르시되 너희 믿음이 작은 까닭이니라. 진실로 너희에게 이르노니 만일 너희에게 믿음이 겨자씨 한 알 만큼만 있어도 이 산을 명하여 여기서 저기로 옮겨지라 하면 옮겨질 것이요 또 너희가 못할 것이 없으리라."

78   마태복음 19장 16~22절에 나오는 부자 청년이 예수님께 와서 영생을 얻으려면 어떻게 해야 하는지 물었던 이야기를 말한다. 예수님은 그에게 계명을 지키라고 말씀하셨지만, 청년은 이미 계명을 지켰다고 대답한다. 그러자 예수님은 그에게 말씀하신다. "네가 온전해지고 싶으면 가서 네 소유를 팔아 가난한 자들을 주라. 그리하면 하늘에서 보화가 네게 있으리라. 그리고 와서 나를 따르라!" 이 말을 들은 청년은 매우 부자였기 때문에 슬퍼하며 돌아갔다.

79   야고보서 1:17, "온갖 좋은 은사와 온전한 선물이 다 위로부터 빛들의 아버지께로부터 내려오나니 그는 변함도 없으시고 회전하는 그림자도 없으시니라."

80   마태복음 26장 15절에서 유다가 예수님을 배신한 대가로 은 30냥을 받는 장면을 암시한다. "내가 예수를 너희에게 넘겨 주리니 얼마나 주려느냐 하니 그들이 은 삼십을 달아 주거늘"

81   히브리서 11장 8~20절의 암시한다. "믿음으로 아브라함은 떠나서 장래 기업으로 가라는 부르심에 순종하여 어디로 가는지도 모른 채 떠났다. 믿음으로 그는 이방 땅에서와 마찬가지로 약속의 땅에 정착하여 같은 약속의 상속인 이삭과 야곱과 함께 장막에서 살았다." 또한, 창세기 17:8 및 35:27도 참고하라.

82   Sværdet svæve: 임박한 위험의 표현이다. 다모클레스가 시라쿠사의 폭군 디오니소스의 환대를 받았을 때 겪은 상황에 대한 암시이다. 왕자는 항상 지상의 가장 큰 위험을 상기시키기 위해 그의 머리 위에 말총 하나로 날카로운 칼을 매달아 두었다.
이는 시라쿠사의 폭군 디오소스(Dionysos)가 그의 신하 다모클레스(Damokles)에게 연회에서 가르침을 주기 위해 벌인 일화에서 유래한다.
다모클레스는 폭군의 권력과 영광을 부러워하며 찬미하자, 디오니소스는 그를 자신의 자리로 초대해 호화로운 잔치를 베풀었다. 그러나 연회가 진행되는 동안, 디오니소스는 다모클레스의 머리 위에 말 한 올로 매달린 날카로운 검을 매달아 놓았다. 이는 지상의 가장 큰 영광조차도 언제나 위험에 직면해 있다는 사실을 상기시키기 위한 것이었다. 이 일화는 다모클레스의 검(Damocles' Sword)으로도 알려져 있으며, 불안정하고 위태로운 상태를 상징하는 은유로 자주 사용된다.

83   So als Schildwacht, zur Nachtzeit auf einsamen Posten, etwa an einem Pulvermagazin, hat man Gedanken die auszerdem ganz unmöglich sind[그러므로 밤에 외로운 초소에서 화약고 근처에 있는 보초병처럼 사람은 다른 방법으로는 전혀 불가능한 생각을 합니다]." Karl Rosenkranz, Erinnerungen an Karl Daub (베를린: 1837; ASKB 743), p. 24 (ed. tr.).
또한, 다음을 참고하라. JP I 899(Pap. IV A 92)

84   마차에 한두 마리 이상의 말이 끌도록 하는 것은 부자와 왕자의 전유물이었다.

85   키르케고르의 박사학위 논문이 "아이러니의 개념"이었고, 여기에서 아이러니와 유머를 다룬다. 예를 들어, 다음을 참고하라. Postscript, KW XII (SV VII 229-32, 248-50, 434-58, 481-84, 524-25).

86   이 부분은 다음을 참고하라. 초고에서; JP III 3079 (Pap. IV B 75) n.d., 1843
모든 문제는 다음과 같이 끝나야 한다.
이것이 바로 믿음의 역설이다. 어떤 이성도 극복할 수 없는 역설이다. 그렇지 않으면, 우리는 아브라함의 이야기를 지워버려야 한다.

87   토로(Expectoration): 기침하다, 뱉어내다, 가슴에서 뱉어내다 등의 뜻. 비유적으로, 마음속에 있는 것을 뱉어내는 것을 뜻한다.

문제 I

PROBLEMATA

윤리적인 것의 목적론적인 중지[52]는 있는가?

Gives der en *teleologisk Suspension af det Ethiske?

윤리적인 것은 그 자체로 **보편자**(det Almene)입니다.[1] 보편자로 모든 사람에게 적용되는데, 다른 각도에서 보면 그것은 언제든지 적용이 가능하다는 것을 의미합니다. 윤리적인 것은 그 자체로 내재하여 존재하며, 텔로스(τελος, 목적) 자체인 자신 밖에 아무것도 없습니다. 하지만 자신밖에 있는 모든 것들을 위한 텔로스이기도 합니다. 윤리적인 것이 이것을 자기 안에 흡수할 때, 윤리적인 것은 앞으로 나아가지 못합니다. 직접적으로(Umiddelbar) 감각적이면서도 정신적으로(sandselig og sjælelig) 규정된 단독자(den Enkelte)[2]는 보편자 안에 자신의 텔로스를 지닌 개인입니다. 그 안에서 자신을 지속적으로 표현하는 것, 보편자가 되기 위해 그의 개성(Enkelthed)을 **지양하는**(ophæve) 것, 이것이 그의 윤리적 과제입니다.

단독자가 보편자 앞에서 **그의 개성을 주장하자마자** 그는 죄를 짓습니다. 이것을 인식할 때만 그는 보편자와 다시 화해할 수 있습니다. 단독자가 보편자로 들어간 후, 단독자로서 자신을 주장하고 싶은 충동을 느낄 때마다, 그는 **영적 시험**(Anfægtelse)[3]에 빠집니다. 그는 이 영적 시험에서 보편자 안에 있는 단독자로서 회개하면서 포기할 때만 이 문제를 해결할 수 있습니다. 이것이 사람과 그의 존재에 대해 말할 수 있는 최고의 것이라면, 윤리적인 것은 모든 영원과 매 순간의 텔로스인 인간의 영원한 행복(evige Salighed)

과 동일한 본성을 가지고 있습니다. 그리하여 윤리적인 것이 포기될 수 있는 것(즉, 목적론적으로 중지될 수 있는 것)은 모순입니다. 이것이 중지되자마자 그것은 포기되는 반면, 중지된 것은 포기된 것이 아닙니다. 왜냐하면 그것은 더 높은 것으로 보존되어 자신의 텔로스가 되기 때문입니다.

이것이 사실이라면, 헤겔이 "선과 양심"[4]에서 말한 것은 맞습니다. 그곳에서 그가 인간을 단독자(the individual, den Enkelte)[5]로만 규정하고 이 규정을 "악의 도덕적 형태"로 보았습니다(특별히 《법철학》을 보십시오).[6] 이런 개별자(단독자)는 도덕의 목적론에서 지양되어야(ophæves)[7] 합니다. 이런 방식에서 이 단계에 남아 있는 단독자는 죄를 짓거나 영적 시험에 빠집니다. 그러나 헤겔이 믿음에 대하여 말한 것은 옳지 않습니다. 아브라함은 살인자로 법정에 보내어 살인자로 제시되어야 함에도 그가 믿음의 기사로 존귀와 영광을 누리는 것에 대해 명확하고도 큰 소리로 항의하지 않는 것은 헤겔의 잘못입니다.[8]

믿음은 정확히 단독자가 보편자보다 높다는 이런 역설입니다.—그러나 주의하십시오. 이런 점에서 이 운동은 스스로 반복합니다. 따라서 보편자 속에 있고 난 뒤에, 단독자로서 그는 보편자보다 더 높은 것으로 자신을 고립시킵니다. 이것이 믿음이 아니라면, 아브라함은 상실됩니다. 그때 믿음은 이 세상에 결코 존재한 적이 없었습니다. 왜냐하면 믿음은 언제나 존재했으니까요.[9]

윤리적인 것이—즉, 소위 인륜(det Sædelige)[10]—최고의 것이라면, 어떤 면에서 사람 속에 남아 있는 헤아릴 수 없는 것이 아무것도 없기에 이 헤아릴 수 없는 것이 악이 아니라면(단독자, 그는 보편자 안에서 표현되어야 하니까), 그리스 철학이 갖고 있었던 것, 혹은 그리스 철학으로 일관된 사고에 의해 추론했던 것 말고는 어떤 범주도 필요하지 않습니다. 헤겔은 이것을 숨기지 말아야 했습니다. 결국 그는 그리스 철학을 공부했기 때문입니다.

공부도 제대로 하지 않으면서 상투적인 말만 하는 사람들이 "기독교 세계에는 빛이 비추지만 이교도에는 어두움이 깃들어 있다"라고 말하는 것을 듣는 것은 드문 일이 아닙니다. 이런 말은 언제나 나에게 이상하게 보였습니다. 더욱 철저한 모든 사상가, 더욱 진지한 모든 예술가는 그리스 사람들의 영원한 젊음에 의해 활력을 되찾았기 때문입니다. 그런 진술을 위한 설명은 말해야 하는 것을 모르는 것이 아니라, 무언가를 말해야 한다는 것만을 아는 데 있습니다. 이교도는 믿음이 없지만, 이 때문에 무언가를 말해야 한다면, 믿음이 무엇인지 더욱 명확한 이해가 있어야 함을 말하는 것이 더 맞습니다. 그렇지 않다면, 그런 상투적인 말에 빠지기 때문입니다. 믿음이 무엇인지 아무런 개념도 파악하지 않은 채, 믿음을 포함한 존재 전체를 설명하는 것은 쉽습니다. 그런 설명으로 존경받는 것에 의존하는 자가 계산에 능숙하지 못한 것은 아닙니다. 왜냐하면 보일로(Boileau)[11]가 다음과 같이 말했기 때문입니다.

un sot trouve toujours un plus sot, qui l'admire.
"바보는 항상 그를 존경하는 더 큰 바보를 찾습니다."

믿음은 명확히 단독자가 단독자로서 보편자보다 더 높으며, 보편자 앞에서 의롭다함을 받고, 보편자보다 열등한 것이 아니라 더 우월하다는 역설입니다.—그러나 주의하십시오. **단독자로서 보편자에 종속된 후, 지금 보편자의 도움으로 단독자가 된 것이 단독자이기 때문입니다.** 단독자로서 그는 더 우월합니다. 단독자로서 단독자는 절대자와 절대적 관계에 서기 때문입니다. 이런 입장은 **매개**(Mediation)[12]될 수 없습니다. 모든 매개는 보편자의 도움으로만 발생하기 때문입니다. 이것은 사고(thought)가 침투할 수 없는 영원한 역설이며 역설로 남을 것입니다.

믿음은 바로 이런 역설입니다. 그렇지 않다면(이것들은 모든 지점에서 독자들에게 염두에 두라고 요청하는 결과입니다. 내가 이 모든 것을 적는 것이 너무 터무니없다 해도 그렇습니다.), 그렇지 않다면, 믿음은 존재한 적이 없습니다. 왜냐하면 그것은 항상 존재했기 때문입니다. 그렇지 않다면, 아브라함은 상실됩니다.

단독자가 **이 역설과 영적 시험**(Anægtelse)[13]을 쉽게 혼동하는 것도 확실히 사실입니다. 하지만 그런 이유로 해서 역설이 숨겨져서는 안 됩니다. 많은 사람들의 전체 성격이 그들을 혐오스럽게 할 수 있다는 것은 확실히 사실입니다. 그러나 믿음을 가질 수 있도록 하기 위해, 믿음을 다른 것으로 바꾸어서는 안 됩니다. 오히려 믿음이 없음을 인정해야 하는 반면, 믿음이 있는 사람들은 역설이 영적 시험과 구분될 수 있는 몇몇 특징들을 설정할 수 있도록 준비해야 합니다.

아브라함의 이야기는 **윤리적인 것에 대한 그런 목적론적인 중지**를 포함하고 있습니다. 이와 유사한 비유(analogy)를 찾았던 신중하면서도 날카로운 생각을 지닌 학자들이 없었던 것이 아닙니다. 그들의 지혜는 근본적으로 모든 것은 동일하다는 아름다운 문장으로 귀결됩니다. 더욱 면밀히 본다면, 나는 이 넓은 세상에서 과연 누가 단 하나의 비유를 찾을 수 있는지 의문이군요. 물론, 뒤에 나오는 단 하나의 것을 제외하고 말입니다. 하지만 아브라함이 믿음을 대표하고, 그 믿음이 아브라함 속에서 정상적으로 표현되는 것이 확실하다 해도, 그의 삶은 생각할 수 있는 가장 역설적인 것일 뿐 아니라, 너무 역설적이어서 생각할 수 없는 것입니다. 그리하여 이것은 아무것도 증명해 주지 못합니다.

그는 부조리한 것의 힘으로 행동합니다. **단독자로서 그는 보편자보다 더 높다는 것이 명확히 부조리이기 때문입니다.** 이 역설은 매개될 수 없습니다. 아브라함이 그렇게 행하기 시작하자마자, 그는 영적 시험에 빠졌다는 것을 고백해야 하기 때문입니다. 이것이 사실이라면, 그는 결코 이삭을 희생 제물로 바치지 못했을 것입니다. 혹은 그가 이삭을 희생 제물로 드렸다면, 그는 회개하면서 보편자로 돌아와야 합니다. 그는 부조리한 것의 힘으로 이삭을 다시 얻었습니다.

따라서 아브라함은 어떤 순간에도 비극적 영웅이 아니라, 완전히 다른 존재입니다. 살인자이든가 믿음의 사람입니다. 아브라함에게는 비극적 영웅을 구원하는 **중간 규정**이 없습니다. 이것이 내가 비극적 영웅을 이해할 수 있지만 아브라함을 이해할 수 없는 이유입니다. 내가 다른 모든 사람보다 아브라함을 미친 듯이 존경한다 해도 말입니다.

아브라함과 이삭의 관계를 윤리적으로 표현하자면, 아버지는 아들을 자신보다 더 사랑해야 한다는 것입니다. 그러나 윤리는 그 자체의 범위 내에서 몇 가지 단계(Gradationer)가 있습니다. 우리는 이 이야기에서 그의 행동을 윤리적으로 설명할 수 있는 것보다 윤리를 위한 더 고차원적인 표현을 포함하고 있는지 알 수 있습니다. 또한, 아들에 대한 윤리적 의무를 중지한 것에 대해 윤리적으로 정당화할 수 있는 표현이 포함되어 있는지 알 수 있지요. 다만, 윤리적인 것의 목적론을 넘어서지는 말아야 합니다.

온 백성의 관심사인 사업이 막힐 때,[14] 하늘의 불쾌함으로 그런 사업이 중단될 때, 성난 신이 모든 노력을 조롱하는 눈빛을 보낼 때, 광대가 슬픈 과업을 수행하고 신이 어린 소녀를 제물로 요구한다고 선포할 때, 아버지는 영웅적으로 이 희생을 치러야 합니다.[15] 그는 왕처럼 행동해야 하는 왕이 아니라 '감히 눈물을 흘리는 비천한 사람'이 되고 싶을지라도,[16] 자신의 고통을 엄숙하게 숨겨야 합니다. 외로운 고통이 그의 가슴을 찌른다 해도, 온 나라에 그의 고통을 아는 사람이 겨우 세 명뿐이라 해도,[17] 곧 모든 사람들이 그의 고통의 동반자가 될 뿐만 아니라 그의 행동의 동반자가 될 것이며, 전체의 이익을 위해 그녀를, 그의 딸을, 젊고 사랑스러운 소녀를 희생해야 합니다.

오오, 가슴과 두 볼! 오오, 이 금발 머리(687절).[18] 딸은 눈물로 그를 아가멤논을 감동하게 할 것입니다. 아버지는 얼굴을 돌릴 것이지만, 이 영웅은 칼을 들어올려야 합니다.[19] 이 소식이 친정에 전해지면 그리스의 아름다운 처녀들은 감격하며 얼굴을 붉힐 것이고, 딸이 신부라면 약혼자는 화를 내지 않고 아버지의 행위에 참여하는 것을 자랑스러워할 것입니다. 이 소녀는 아버지보다 더욱 친밀하게 그에게 속해 있기 때문입니다.

위기의 순간에 이스라엘을 구한 용감한 사사가 한 호흡으로 하나님과 자신을 같은 약속으로 묶을 때,[20] 그는 젊은 처녀의 환희와 사랑하는 딸의 기쁨을 영웅처럼 슬픔으로 바꿀 것이며, 모든 이스라엘은 처녀의 젊음을 위해 그녀와 함께 슬퍼할 것입니다. 그러나 모든 자유인인 남자는 이를 이해할 것이고, 모든 의연한 여자는 입다를 존경할 것이며, 이스라엘의 모든 처녀는 그의 딸처럼 행동하기를 원할 것입니다. 만약 입다가 약속을 지키지 않는다면, 약속으로 승리를 거둔 것이 무슨 소용이 있겠습니까? 백성이 승리를 다시 빼앗기지 않겠습니까?

아들이 자신의 의무를 잊었을 때, 국가가 아버지에게 심판의 칼을 맡길 때, 법이 아버지의 손에서 처벌을 요구할 때, 아버지는 죄인이 자신의 아들이라는 사실을 영웅적으로 잊어야 하며 고귀하게 고통을 숨겨야 합니다.[21] 그러나 나라의 어떤 사람도, 아들조차도 그 아버지를 존경하지 않을 사람은 없을 것입니다. 로마법을 해석할 때마다, 많은 사람이 박식하게 해석했지만, 브루투스보다 더 훌륭하게 해석한 사람은 없었다고 기억할 것입니다.

그러나 아가멤논이 순풍을 타고 함대가 목적지로 항해하고 있을 때, 이피게니아를 제물로 바칠 사자를 파견했다면, 입다가 국가의 운명을 결정짓는 약속에 얽매이지 않고 딸에게 "네 짧은 젊음에 대해 두 달 동안 슬퍼하라. 그런 다음 너를 희생 제물로 바치겠다"라고 말했다면, 브루투스가 의로운 아들이 있었는데도 그를 처형하라고 릭토르(Lictorer)[22]를 불렀다면, 누가 그들을 이해했을까요? 왜 그랬느냐는 질문을 받았을 때, 이 세 사람은 이렇게 대답했습니다.

"이것은 우리를 시험하기 위한 시련입니다."

그렇다면, 우리는 그들을 더 잘 이해할 수 있을까요?

결정적인 순간에 아가멤논, 입다, 브루투스가 영웅적으로 고통을 극복할 때, 사랑하는 사람을 영웅적으로 잃을 때, 외적으로만 임무를 완수해야 할 때, 그들의 고통에 대해 연민의 눈물을 흘리지 않고 그들의 행위에 대해 감탄하지 않는 고귀한 영혼은 세상에 절대 존재하지 않을 것입니다. 그러나 결정적인 순간에 이 세 사람이 고통을 감내한 영웅적 용기에 "그러나 어차피 그런 일은 일어나지 않을 것입니다"라는 작은 문구를 덧붙인다면, 누가 그들을 이해하겠습니까? 그들이 "우리는 부조리한 것의 힘으로 이것을 믿는다"라고 계속 설명했다면, 누가 그들을 더 잘 이해할 수 있겠습니까? 이것이 부조리하다는 것을 누가 이해하지 못합니까? 그러나 이것을 믿을 수 있다는 것을 누가 이해할 수 있습니까?

비극적 영웅과 아브라함의 차이는 매우 분명합니다. 비극적 영웅은 여전히 윤리적인 것 안에 머물러 있습니다. 그는 윤리적인 것의 표현이 윤리적인 것의 더 높은 표현에서 그 τέλος(텔로스, 목적)를 갖도록 허용합니다. 아버지와 아들 또는 딸과 아버지 사이의 윤리적 관계를 도덕성의 개념(Sædelighedens Idee)²³과의 관계에서 그 변증법을 갖는 느낌(feeling)으로 축소합니다. 여기서 윤리적인 것 자체의 목적론적 중지에 대한 의문은 있을 수 없습니다.

아브라함의 상황은 다릅니다. 그의 행위로 그는 윤리적 규범을 완전히 위반했고, 윤리 밖의 더 높은 τέλος(텔로스, 목적)를 가지고 있었습니다. 이 텔로스와 관련하여, 그는 윤리를 중지시켰던 것이지요. 아브라함의 행위가 어떻게 보편자와 관계할 수 있는지, 아브라함이 보편자를 위반했다는 것 말고 아브라함이 한 일과 보편자 사이의 다른 접촉점을 찾을 수 있는지 나는 확실히 알고 싶습니다. 아브라함이 한 일은 국가를 구하기 위한 것도 아니고, 국가의 이념을 지키기 위한 것도 아니었습니다. 또한, 성난 신을 달래기 위한 것도 아니었습니다. 신이 화를 낸 것이라면, 결국 신은 아브라함에게만 화를 낸 것이고, 아브라함의 행위는 보편자와는 전혀 무관하며 순전히 사적인 노력입니다.

따라서 비극적 영웅은 도덕적 미덕 때문에 위대하지만,²⁴ 아브라함은 순전히 개인적인 미덕 때문에 위대합니다.²⁵ 아브라함의 삶에서 윤리적인 것에 있어서는 아버지가 아들을 사랑해야 한다는 것보다 더 높은 표현은 없습니다. 도덕적 의미에서의 윤리적인 것은 완전히 별개의 문제입니다. 보편자가 존재하는 한, 그것은 이삭 안에 비밀스럽게, 말하자면 이삭의 허리에 숨겨져 있었으며,[26] 이삭의 입으로 외쳐야만 합니다.

"이러지 마십시오. 당신은 모든 것을 파괴하고 있습니다."

그렇다면 아브라함은 왜 그렇게 했을까요? 하나님을 위해서, 자신을 위해서입니다. 이 두 가지는 완전히 동일합니다.[27] 그는 하나님을 위해서 그것을 행했습니다. 하나님께서 그의 믿음의 증거를 요구하셨기 때문입니다. 그는 믿음을 증명할 수 있도록 **자신을 위해** 그것을 합니다. 이 둘의 결합은 이미 이 관계를 설명하는 데 사용된 단어에 모두 정확하게 표현되어 있습니다. 그것은 시련(Prøvelse), 유혹(Fristelse, 시험)입니다. 유혹, 그러나 그것은 무엇을 의미할까요? 일반적으로 사람을 유혹하는 것은 의무를 수행하지 못하도록 방해하는 것이지만, 여기서 유혹은 하나님의 뜻을 행하지 못하도록 방해하는 윤리 자체입니다. 그러면 여기서 의무(pligten)란 무엇일까요?[28] 의무는 단순히 하나님의 뜻에 대한 표현입니다.

여기서 아브라함을 이해하기 위한 새로운 범주의 필요성이 분명해집니다. 이교는 신적인 것과의 그런 관계를 알지 못합니다. 비극적 영웅은 신적인 것과 어떤 사적인 관계를 맺지 않지만 그에게 있어서 **윤리적인 것은 신적인 것**입니다. 따라서 역설은 보편적인 것 안에서 매개될 수 있습니다.

아브라함은 매개될 수 없습니다. 즉, 그는 말할 수 없습니다.[29] 내가 말하자마자 나는 보편자를 표현합니다. 그렇게 하지 않으면 아무도 나를 이해할 수 없습니다. 아브라함이 보편자 안에서 자신을 표현하고자 하는 순간, 자신의 상황이 영적 시험(Anfægtelse)임을 선포해야 합니다. 그는 자신이 위반하는 보편자보다 더 높은 보편자의 표현이 없기 때문입니다.

따라서 아브라함은 나의 감탄을 불러일으키지만, 또한 나를 소름 끼치게 합니다. 자신을 부정하고 의무를 위해 자신을 희생하는 사람은 무한자를 붙잡기 위해 유한자를 포기합니다. 그는 올바르게 확신합니다. 비극적 영웅은 더 확실한 것을 위해 확실한 것을 포기합니다. 관찰자의 시선은 그를 확신으로 바라보게 됩니다. 그러나 보편자를 포기하고 보편적이지 않은 더 높은 것을 붙잡기 위해 보편자를 포기하는 사람, 그는 무엇을 할까요? 이것이 영적 시험이 아닌 다른 것일 수 있을까요? 그리고 그것이 가능하지만, 개인이 실수를 한다면 그에게 어떤 구원이 있습니까?

그는 비극적인 영웅의 모든 고통을 겪고 세상에 대한 기쁨을 산산조각 냈습니다. 모든 것을 포기했으며, 동시에 그에게 너무 소중해서 어떤 대가를 치르더라도 살 수 있는 숭고한 기쁨으로부터 자신을 막았습니다. 관찰자는 그를 전혀 이해할 수 없습니다. 그의 눈도 자신 있게 그를 바라볼 수 없습니다. 아마도 믿는 자 역시 그가 의도한 대로 진행되지 않았기 때문에 이를 상상할 수조차 없을 것입니다. 아니면, 이 일이 일어났다 해도, 개인이 하나님을 오해했다면 그에게 어떤 구원이 있을까요?

비극적인 영웅은 눈물이 필요하고 눈물을 요구합니다. 아가멤논과 함께 울지 못할 정도로 메마른 질투의 눈은 어디에 있단 말입니까? 그러나 아브라함을 위해 울 수 있는 대담함을 가질 정도로 길 잃은 영혼은 어디에 있습니까? 비극적인 영웅은 시간에서의 특정 순간에 자신의 임무를 완수하지만, 시간이 지남에 따라 그다지 중요하지 않은 일을 합니다. 즉, 그는 슬픔에 휩싸인 사람을 찾아갑니다. 그는 고뇌에 찬 한숨 때문에 숨을 쉴 수 없는 사람이었습니다. 그의 생각이 그를 억압하고 눈물로 무겁게 만든 그 사람을 찾았던 것입니다. 비극적 영웅은 그에게 나타나 슬픔의 주술을 깨고, 결박을 풀고, 눈물을 불러일으키고, 고통받는 사람은 비극적인 영웅의 고통으로 인해 자신의 고통을 잊습니다. 하지만 아브라함 때문에 울 수는 없습니다.

이스라엘이 시내산에 다가갔을 때처럼,[30] 종교적 두려움으로 그에게 다가갑니다. 아울리스 평원[31] 위에 하늘 높이 솟은 모리아 산을 오르는 외로운 사람이 심연을 안전하게 걷는 몽유병자가 아니라면, 산기슭에 서서 그를 바라보는 사람이 두려움에 떨고 경외심과 당혹감으로 감히 그를 부르지도 못한다면, 그가 스스로 불안해하고 있다면, 그가 착각했다면! 감사합니다! 다시 한번 감사합니다!

인생의 슬픔에 압도되어 벌거벗은 채로 남겨진 사람에게 자신의 비참함을 감출 수 있는 언어의 잎사귀[32]를 내밀어 준 한 남자에게 다시 한번 감사드립니다. 위대한 셰익스피어여,[33] 모든 것을, 모든 것을, 모든 것을 있는 그대로 말할 수 있는 당신, 그런데 왜 이 고통을 표현하지 않으셨나요? 세상이 입 밖에 낼 수 없는 사랑하는 사람의 이름처럼, 당신은 그것을 당신 자신을 위해 아껴두었던 것일까요? 시인은 누설할 수 없는 작은 비밀로 다른 모든 사람의 어두운 비밀을 말해주는 말의 힘을 얻기 때문입니까? 시인은 사도가 아닙니다. 그는 오직 마귀의 힘으로만 마귀를 쫓아낼 뿐입니다.[34]

그러나 윤리가 이런 식으로, 목적론적으로 중지된다면, 윤리가 중지된 단독자는 어떻게 존재할까요? 그는 보편자와 대조되는 단독자로 존재합니다. 그렇다면 그는 죄를 짓습니까? 왜냐하면 이념의 관점에서 볼 때, 이것이 죄의 형태이기 때문입니다. 따라서 아이가 죄를 짓지 않더라도 죄의 존재를 의식하지 않기 때문에, 이념의 관점에서 볼 때 아이의 존재는 그런데도 죄입니다. 윤리는 항상 이것을 요구합니다. 이러한 형태가 죄가 아닌 방식으로 반복될 수 있다는 것이 부정된다면, 아브라함에게 심판이 내려진 것입니다. 아브라함은 어떻게 존재했을까요? 그는 믿음이 있었습니다. 이것이 그가 정점에 남아 있는 역설, 다른 누구에게도 설명할 수 없는 역설입니다. 역설은 그가 단독자로서 자신을 절대자와 절대적인 관계에 놓는다는 데에 있기 때문입니다. 그는 의롭다함을 받을 수 있을까요? 다시 말하지만, 그의 의(justification)는 역설적입니다. 그렇다면, 그는 보편자이기 때문이 아니라 단독자이기 때문에 의롭게 된 것입니다.

단독자는 자신이 합법적이라는 것을 어떻게 확신할 수 있을까요? 모든 존재를 국가라는 이념이나 사회라는 이념으로 평준화하는 것은 간단한 문제입니다. 이렇게 하면, 매개하는 것도 간단합니다. 단독자로서의 단독자가 보편자보다 높다는 역설에 도달하지 않기 때문입니다. 이는 홀수가 짝수보다 더 완전하다는 피타고라스의 진술로 상징적으로 표현할 수 있습니다.[35] 요즘 이 역설에 대해 가끔씩 어떤 반응이 있다면, 아마도 다음과 같을 것입니다.

"결과로 역설을 심판한다."

자신이 이해할 수 없는 역설이라는 것을 알고, 그 시대에 σκάνδαλον[걸림돌][36]이 된 영웅은 동시대 사람들에게 자신 있게 외칠 것입니다.

"이 결과는 실제로 내가 의롭다는 것을 증명할 것입니다."

이 외침은 우리 시대에 거의 들리지 않습니다. 이 시대가 영웅들을 배출하지 못하기 때문이지요. 이것이 단점입니다. 그리고 풍자 만화가 거의 나오지 않는다는 장점도 있습니다. 우리 시대에 "결과에 의해 심판을 받을 받을 것이다."라는 말을 들으면, 우리는 누구와 이야기하는 영광을 누리는지 단번에 알 수 있습니다. 이런 식으로 말하는 사람은 수많은 종류의 사람이 있지만, 제가 조교수(Docenterne)[37]라는 공통된 이름으로 지칭할 수 있는 유형입니다.

그들이 생각하기에, 그들은 안전하게(존재에 대한 확신으로) 살고 있습니다. 잘 조직된 국가에서 영구적인 지위와 안전한 미래를 가지고 있다는 그런 생각 속에 살고 있습니다. 그들과 **존재의 떨림**(Tilværelsens Rystelser, 존재의 지진)[38] 사이에 수백 년, 아니 수천 년의 세월이 있습니다. 그런 일이 반복되고 있음을 두려워하지 않습니다. 그러면 경찰과 신문이 뭐라고 말할까요?

인생에서 그들의 임무는 위대한 사람들을 판단하며, 결과에 따라 그들을 심판하는 것입니다. 위대함에 대한 그러한 행동은 교만함과 비참함의 이상한 혼합을 폭로합니다. 교만함은 심판을 통과하도록 부름을 받았다고 느끼기 때문에 교만하고, 비참함은 자신의 삶이 위대한 사람의 삶과 결코 연합될 수 없다고 느끼기 때문에 비참합니다.

조금이라도 더 높은 사고(erectioris ingenii)가 있는 사람은 완전히 차갑고 축축한 연체동물이 되지 않았을 것입니다. 위대한 사람에게 다가갈수록, 세상의 창조 이후 결과가 마지막에 온다는 것이 관습이었음을, 위대한 사람에게서 진정으로 무언가를 배우려면 특별히 시작에 주의를 기울여야 함을 사고하는 데 부족함이 없었을 것입니다. 행동해야 할 사람이 결과로 자신을 판단하려 한다면, 그는 절대 시작하지 않을 것입니다. 그 결과가 온 세상에 기쁨을 줄지라도, 영웅에게는 아무런 도움을 줄 수 없습니다. 왜냐하면 모든 일이 끝날 때까지 결과를 알 수 없고, **결과로 영웅이 되는 것이 아니라**

시작함으로써 영웅이 될 수 있기 때문입니다.

게다가 그 변증법에서 그 결과는 (무한한 질문에 대한 유한성의 응답이라는 점에서) 영웅의 존재와 완전히 양립할 수 없는 변증법입니다. 혹은 아브라함이 이삭을 기적에 의해 받았다는 것이 아브라함이 단독자로서 자신을 보편자와 관계하면서 의롭게 되었다는 것을 증명할 수 있어야 할까요? 아브라함이 실제로 이삭을 희생했다면, 아브라함의 의로움은 덜했을까요?

그러나 우리는 책이 어떻게 나올지 궁금한 것처럼 결과에 대해 궁금합니다. 우리는 불안, 고통, 역설에 대해서는 아무것도 알고 싶지 않습니다. 우리는 결과에 대한 미적 유혹을 계속합니다. 결과는 복권 당첨처럼 예기치 않게, 그러나 복권처럼 쉽게 찾아오고, 그 결과를 듣고 나면 우리는 스스로를 세웁니다.[39] 그러나 이런 식으로 거룩함을 약탈하는 사람만큼 비열한 범죄자는 없습니다. 은 삼십 냥에 주님을 팔아넘긴 유다[40]조차도 이런 식으로 위대함을 팔러 다닌 사람보다 경멸적이지 않습니다.

위대함에 대해 비인간적으로 말하는 것, 위대함을 한없이 먼 곳에서 무한한 형태로 어렴풋이 보이게 하는 것, 인간성이 없는 상태로 위대해지도록 내버려두는 것, 나의 영혼은 이런 것들에 거슬립니다. 나를 위대하게 만드는 것은 나에게 일어나는 일 때문이 아니라, 내가 하는 일이기 때문입니다. 누군가 큰 복권에 당첨되어 위대해졌다고 믿는 사람은 한 사람도 없습니다.

어떤 사람이 비천한 환경에서 태어날 수 있습니다. 하지만 나는 그에게 요구할 것입니다. 왕의 성을 멀리서만 상상하고 그 위대함을 막연하게 꿈꿀 정도로 비인간적이 되지 마십시오. 그 성을 너무 비천하게 높였다는 이유로, 그것을 높이는 동시에 파괴할 수 있을 정도로 스스로에게 비인간적이기 되게 않게 하십시오. 나는 그에게 요구할 것입니다. 그곳에서도 품위 있고 당당하게 걸을 수 있을 만큼 충분히 남자가 되십시오. 다만, 길거리에서 왕의 전당으로 난입하여 모든 것을 무례하게 위반할 정도로 비인간적이어서는 안 됩니다. 그로 인해 왕보다 더 많은 것을 잃게 됩니다. 오히려 그는 행복하고 자신감 있는 열정으로 모든 예의를 지키는 데서 기쁨을 찾아야 하며, 이것이 바로 그를 자유로운 영(spirit)으로 만드는 것입니다.

이것은 단지 은유일 뿐이며, 그 구별은 영(spirit)의 거리를 매우 불완전하게 표현한 것에 불과합니다. 나는 모든 사람에게 요구합니다. 선택된 자의 기억이 살아있는 저 궁전에, 혹은 그들이 살고 있는 저곳에 감히 들어가지 못한다고 자신에 대해 비인간적으로 생각하지 마십시오. 또한, 그는 무례하게 들어가서 그들에게 자신의 친근감을 강요해서도 안 됩니다.

오히려 그는 그들 앞에서 절할 때마다 행복해야 하지만, 담대해져야 하고 영이 자유로워야 합니다. 항상 파출부(Gangkone)[41] 그 이상이 되어야 합니다. 그렇지 않다면, 그는 결코 궁전에 들어가지 못할 것이기 때문입니다. 그리고 그에게 도움이 될 수 있는 것은 위대한 사람들이 시험당했던 그 불안과 고통입니다. 그렇지 않다면, 그에게 어떤 근성이 있다면, 그들은 그에게 의로운 질투를 불러일으킬 뿐입니다. 먼 거리에서만 위대할 수 있는 것, 누군가가 공허하고 텅 빈 말로 위대해지고 싶은 것, 그것은 바로 그 사람 자신에 의해 파괴됩니다.

하나님의 어머니인 처녀 마리아[42]만큼 위대한 여인이 세상에 또 누가 있었을까요?[43] 그런데도 우리는 그녀에 대해 어떻게 말할 수 있을까요? 그녀가 여성들 사이에서 가장 은혜를 받았다고 해서 위대하다고 할 수 없습니다. 듣는 사람들이 말하는 사람들처럼 비인간적으로 생각하는 것이 그렇게 이상하지 않다면, 모든 어린 소녀들은 "나는 왜 그렇게 은혜를 받지 못하나요?"라고 물을 것입니다. 내가 다른 할 말이 없다면, 그런 질문을 어리석은 것으로 묵살하지 않을 것입니다. 은혜에 관하여(vis-a-vis) 추상적으로 볼 때, 모든 사람은 다른 사람과 마찬가지로 은혜를 받을 자격이 있기 때문입니다.

우리는 고통, 불안, 역설을 누락시킵니다. 내 생각은 다른 사람의 생각과는 상관없이 순수합니다. 이런 식으로 생각할 수 있는 사람은 확실히 순수한 생각을 하고 있습니다. 그렇지 않다면, 그는 끔찍한 일을 기대할 수 있습니다. 왜냐하면 이런 이미지들을 한 번 경험했던 사람은 누구나 다시 그것들을 제거할 수 없으며, 그가 그런 이미지들에 죄를 지으면, 그 이미지들은 열 명의 굶주린 비평가보다 더 무섭고 조용한 분노로 끔찍한 복수를 하기 때문입니다.

확실히 마리아는 기적적으로[44] 아이를 낳았습니다. 하지만 그런데도 "여자들의 방식을 따라"[45] 그렇게 했으며 그러한 시간은 불안, 고통, 역설의 시간 중 하나입니다. 천사는 참으로 섬기는 영이었지만, 이스라엘의 다른 젊은 처녀들에게 가서 이렇게 말하는 간섭하는 영은 아니었습니다.

"마리아를 비웃지 마십시오. 그녀에게 놀라운 일이 일어나고 있습니다."

천사는 마리아에게만 갔고[46] 아무도 그녀를 이해할 수 없었습니다. 누가 마리아처럼 침범당한 여자가 있었습니까? 여기에서도 하나님이 축복하신 자를 동시에(같은 호흡으로, i samme Aandedrag) 저주하신다는 것이 사실이 아닙니까?[47] 이것이 마리아에 대한 영의 관점입니다. 이렇게 말하는 것이 저에게는 불쾌하지만, 사람들이 그녀를 어리석고 무례하게 그렇게 만든 것은 더욱 불쾌합니다. 그녀는 결코 고상한 옷을 입고 신성한 아이와 놀고 있는 한가한 여인이 아닙니다. 그런데도 그녀는 말했습니다.

"보십시오. 주의 여종입니다."[48]

이렇게 말했을 때 그녀는 위대합니다. 그녀가 왜 하나님의 어머니가 되었는지 설명하는 것은 어렵지 않다고 생각합니다. 그녀는 아브라함에게 눈물이 필요 없는 것처럼 세상의 존경이 필요 없습니다. 그녀는 영웅이 아니었고 그도 영웅이 아니었기 때문입니다. 둘 다 이런 영웅보다 더 위대해졌습니다. 고통과 고뇌와 역설에서 어떤 식으로든 면제된 것이 아니라, 이것들 덕분에 더 위대해진 것입니다.

시인이 자신의 비극적 영웅을 대중의 찬사를 받기 위해 감히 이렇게 말하는 것은 대단한 일입니다.

"그를 위해 울라. 그는 그럴 자격이 있다."

눈물을 흘릴 자격이 있는 사람들에게 그에 걸맞게 눈물을 흘리는 것은 실로 위대한 일입니다. 시인이 감히 군중을 제지하고, 사람들이 감히 영웅을 위해 울 자격이 있는지 개별적으로 자신을 시험하도록 훈련하는 것은 위대한 일입니다. 왜냐하면 칭얼대는 사람들의 눈물은 거룩한 것을 더럽히기 때문입니다. 그러나 이 모든 것보다 더 위대한 것은 믿음의 기사가 자신을 위해 울고 싶어 하는 고귀한 자에게 대담하게 말하는 것입니다.

"나를 위해 울지 말고 너 자신을 위해 울라."[49]

우리는 감동을 받고 그 아름다운 시절을 되돌아봅니다. 달콤한 감상적 갈망이 우리를 소망의 목표에 이르게 하며, 약속의 땅에서 걸어 다니시는 그리스도를 바라보게 합니다. 우리는 불안과 고통, 역설을 잊어버립니다.

실수하지 않는 것이 그렇게 간단한 문제였나요? 다른 사람들 사이를 걸어다니는 이 사람이 하나님이라는 사실이 두렵지 않았나요? 그와 함께 식사하는 것이 두렵지 않았나요? 사도가 되는 것이 그렇게 쉬운 문제였습니까? 그러나 그 결과, 18세기는 우리 자신과 다른 사람들을 속이는 비열한 속임수에 기여했습니다. 저는 그런 사건과 동시대[50]가 되고 싶을 만큼 용감하지 않습니다. 바로 그런 이유로 실수한 사람들을 가혹하게 비난하지 않으며, 옳은 것을 본 사람들을 평가절하하지도 않습니다.

하지만 저는 아브라함에게로 돌아옵니다. 결과가 나오기 전까지 아브라함은 매 순간 살인자였거나, 아니면 모든 매개보다 더 높은 역설 앞에 서 있었습니다.

그렇다면 아브라함의 이야기에는 윤리적인 것의 목적론적 중지가 담겨 있습니다. 단독자로서 그는 보편자보다 더 높은 존재가 되었습니다. 이것이 바로 매개할 수 없는 역설입니다. 그가 어떻게 그 안에 들어갔는지는 그가 어떻게 그 안에 남아 있는지 만큼이나 설명할 수 없습니다. 이것이 아브라함의 상황이 아니라면 아브라함은 비극적 영웅이 아니라 살인자에 불과합니다. 그를 계속해서 믿음의 조상이라고 부르면서도, 이 어구(語句)에만 관심이 있는 사람들에게 이것을 말한다 한들 아무런 의미가 없습니다.

사람은 자신의 힘으로 비극적 영웅이 될 수 있지만, 믿음의 기사가 될 수는 없습니다. 어떤 의미에서 비극적 영웅의 힘든 길을 걷는 사람에게는 조언을 해줄 수 있는 사람이 많지만, 믿음의 좁은 길을 걷는 사람에게는 조언해 줄 사람이 없고, 그를 이해해 줄 사람도 없습니다. 믿음은 기적입니다. 하지만 거기서 제외되는 어떤 사람도 없습니다. 왜냐하면 모든 인간의 삶을 하나로 묶는 것은 열정이고,* 믿음은 열정이기 때문입니다.

*레씽은 어디선가 순전히 미학적 관점에서 비슷한 말을 한 적이 있다. 그는 이 구절에서 슬픔도 유머러스한 발언을 낳을 수 있다는 것을 보여주고자 했다. 이를 염두에 두고 그는 불행했던 영국 왕 에드워드 2세가 특정 상황에서 한 말을 인용한다. 이와는 대조적으로 그는 디드로의 한 농민 여성에 대한 이야기와 그녀가 한 발언을 인용한다. 그는 계속해서 말한다.

Auch das war Witz, und noch dazu Witz einer Bäuerin; aber die Umstände machten ihn unvermeidlich. Und folglich auch muss man die Entschuldigung der witzigen Ausdrücke des Schmerzes und der Betrübniss nicht darin suchen, dass die Person, welche sie sagt, eine vornehme, wohlerzogene, verständige, und auch sonst witzige Person sey; denn die Leidenschaften machen alle Menschen wieder gleich: sondern darin, dass wahrscheinlicher Weise ein jeder Mensch ohne Unterschied in den nämlichen Umständen das nämliche sagen würde. Den Gedanken der Bäuerin hätte eine Königin haben können und haben müssen: so wie das, was dort der König sagt, auch ein Bauer hätte sagen können und ohne Zweifel würde gesagt haben.[이 또한 유머였다. 그리고 더 나아가 농부 여인의 유머였다. 그러나 상황이 이를 피할 수 없게 만들었다. 따라서 고통과 슬픔의 유머러스한 표현들에 대한 변명을, 이를 말하는 사람이 고귀한 신분에 속하거나, 교양 있고, 이성적이며, 다른 면에서도 유머 감각이 뛰어난 사람이라는 점에서 찾으려 해서는 안 된다. 왜냐하면 열정은 모든 사람을 다시 평등하게 만들기 때문이다. 그 변명은 차라리 다음과 같은 사실에서 찾아야 한다. 즉, 아마도 모든 사람, 누구든지, 동일한 상황에서 동일한 말을 했을 것이라는 점이다. 그 농부 여인의 생각을 여왕도 가질 수 있었고, 가져야 했을 것이다. 마찬가지로, 저기서 왕이 말한 것을 농부도 말할 수 있었고, 의심할 여지 없이 그렇게 말했을 것이다.]
참고. Sämmtliche Werke, XXX, 223쪽.[51]

참고 자료

1 예를 들어, 다음 헤겔의 《법철학》을 보라. G.W.F. Hegel, Grundlinien der Philosophie des Rechts, para. 104, 139, 142-57.

2 "개인"과 "단독자"의 중요성에 대해서는 다음의 자료를 참고하라. JP II 1964-2086 그리고 597-99쪽. JP, VII, pp. 49-50쪽. 또한, 예를 들어 다음을 보라. Eighteen Upbuilding Discourses, KW V (SV IV 152-53); Fragments, KW VII (SV IV 263-64); Anxiety, pp. 111-13, KW VIII (SV IV 379-81); Postscript, KW XII (SV VII 179-80); Two Ages, pp. 84-96, KW XIV (SV VIII 79-89); Armed Neutrality, KW XXII (SV XIII 439-40); On My Work as an Author, KW XXII (SV XIII 507-09); The Point of View for My Work as an Author, KW XXII (SV XIII 599-610).

3 여기에서 말하는 "영적 시험(spiritual trial)"은 '유혹(temptation)'과 대조되고 '시험(test)'와 관련이 있는 개념으로, 자신의 추정된 능력이나 일반적인 기대 이상으로 모험하는 것과 관련된 싸움과 고뇌이다. 이와 관련하여 다음 자료를 참고하라. JP IV 4364-84 그리고 692-94쪽. VII, p. 90쪽. 예를 들어, 다음을 보라. Either/Or, II, KW IV (SV II 112-14, 126, 289, 298); Anxiety, pp. 117, 120, 143, KW VIII (SV IV 385, 388, 408-09); Postscript, KW XII (SV VII 12, 15, 18, 32-33, 109-10, 112, 226, 399-400)

4 이 부분은 헤겔의 《법철학》 제3장 선과 양심의 139와 141절로, 각주 6번과 10번을 참고하라.

5 헤겔 철학에서 이것은 '개별자'를 의미한다.

6 《법철학》 제3장 선과 양심의 139절은 다음과 같이 나와 있다.
   "여타의 타당한 모든 규정의 공허와 의지의 순수 내면에 처해 있는 자기의식은, 즉자대자적인 보편자를 원리로 삼을 수 있는 가능성을 지니면서도, 동시에 이 보편자 이상으로 자신 고유의 특수성을 원리로 삼아 행위를 통해 이 특수성을 실현하려는 자의 일 수도 있다. 이런 점에서 이러한 자기의식은 악할 수 있다."

7 이 단어는 헤겔 철학의 개념으로, 독일어로는 'aufheben'이다.

8 이 부분은 헤겔의 《법철학》 제3장 선과 양심의 138절을 참고하라. 헤겔이 그의 《법철학》에서 '도덕'의 관점에서 믿음은 지양되어야 하고, 보편자로 판단을 받아야 하는 일방적이고 주관적 관점으로 여기는 한, 아브라함을 책임졌던 자의 본보기로, 믿음의 조상 아브라함을 내세웠다면 일관성이 있었을 것이다. 하지만 여기에서 헤겔은 믿음('Glaube')에 대해 말하는 것이 아니라 양심('Gewissen')에 대해 말한다. 혹은 더 넓게 확실성('Gewißheit')에 대해 말한다. 여기에 그는 '종교적 양심'은 이 범위에 속하지 않는다고 말한다. 아브라함은 이 관계에서 논하지 않는다.

9 예를 들어, 다음을 참고하라. Hegel, Encyclopädie der philosophischen Wissesnchaften Erster Theil, Die Logik, para. 63, Werke, VI, p. 128; J.A., VIII, p. 166; Hegel's Logic (tr. of Encyclopädie, 3 ed.), tr. William Wallace (Oxford: Clarendon Press, 1975), p. 97: "그러나 파생적 지식이 사실의 범주에 제한되어 있는 것을 볼 때, 이성은 파생되지 않는 지식, 혹은 믿음이다."

10 덴마크어 det Sædelige 혹은 Sædelighed은 독일어 Sittlichkeit와 일치한다. 헤겔에서 이 말은 '인륜'으로 번역되며, 통상적으로는 "윤리적 삶"을 의미한다. 예를 들어 헤겔의 《법철학》 141절을 보라.
도덕으로부터 인륜으로의 이행
그러나 자유의 실체적 보편자이지만 아직 추상물인 선에게는, 규정들 일반과 이 규정들의 원리가 선과 동일한 것으로 요구되며, 규정의 추상적 원리일 뿐인 양심에게는 그의 규정들의 보편성과 객관성이 요구된다. 선과 양심 이 양자는 각자 대자적으로 총체성에까지 강화되어서, 규정되어야 하는 몰규정적인 것이 된다. 그러나 양자의 상대적 총체성들을 절대적 동일성에까지 통합하는 일은 이미 즉자적으로 완수된 상태다. 왜냐하면 이렇게 대자적으로 자신의 공허(자만)의 상태에서 부유하는 순수한 자기 확신의 주체성이 선의 추상적 보편성과 동일하기 때문이다. 따라서 선과 주관적 의지의 구체적 동일성이 이들 양자의 진리이며, 바로 이것이 인륜이다.

11 Nicolas Boileau-Despréaux(1636-1711), 시인이자 비평가. 그의 비평작업은 주요 작품인 L'art poétique (1674)에서 절정에 달했다. 이 작품의 1100개의 알렉산드리아 시는 'les anciens(고대인)'과 'les modernes(현대인)' 사이의 17세기 논쟁에서 고대 모델을 옹호하는 보일로의 공헌이었다. 시학은 계획적이고 질서 있는 시적 표현과 생각과 말의 명확성을 규정했다.

12 독일어로는 헤겔의 'Vermittlung'을 의미한다. 상호 모순되는 두 범주의 결합을 나

타낸다.

13 이 부분은 각주 4를 참고하라.

14 트로이 전쟁을 뜻한다.

15 에우리피데스의 비극 <아울리스의 이피게니아>를 참조한 것이다. 그리스 함대가 트로이를 향해 항해하기 위해 보에오티아의 아울리스에 모였을 때, 그리스 지도자 아가멤논 왕의 분노로 아르테미스 여신이 역풍을 일으켜 출항을 막는다. 점쟁이 칼카스는 여신이 왕의 딸 이피게니아를 제물로 바치라고 요구한다고 밝힌다.

16 이 부분은 다음을 참고하라. 에우리피데스, 《에우리피데스 비극 전집 2》 천병희 역 (파주: 숲, 2021), 396. 아가멤논이 말한다.
"미천한 집안에서 태어났다는 것이 얼마나 행운인가. 그런 사람은 마음대로 울 수 있고, 무엇이든 말할 수 있으니까. 고귀한 집안에 태어난 사람은 불행해도 탈출구가 없구나."

17 극 초반에는 아가멤논이 딸을 희생시키려는 계획을 아는 사람이 세 명뿐이다. 그의 아내인 클라템네스트라 여왕조차도 딸이 결혼할 것이라고 믿기 때문에 문제의 맥락을 알지 못한다.
에우리피데스, 《에우리피데스 비극 전집 2》, 383쪽을 참고. "아카이오이족 가운데 그 내막을 아는 사람은 칼카스와 오뒷세우스와 메넬라오스와 나뿐이지."

18 687절 : 아가멤논은 끝까지 자신의 결정을 비밀로 한다. 이피게니아는 자신이 결혼하는 것을 상상한다. 준비에 들어가기 전 아가멤논은 딸을 바라보며 외친다. "오오, 가슴과 두 볼! 오오, 이 금발머리." 에우리피데스, 《에우리피데스 비극 전집 2》, 406.

19 이피게니아가 희생될 때 실제로 희생용 칼을 휘두르는 것은 점쟁이 칼카스이다. 그러나 맥락상 그는 조력자로 간주된다. 진정한 영웅은 아버지인 아가멤논 왕이다. 하지만 칼카스가 칼을 들어 올리자 이피게니아가 사라지고 그 자리에 아르테미스가 암사슴 한 마리를 놓는 기적이 일어난다. 구경꾼들은 이피게니아가 신들 사이에서 받아들여졌다고 믿지만 아르테미스는 그녀를 타우리스에 있는 자신의 신전에서 여사제로 삼았다. 이 이야기는 에우리피데스의 속편인 <타우리스의 이피게니아>에 나오는 이야기이다.

20 이 부분은 사사기 11:30-40을 참고하라. 입다는 하나님께서 암몬 족속을 이길 수 있도록 도와주신다면 고향으로 돌아올 때, 가장 먼저 자신을 만나러 오는 사람을 제물로 바치겠다고 하나님께 약속한다. 그가 전투에서 승리하고 나서 가장 먼저 만난 사람은 그의 딸이었고, 그녀는 산에서 두 달동안 스스로의 죽음을 애도하고 돌아온 후

결국 희생되었다. 이스라엘 여인들은 매년 4일 동안 나가 입다의 딸을 애도하는 것이 관습이 되었다.

21 　로마의 전설적인 영웅인 브루투스를 말한다. 전설적인 영웅이자 로마의 초대 집정 관이었던 루키우스 유니우스 브루투스는 유배된 로마의 왕을 되살리기 위한 음모에 가담했다는 이유로 그의 아들 티투스와 티베르누스를 처형해야만 했다. 브루투스는 귀족 출신의 콜라티누스 장군의 아내였던 루크레티아의 강간 사건 후 로마인들을 이 끌고 타르퀴니우스를 추방했다. 그 후 그는 타르퀴니우스의 복원을 계획했다는 이유 로 그의 아들들을 처형했다. 다음을 참고하라. Livy, From the Founding of a City (History of Rome), II, 3-5; T. Livii Patavini, Historiarum libri, quæ supersunt omnia, I-V, ed. Augusto Guil. Ernesti (Leipzig: n.d.; ASKB 1251-55), I, pp. 75-77; Livy, I-XIV, tr. B. O. Foster (Loeb Classics, Cambridge: Harvard University Press, 1939-59), I, pp. 227-35. 리비우스, 《로마사 I》 이종인 역 (파주: 현대지성, 2018), 125-9.

"타르퀴니우스 가문의 모든 재산이 평민에 의해 약탈당하여 파괴되었을 때 반역자들 은 선고를 받고 처벌되었다. 그것은 기억할 만한 광경이었다. 왜냐하면 브루투스는 집정관의 지위에 있었고 두 아들에게 극형을 내리는 의무를 수행해야 했기 때문이다. 따라서 모든 사람들 중에서 아들의 처형을 바라보는 광경을 면제받아야 마땅한 사람 이 바로 그 처형을 명령하고 감독해야 하는 운명에 놓인 것이다. 선고를 받은 죄인들 은 나무 기둥에 결박되었다. 모두가 로마 최고 가문의 젊은 자제들이었으나 오로지 집정관의 두 아들만 사람들의 주목을 받았다. 다른 죄인들은 구경꾼의 흥미를 끌기는 했지만, 비천한 사회 밑바닥 출신일 수도 있었다. 두 아들이 받아야 할 처벌을 불쌍하 게 생각했고 또 그런 처벌을 받게 만든 범죄에 대하여 더욱 애처롭게 생각했다. 사람 들의 마음속에는 국가의 중대한 시기에 그런 배신행위를 저지른 것을 믿을 수 없어 슬픔이 가득했다. 그들의 아버지가 로마를 해방하고 왕위 대신에 집정관 직을 설치하 여 그 자리에 오른 그 해에 두 아들이 로마의 모든 시민과 신들을 배신하다니! (중략) 죄수들은 옷을 벗긴 후 매질을 하고, 이어 목을 쳤다. 그 슬픈 광경이 진행되는 동안 구경꾼들의 이목은 모두 그 아버지의 얼굴에 집중되었다. 그 얼굴에는 아버지의 고뇌 가 뚜렷하게 드러나 있었다."

다른 번역본에는 이렇게 나와 있다. "이 모든 장면 동안 아버지의 얼굴과 기억이 관 심의 중심이었지만 유혈 사태의 처형 한가운데서 애국심이 부성애의 감정보다 승리 했다." Livius's Romerske Historie, overs. af R. Møller, bd. 1-7, Kbh. 1800-18; bd. 1, s. 176f.

또한, 발레리우스 막시무스(Valerius Maximus)는 이 역사를 다음과 같이 요약한다. Sammlung merkwürdiger Reden und Thaten, overs. af F. Hoffmann, Stuttgart 1829, ktl. 1296, s. 354, "그는 집정관으로 활동하기 위해 자신이 아버지라는 사실을 잊었고, 국가가 만족을 요구하는 곳에서 은퇴하느니 차라리 자식이 없는 사람이 되기로 했다."

22 고대 로마의 치안판사로, 고위 관료들이 대중 앞에 나설 때 가장 먼저 등장했다. 치안판사의 생살여탈권을 상징하기 위해 치안판사들은 돌출된 도끼가 달린 막대기 묶음을 들고 다녔다. 사형 집행관 역할도 했다.

23 이 부분은 다음을 참고하라. 헤겔, 《법철학》, 140장에서는 점점 더 주관적인 것으로 이해되는 악의 도덕적 형태를 발전시킨다. 위선에 이어 확률 주의(개연론, Proablilismus) 역시 여전히 위선의 형태이다. 즉 확실성은 달성할 수 없거나 불가능하다고 여겨지기 때문에 가능한 것에 만족하는 입장, 목적이 수단을 정당화한다는 원칙으로 이해되는 예수회, 개인의 양심이 호출되는 신념, 마지막으로 주관성과 악의 가장 높은 형태인 아이러니가 등장한다. 객관적 법('추상적 권리')이나 주관적 도덕 모두 그 자체로 실재를 주장할 수 없기 때문에 더 높은 통일성 속에서 통합(화해)되어야 하며, 이 통합이 바로 도덕이다. 도덕에서 객관적 법은 현실성과 실체를 획득한 반면, 주관적 자의성은 기동의 여지를 잃는다. 작품의 세 번째 부분에서 헤겔은 도덕을 가족, 부르주아 사회, 그리고 도덕의 절대적 실체인 국가라는 세 단계로 전개한다.

24 이 부분은 다음을 참고하라. Hegel, Philosophie des Rechts, para. 150, Werke, VIII, pp. 214-16; J.A., VII, pp. 230-32; Philosophy of Right, pp. 107-08. 헤겔, 《법철학》, 150장. "인륜다움이 자연을 통해 규정된 개체의 성격 그 자체에 반영되는 한에서, 이 인륜 다음은 덕이다. 덕이 개인이 속하는 관계의 의무에 개인이 단순히 들어맞음으로만 나타나는 한에서 보자면, 덕은 올바름이다."

25 도덕적 덕은 공동선을 이롭게 하는 것을 목표로 하는 반면, 개인적 덕은 오로지 개인을 위해서만 실천하는 것이다. 아브라함은 이삭을 희생함으로써 사회를 이롭게 하는 것이 아니라 하나님과의 개인적인 관계 안에서 행동한다.

26 보편자는 이후의 세대에 의해서만 표현된다는 뜻이다.

27 다음을 참고하라. 초고에서; Pap. IV B 74 n.d., 1843
아브라함은 보편자를 위해 이삭을 희생하지 않았다. 오히려 말하자면, 이삭 속에 숨어 있던 모든 이스라엘이 그의 생명을 구해달라고 간청했고, 따라서 보편자가 아브라함에게 자제할 것을 구체적으로 요구했다고 말해야 한다. 아브라함에게는 순전히 개인적인 시련[(Prøvelse)이었다.

28 다음을 참고. Lærebog i den Evangelisk-christelige Religion, indrettet til Brug i de danske Skoler, udg. af N.E. Balle og Chr. Bastholm, Kbh. 1824, ktl. 183, ch. 6, "Om Pligterne," § 1에서 "모든 일에서 하나님의 뜻을 행하는 것"에 대해 말하고 § 2에서 "하나님이 우리에게 지키라고 명령하신 것은 무엇이든 우리의 의무이다"라고 말한다.

29 이 부분은 문제 III을 보라.

30 출애굽기 19:12, "너는 백성을 위하여 주위에 경계를 정하고 이르기를 너희는 삼가 산에 오르거나 그 경계를 침범하지 말지니 산을 침범하는 자는 반드시 죽임을 당할 것이라."

31 아울리스 평원: 해군 도시인 아울리스는 그리스 중부의 보오티아에 자리 잡고 있다. 도시를 둘러싼 평평한 해안 풍경은 에우리피데스의 <이피게니아인 아울리스>의 배경이 된 곳이다.

32 언어의 잎사귀 : 언어는 타락 후 자신의 벌거벗음을 숨긴 아담과 하와의 무화과나무 잎사귀에 비유된다(창세기 3:7 참고).

33 셰익스피어: 윌리엄 셰익스피어(1564-1616), 영국의 극작가이자 시인. 이 부분은 다음 일기를 참고하라. Pap. IV B 68

그는 하나님과의 행복을 위해 세상에서의 행복을 파괴한다. 이제 그가 하나님을 오해했다면, 그는 어디로 향해야 할까?

셰익스피어에 대한 찬사에서, 그가 이 마지막 고통을 묘사하지 않은 것을 유감스럽게 생각한다.

34 예수님은 열두 사도를 택하여 귀신을 쫓아내는 권능을 주신다. 서기관들은 예수님 자신이 귀신 들렸다고 믿고 이렇게 외칩니다. "그는 바알세불이 지폈다. 귀신의 왕을 힘입어 귀신을 쫓아낸다." 다음을 참고하라. 마가복음 3:15-22

35 W. G. 테네만, 《철학의 역사》(Geschichte der Philosophie), I-XI (라이프치히: 1798-1819; ASKB 815-26), I, 106쪽 참조. "피타고라스인들은 이러한 구별에 대해 전적으로 만족스럽지는 않지만 여러 가지 이유를 제시했다. 숫자 1에 홀수를 연속적으로 더하면 정사각형이 되고, 숫자 2에 짝수를 더하면 직사각형 숫자가 된다. 우주 전체가 숫자 1로 식별된다. 짝수는 '무제한'이므로 끝이 없고(τέλος가 없음) 불완전하다."

또한, JJ:67, JP V 5616(Pap. IV A 56)을 참고하라.

모든 무한한 지식은 부정적이지만('항상 틀릴 수 있다'는 것도 무한한 관계이다), 부정이 긍정보다 높다. 따라서 피타고라스는 짝수는 불완전하고 홀수는 완전하다고 가르쳤다.

*피타고라스인들은 일반적으로 완전한 것을 무언가가 발생한 것으로 보지 않고 무언가에서 발생한 것으로 보았기 때문이다. 텐네만, 1권, 119쪽 참고.

36 σκανδαλον: 헬라어 '스칸달론'이다. 이 단어는 신약성경에서 여러 번 등장하는데, 예를 들어 고린도전서 1:23에서 바울은 이렇게 말한다. "우리는 십자가에 못 박힌 그리스도를 전하니 유대인에게는 거리끼는 것이요 이방인에게는 미련한 것이로되"
이 말씀에서 '거리끼는 것'이 스칸달론이다. 다른 말로, '실족'이 있다. 키르케고르는 예수 그리스도를 종종 "실족의 표징"으로 인용하고 있다. 이 부분에 대한 자세한 논의는 키르케고르의 작품 《그리스도교의 훈련》을 참고하라.

37 덴마크어 'Docenterne'는 말 그대로 당시 대학 환경에서 교수를 보조하여 학문을 가르치는 대학 교사를 의미한다. 어근 'docere'(라틴어와 덴마크어)는 교훈을 강조한다. 여기서 요하네스 드 실렌티오는 이 용어를 광범위하게 사용하여 특히 객관성을 유지한 교수들, 과거에 대한 교황의 평가, 평생 임용된 교수들을 포함했다. 다음을 참고하라. Point of View, KW XXII (SV XIII 300)

38 이 부분은 영역본을 참고하면, '존재의 지진'으로도 옮길 수 있다. 즉, 이 말은 그들과 그들의 삶의 실천적 행위의 거리는 무한히 멀리 떨어져 있음을 뜻한다.

39 이 부분은 고린도전서 8:1의 말씀에서, 사랑이 덕을 세우는 것과 달리 인간 자신이 스스로를 세우는 것(교만하게 하는 것)을 뜻한다. 따라서 이것은 '덕을 세우는 것'이 아니다.

40 마태복음 26장 15절에서 유다가 예수님을 배신한 대가로 은 30냥을 받는 장면을 암시한다.

41 아마도 이 말의 의미는 건물을 청소하는 사람을 뜻하는 것으로 보인다.

42 처녀 마리아는 다른 저술에서도 기념된다. 예를 들어, Irony, KW II (SV XIII 181); Either/Or, I, KW III (SV I 173, 288, 303); Eighteen Discourses, KW V (SV 97, 159); Fragments, KW VII (SV IV 201); Postscript, KW XII (SV VII 220); Discourses in Various Spirits, KW XV (SV VIII 190, 339); Christian Discourses, KW XVII (SV X 47); Practice, KW XX (SV XII 157); An Upbuilding Discourse, in Without Authority, KW XVIII (SV XII 249); Judge for Yourselves!, KW XXI (SV XII 433); The Moment and Late Writings, KW XXIII (SV XIV 35).
또한, 다음 일기를 보라. JP III 2669-74 and p. 814; VII, p. 60.

43 누가복음 1:28, "그에게 들어가 이르되 은혜를 받은 자여 평안할지어다. 주께서 너

와 함께하시도다 하니"

44 성령의 개입을 뜻한다.

45 이 부분은 성경에서 여성의 월경을 뜻한다. 다음을 참고하라. 창세기 18:11, "아브라함과 사라는 나이가 많아 늙었고 사라에게는 여성의 생리가 끊어졌는지라."

46 누가복음 1:28-38 참고하라. 마태복음 1:20-21에 따르면, 천사는 꿈에서 걱정하는 요셉에게 "다윗의 자손 요셉아, 네 아내 마리아 데려오기를 두려워하지 말라. 그에게 잉태된 자는 성령으로 된 것이라."라고 말할 정도로 사려 깊게 말했다는 기록도 있다.

47 야곱이 복을 받기 위해 밤마다 하나님과 투쟁하다가 복을 받았으나 투쟁 중에 엉덩이를 맞고 아침에 절름발이가 된 이야기를 암시한다(창 32:25-32 참고).

48 누가복음, 1:38 "마리아가 이르되 주의 여종이오니 말씀대로 내게 이루어지이다 하매 천사가 떠나가니라."

49 호세아 선지자는 우상숭배에 대한 하나님의 복수로 이스라엘을 위협한다. "이스라엘의 죄 곧 아웬의 산당은 파괴되어 가시와 찔레가 그 제단 위에 날 것이니 그때에 그들이 산더러 우리를 가리라 할 것이요 산더러 우리 위에 무너지라 하리라."(호 10:8) 예수님이 골고다로 이끌리실 때, 그를 따르는 울고 있는 여인들에게 이렇게 말씀하신다. "예수께서 돌이켜 그들을 향하여 이르시되 예루살렘의 딸들아 나를 위하여 울지 말고 너희와 너희 자녀를 위하여 울라. 보라, 날이 이르면 사람이 말하기를 잉태하지 못하는 이와 해산하지 못한 배와 먹이지 못한 젖이 복이 있다 하리라. 그 때에 사람들이 산들을 대하여 우리 위에 무너지라 하며 작은 산들을 대하여 우리를 덮으라 하리라."(눅 23:28-30)

50 '동시대'의 주제와 관련하여서는 다음 자료를 참고하라. Fragments, KW VII (SV IV 221-34, 247-71)

51 다음을 보라. Auszüge aus Lessing's Antheil an den Litteratur-briefen, Letter 81, Schriften, XXX, pp. 221-23 (ed.tr.).
이 편지는 특히 프랑스와 독일에서 비극이 차지하는 위상에 대한 일반적인 고찰로 시작된다. 레씽은 C.F. 비테(Weißes)의 비극 에두아르트 데어 드리테(Eduard der Dritte, 1759)와 에드워드 2세에 대한 역사적 일화를 소개한다. 열다섯 살의 에드워드 3세는 1327년 어머니 이사벨라와 그녀의 연인 모티머의 음모로 인해 왕이 되었다. 전임 왕인 에드워드 2세는 폐위되어 감옥에 갇혔다. 비극적 상황에서의 희극적 발언의 예로 레씽은 모든 권리를 박탈당하고 진흙 웅덩이에서 찬물로 면도를 해야 했던 왕이 면도할 뜨거운 물만 빼앗지 않는다면 포로가 원하는 대로 할 수 있다고 외쳤다는 이야기를 인용한다. 레씽은 어떤 사회 계층에서도 비슷한 비극이 표현될 수 있다는 것을 드니 디드로(Denis Diderots)의 <자연에의 순례(1757)>에서 빌려온 한 농부의 아내 이야기를 통해 설명한다: 한 농부의 아내에게는 인근 마을에 부모님이 살고 있었다. 그녀는 남편을 보내 방문했지만 그 남자는 시동생에 의해 살해당했다. 화자는 부모님 집에 도착해 농부의 아내가 죽은 남자의 발에 필사적으로 매달려 울부짖는 모습을 본다. "아아, 내가 당신을 여기로 보낼 때 이 발이 당신을 죽음에 이르게 할 줄 알았더라면?" 그런 다음 인용문이 이어진다. 강조 표시된 구절을 제외하면 레씽과 약간의 차이가 있을 뿐이다.

52   일시적 중지 혹은 어떤 의도적 중지를 말한다.

문제 Ⅱ

PROBLEMATA

하나님께 대한 절대적 의무는 있는가?[30]

보편자와 절대자의 관계

윤리적인 것은 보편적인 것입니다. 또한 그 자체로 신적인 것입니다. 그리하여 **모든 의무는 본질적으로 하나님에 대한 의무**라고 말하는 것은 적절합니다. 그러나 이 이상 아무 말도 할 수 없다면, 나는 실제로는 하나님에 대한 의무가 없다고 말한 것입니다. 이 의무는 하나님께 거슬러 올라감으로써 의무가 됩니다. 그러나 이 의무에서 내가 하나님과의 관계로 들어가는 것은 아닙니다.

예를 들어, 이웃을 사랑하는 것은 의무입니다. 이것은 하나님께로 거슬러 올라감으로써 의무입니다. 다만, 이 의무에서 하나님과의 관계로 들어가는 것이 아니라, 내가 사랑하는 이웃과의 관계로 들어갑니다. 이런 관계에서 하나님을 사랑하는 것이 나의 의무라고 말한다면, 나는 실제로 똑같은 말을 반복하고 있는 것뿐입니다. 왜냐하면 완전히 추상적인 의미에서, '하나님'은 신적인 것으로, 즉, 보편적인 것으로 이해되기 때문이며, 이것이 의무입니다.

인류 전체의 존재는 자신을 완전하면서도 **자기 안에 갇힌 구형**(球形)으로 만듭니다. 그때 윤리적인 것은 동시에 충족하면서도 제한된 것입니다. 하나님은 보이지 않는 **소실점**(vanishing point), 무능한 사유가 되고 맙니다. 그분의 능력은 모든 존재를 충족시키는 윤리적인 것에만 있습니다. 그때 누군가 이것과 다른 의미에서 하나님을 사랑하기를 바라는 한, 그는 몽상가이고, 유령과 사랑에 빠진 것이죠. 만약 이 유령이 말할 만한 능력이 있다면, 그에게 다음과 같이 말할 것입니다.

"나는 자네의 사랑을 원하지 않네. 그냥 있는 곳에 머물러 있게나."

누군가 다른 방식으로 하나님을 사랑하기 원하는 한, 이 사랑은 루소가 언급한 사랑만큼 믿기 어려웠을 텐데 말입니다. 루소에 의하면, 사람은 이웃을 사랑하는 대신에 카피족(Kaffirs)을 사랑합니다.[1]

이런 생각의 훈련이 건전하다면, 인간의 삶에 비교 불가능한 것이 아무것도 없다면, 존재는 이념으로부터 고려되는 것이므로 존재하는 비교 불가능한 것(Incommensurabilitet)[2]은 어떤 원인도 나올 수 없는 우연에 의한 것뿐이라면, 헤겔은 옳습니다. 그러나 그가 믿음에 대해 말하거나 아브라함을 믿음의 조상으로 여기도록 허용하는 것은 옳지 못합니다. 후자의 경우, 그는 아브라함과 믿음에 대한 심판을 선언했기 때문입니다. 헤겔 철학에서,[3] das Äussere(die Entäusserung)[외적인 것(외화)]는 âa Innere[내적인 것]보다 높습니다. 이것은 종종 한 예로 설명됩니다.

아이는 내적인 자(das Innere)이고, 어른은 외적인 자(das Äussere)입니다. 그러나 믿음은 내면성이 외면성보다 높은 역설입니다. 혹은 이전에 말한 것을 생각해 본다면, 이것은 홀수가 짝수보다 더 높다는 역설입니다.[4]

삶의 윤리적 관점에서 보면, **내면의 결단**(Inderlighedens Bestemmelse)을 외적인 것으로 표현하는 것이 단독자의 과제입니다. 단독자가 이에 따라 뒤로 물러날 때마다, 내면에 속한 기분, 느낌과 같은 결정 속으로 다시 슬며시 들어가려 할 때마다, 죄를 짓고 영적 시험(Anfægtelse)에 빠집니다. **믿음의 역설**이란 외면성과는 비교할 수 없는 내면성이 존재한다는 것입니다. 주의하십시오. 첫 번째 것과 동일한 내면성이 아니라, **새로운 내면성**(ny Inderlighed)입니다.[5] 이것은 간과되지 말아야 합니다.

최근 철학이 '믿음'을 직접적인 것으로 대체하려 했습니다.[6] 이것이 이럴 때, 믿음이 언제나 있었다는 것을 부인하는 것은 어리석습니다. 이에 따라 믿음은 감정, 기분, 기행, 변덕(vapeurs)과 같은 것과 동급으로 취급됩니다. 그렇다면, 철학이 여기에 멈추면 안 된다고 말하는 것은 옳습니다. 그러나 어떤 것도 이런 언어를 사용하는 철학을 정당화할 수 없습니다.

무한의 운동(Uendelighedens Bevægelse)이 믿음에 선행합니다. **오직 그때만 믿음이 시작합니다.** 기대치 않게(nec opinate), 모순의 도움으로 말입니다. 결과적으로 내가 믿음이 있다고 주장하지 않고도 나는 확실히 이것을 이해할 수 있습니다. 믿음이 철학이 말한 것에 불과하다면, 소크라테스도 이미 멀리, 더욱 멀리 나간 것입니다.—그러나 반대로 그는 믿음을 얻지 못했던 것입니다. 지적인 의미에서, 그는 무한의 운동을 만들었습니다. 그의 **무지**(Uvidenhed)는 **무한 체념**(uendelige Resignation)입니다. 오늘날 이 과업이 무시를 당하고 있지만, 이것만 인간의 능력에 알맞은 과업입니다. 이것을 행했을 때만, 단독자가 무한한 것에서 자신을 비웠을 때만, 오직 그때만 믿음이 돌파할 수 있는 지점에 이릅니다.

믿음의 역설이란 이것입니다. 즉, 단독자는 보편자보다 더 높다는 것. 단독자는—오늘날 보기 힘든 교리의 차이를 상기시키기 위해[7]—보편자와의 관계를 통해 절대자와 관계하는 것이 아닌, 절대자와의 관계를 통해 보편자와의 관계를 결정한다는 것.

역설은 또한 이런 식으로 표현될 수 있습니다. 즉, 하나님께 대한 절대적 의무가 있다는 것. 이런 의무의 관계에서 개인은 단독자로서 자신을 절대적으로 절대자와 관계합니다. 이와 관련하여, 하나님을 사랑하는 것이 의무라고 말하는 것은 지금까지 논의한 바와는 다른 것을 뜻합니다. 왜냐하면 이런 의무가 절대적이라면, 윤리적인 것은 상대적인 것으로 축소되기 때문이죠. 이로부터 윤리적인 것이 무효가 되었다는 결론에 도달하지는 않습니다. 오히려, 윤리적인 것은 완전히 다른 표현, 역설적 표현을 얻습니다. 예를 들어, 하나님에 대한 사랑은 믿음의 기사에게 그의 이웃을 사랑하도록 안내한다는 것입니다.—윤리적으로 말하자면, 의무인 것과의 정반대의 표현입니다.

이것이 사실이 아니라면, 믿음은 설 자리가 없습니다. 믿음은 영적 시험 (Anfægtelse)이고, 아브라함은 믿음에 굴복했을 때 길을 잃을 것입니다.

이 역설은 매개될 수 없습니다. 무엇보다 다음의 사실에 의존하고 있기 때문입니다. 즉, 단독자는 유일하게 단독자뿐입니다. 이 단독자가 보편자에서 절대적 의무를 표현하려 하자마자, 이것을 의식하자마자, 그가 영적 시험에 빠져 있음을 인식합니다. 그때 저항한다면, 그는 소위 절대적 의무를 충족시키지 못합니다. 저항하지 않는다면, 그는 죄를 짓습니다. 당연히

(realiter) 그의 행위가 절대적 의무였음이 드러난다고 하더라도 말입니다. 예를 들어, 아브라함은 무엇을 해야만 했을까요? 그가 누군가에게, "나는 세상의 다른 무엇보다 이삭을 사랑한다. 이것이 내가 그를 희생 제물로 바치는 것이 그렇게도 힘든 이유이다."라고 말했다면, 다른 사람은 고개를 저으며 "왜 그를 희생 제물로 바쳐요?"라고 말하지 않을까요? 혹은 다른 사람이 더 영리했다면, 아마도 아브라함을 통해 보았을 것이고, 그의 행위와는 확연하게 모순된 감정을 표현하고 있음을 알게 되었을 것입니다.

아브라함의 이야기는 그런 역설을 포함합니다. 이삭과 그의 관계에 대한 윤리적 표현은 아버지는 아들을 사랑해야만 한다는 것입니다. 이런 윤리적 관계는 하나님과의 절대적 관계와 대조되어, 상대적인 것으로 축소됩니다. "왜?"라는 질문에 대하여, 이미 위에서 지적한 바와 같이, 아브라함은 하나님과 자신을 위한 종합인 시험(temptation)이고, 시련(ordeal)이라고밖에는 대답할 말이 없습니다. 사실, 이 두 개의 규정은 보통의 언어에서 일치합니다.

예를 들어, 우리가 보편적인 것을 따르지 않는 무언가를 행하는 사람을 볼 때, 그가 하나님을 위해 행하고 있지 않다고 말합니다. 그리하여 이것은 또한 그가 자신을 위해서도 행하고 있지 않음을 뜻합니다. 믿음의 역설은 중개자, 즉 보편적인 것을 상실했습니다. 한편으로, 이것은 최고의 이기주의(egotism)를 위한 표현(끔찍한 행위를 한 것, 자신을 위해 행한 것이다)이지만, 다른 한편으로 가장 절대적 헌신을 위한 표현으로, 하나님을 위해 그것을 행한 것입니다.

믿음 자체는 보편적인 것으로 매개될 수 없습니다. 그렇게 되면 믿음은 폐기되기 때문입니다. 믿음은 이런 역설입니다. 단독자는 자신을 다른 누구에게 이해시킬 수 없습니다. 사람들은 단독자가 동일한 상황에 있는 다른 단독자에게 이해시킬 수 있다고 상상합니다. 이 시대에 우리가 그렇게도 수많은 방법으로 교활하게 위대함에 잠입하려 하지 않았다면, 그런 관점은 생각할 수 없었을 것입니다.

믿음의 한 기사가 다른 기사를 도울 수 없습니다. 단독자가 역설을 받아들임으로써 믿음의 기사가 되든가, 기사가 되지 못하든가 둘 중의 하나입니다. 이 영역에서 협력관계는 전혀 생각할 수 없지요. 단독자만 이삭을 어떻게 이해해야 할지 자신에게 명확하게 설명할 수 있습니다. 일반적으로 말해, 이삭을 어떻게 이해할 수 있을지 결정할 수 있다 해도(말하자면, 이것은 우스꽝스러운 자기모순입니다.—보편적인 것밖에 서 있는 단독자를 보편적 범주로 데려가는 것. 이 범주에서 보편적인 것밖에 있는 단독자로서 그가 행동해야만 할 때 말입니다.), 단독자는 다른 사람에 의해 이것을 확신할 수 없습니다. 오직 단독자로서 자신에 의해서만 확신합니다.

따라서 다른 사람을 희생시켜 믿음의 기사가 되고 싶어 할 만큼 비겁하고 비열한 사람이라 해도, 그는 믿음의 기사가 되지 못합니다. 왜냐하면 단독자만 단독자로서 그렇게 되기 때문입니다. 그리고 이것이 믿음의 기사의 위대함(greatness)입니다.—용기가 부족하기에 이에 참여하지 못한다 해도, 나는 이것을 이해할 수 있습니다.—그러나 이것은 또한 믿음의 기사의 끔찍함(terribleness)입니다. 나는 이것을 더 잘 이해할 수 있습니다.

절대적 의무

우리가 모두 알다시피, 누가복음 14장 26절은 하나님께 대한 절대적 의무에 대한 주목할 만한 가르침을 제공하고 있습니다.

"무릇 내게 오는 자가 자기 부모와 처자와 형제와 자매와 더욱이 자기 목숨까지 미워하지 아니하면 능히 내 제자가 되지 못하고"

이것은 어려운 말씀입니다. 과연 누가 듣고 견딜 수 있겠습니까?[8] 이것은 우리가 거의 들 수 없었던 이유이기도 합니다. 그러나 이 침묵은 아무런 소용이 없는 도피에 불과합니다. 이런 상황에서 신학생은 이 말씀이 신약성경에 나온다고 배웁니다. 이런저런 주석 책에서[9] 그는 이 구절에서 헬라어 $\mu\iota\sigma\epsilon\iota\nu$(미워하다)와 $\mu\epsilon\iota\omega\sigma\iota\nu$(약화된 의미로)이 쓰인 다른 구절에서, minus diligo, posthabeo, non colo, nihili facio[덜 사랑하는, 덜 존경하는, 존경하지 않는, 아무것도 아닌 것으로 간주하는]을 뜻하고 있음을 봅니다. 하지만, 이 말씀이 나타나는 상황은 이런 매력적인 설명이 사실이 아님을 보여주는 것처럼 보입니다. 다음에 이어지는 구절에서, 누가 망대를 세우고자할 때 나중에 조롱당하는 일이 없도록, 자기의 가진 것이 준공하기까지에 족할지 먼저 앉아 그 비용을 계산한다는 이야기를 듣습니다.[10] 인용된 구절과 이 이야기의 긴밀한 연결은 각 사람이 스스로 건물을 세울 수 있는지 자신을 시험하기 위해 가능한 한 이 말씀이 끔찍하게 받아들여져야 함을 암시하는 것처럼 보입니다.

이렇게 흥정하면서 기독교를 세상 속으로 밀수입하고자 소망하는 저 경건하면서도 협조적인 주석가들이 문법적으로, 언어적으로, 비유에 의해(κατ᾽ ἀναλογίαν) 이것이 이 구절의 의미임을 한 사람을 설득하는 데 성공했다면, 바라건대 그가 동시에 같은 사람에게 기독교가 세상에서 가장 비참한 것 중의 하나임을 설득하는 데 성공하기를 소망합니다. 가장 서정적인 표현 중의 하나로, 영원한 타당성의 의식이 가장 힘차게 흘러넘치는 이 가르침(den Lære)은 아무것도 의미하지 않는 잔뜩 부풀려진 말이 아니면 제공할 아무것도 없는 것이 아니라, 덜 친절하고, 덜 주의를 기울이고, 더 냉담해야 함을 제시하는 것뿐입니다. 끔찍한 것을 말하고 싶어 하는 모습을 보이는 이 순간에, 이 가르침은 끔찍하게 하는 것 대신에 군침을 흘리게 만드는 것으로 끝납니다.—저런 가르침은 확실히 아무런 가치가 없습니다.[11]

이 말씀은 끔찍합니다. 그러나 나는 사람들이 감히 이 말씀을 이해할 수 있으리라 믿습니다. 그런데도 이 말씀을 이해한 자가 이해한 것을 실천할 만한 용기를 얻게 되리라는 필연적 결과가 나오지는 않습니다. 하지만, 이 말씀이 말한 바를 인정할 만큼 정직해야 합니다. 자신이 이 말씀을 실천해 옮길 만한 용기가 부족하다는 것을 인정할 만큼 정직해야 합니다. 그리하여 행동하려는 누구나 이 아름다운 이야기에 참여하는 데에서 자신을 배제하지 않을 것입니다. 어떤 면에서 망대를 준공하기를 시작할 만한 용기를 얻지 못한 사람에게 이것은 일종의 위로이기 때문입니다. 그러나 그는 성실해야 하고, 이런 용기의 부족을 마치 겸손인 양 말하지 말아야 합니다. 왜냐하면 반대로 이것은 교만이기 때문이며, 믿음의 용기만 유일하게 겸손한 용기입니다.

이 구절을 어떤 의미가 있어야 한다면, 문자적으로 이해해야만 한다는 것은 쉽게 알 수 있습니다. 하나님은 절대적 사랑을 요구하는 분이십니다. 사람의 사랑을 요구하면서도 그가 소중히 여기는 것에 대해 무관심해지는 것이 이 사랑을 입증하는 것이라 믿는 누구나 이기주의자일 뿐 아니라 어리석습니다. 그런 사랑을 요구하는 누구나 동시에 스스로 사형을 선고한 것이나 다름이 없습니다. 왜냐하면 그의 생명은 그가 그토록 바라는 이 사랑에 달려 있기 때문입니다.

예를 들어, 한 남자가 아내에게 부모를 떠나라고 요구합니다.[12] 그러나 그를 위해 그녀가 냉담하면서도 엄격하지 못한 딸이 되는 것이 그에 대한 보기 드문 사랑의 입증으로 그가 생각한다면, 그는 어리석은 자보다 더 어리석습니다. 그가 사랑의 본질에 대한 사상이 있다면, 그녀가 딸과 누이로서 그녀의 사랑에서 완전해졌음을 발견하기를 소망할 것입니다. 그리하여 이 나라에서 누구보다 그를 더 사랑하고 있음을 알게 되었을 것입니다. 따라서 이기주의와 어리석음의 표시로 간주하였던 것이 주석가들의 도움으로 거룩함의 합당한 묘사로 간주하였던 것입니다.

그러나 이것은 그들을 미워하는 방법일까요(눅14:26)? 나는 여기에서 사랑하는 것이든 미워하는 것이든 인간적인 구별을 언급하지 않을 것입니다. 내가 이런 구별에 반대하는 것이 많아서 그런 것이 아닙니다. 이런 구별이 이기적이고 그리하여 여기에 맞지 않기 때문입니다. 그러나 내가 이 과업을 역설로 간주한다면, 나는 이 구별을 이해합니다.—다시 말해, 나는 역설로 이해하는 방식으로 이것을 이해합니다.

절대적 의무는 윤리가 금지한 것으로 안내할 수 있습니다. 하지만 이 의무가 믿음의 기사에게 사랑을 멈추라고 안내할 수는 없습니다. 아브라함이 이것을 입증합니다. 그가 이삭을 희생 제물로 바치려는 순간에, 그가 행하는 것에 대한 윤리적 표현은 이렇습니다. "그는 이삭을 미워한다." 그러나 그가 실제로 이삭을 미워했다 해도, 하나님이 그에게 이것을 요구하지 않으셨다는 것은 확실합니다. 왜냐하면 가인과 아브라함은 동일하지 않기 때문입니다.[13] 그는 이삭을 온 마음을 다해 사랑해야 합니다. 하나님이 이삭을 요구했으므로, 가능하다면 더욱 이삭을 사랑해야 합니다. 오직 그때만 그를 희생 제물로 드릴 수 있습니다. 왜냐하면 하나님을 향한 그의 사랑과 역설적인 대조를 이루며 그의 행위를 희생으로 만든 것은 이삭을 향한 이 사랑이기 때문입니다. 그러나 역설에서의 괴로움과 불안은 인간적으로 말해, 그가 도저히 스스로를 이해시킬 수 없다는 데 있습니다. 그의 행위가 그의 감정과 절대적 모순 속에 있을 때만, 오직 그때만 그는 이삭을 희생 제물로 드릴 수 있습니다. 그러나 그의 행위의 현실은 보편적인 것에 속한 것이고, 따라서 거기에서 그는 살인자이고, 살인자로 남습니다.

게다가, 누가복음의 이 구절은 믿음의 기사가 자신을 구원할 수 있는 무엇이든 보편적인 것(윤리적인 것으로서)의 어떤 것도 더 높은 표현을 얻을 수 없는 것으로 이해되어야 합니다. 그리하여 교회가 지체 중의 한 명에게 이런 희생을 요구한다면, 우리는 비극적 영웅만을 얻게 될 것입니다. 교회의 이념은 국가의 이념과는 질적으로 다르지 않습니다. 단독자가 단순한 매개에 의해 교회의 지체로 들어가자마자, 단독자가 역설로 들어가자마자, 교회의 이념에는 이르지 못합니다. 그가 역설에서 빠져나오는 것이 아니라, 거기에서 그의 구원이든 파멸이든 찾아야 합니다. 이와 같이 교회와 관련된 영웅은 그의 행위에서 보편적인 것을 표현합니다. 교회에서는 그의 부모도 그 누구도 그를 이해하지 못할 사람은 없지요. 그는 믿음의 기사가 아닙니다. 실제로 그는 아브라함과는 다른 반응을 보입니다. 그는 이것이 그가 시험당하고(forsøges) 있는 시련(Prøvelse)이나 유혹(Fristelse)이라 말하지 않습니다.[14]

　일반적으로 사람들은 누가복음의 이와 같은 구절을 인용하기를 꺼립니다. 우리는 사람들을 방임하는 것을 두려워합니다. 단독자가 단독자로 행동하려 하자마자 가장 나쁜 일이 일어날 것을 두려워합니다. 게다가, 단독자로 존재하는 것은 세상에서 가장 쉬운 일로 여깁니다. 따라서 사람들을 보편적인 것이 되도록 강요해야 합니다. 나는 저런 두려움도, 저런 의견도 나눌 수 없습니다. 같은 이유로 말입니다. 단독자가 되는 것이 가장 끔찍한 것임을 배웠던 자마다 이것이 가장 위대한 것이라 말하는 것을 두려워하지 않을 것입니다. 또한, 자기 말이 길 잃은 사람에게 올무가 되지 않도록 말해야 합니다. 오히려, 그의 말이 위대함을 위한 약간의 여지를 만들 수 있다면, 그를 도와 보편적인 것이 되도록 해야 합니다. 이런 구절을 감히 언급하지 못하는 누구나 아브라함도 언급하지 못합니다.

　게다가, 단독자로 존재하는 것이 쉽다고 생각하는 것은 자신에 대한 상당히 모호한 간접적 양보를 포함합니다. 왜냐하면 실제로 자기 존중과 자신의 영혼에 관심이 있으며, 넓은 세상에서 홀로 자기 감독 아래에 살고 있는 사람은 누구나 처녀의 방(Jomfrubuur)[15]에 있는 소녀보다 더 엄격하면서도 외딴곳(indgetogent)[16]에 산다고 확신하기 때문입니다. 강압이 필요한 사람이 있는 것도 사실입니다. 그들에게 고삐를 풀어주면, 마치 통제할 수 없는 짐승처럼 이기적 욕망에 빠져버리고 맙니다. 하지만 사람은 자신이 그것들에 속하지 않았음을 보여주어야 하죠. 두려움과 떨림으로 말하는 법을 알고 있음을 보여주어야 하며, 위대함에 대한 경외심을 말해야 합니다. 위대함에 대한 지식, 이 공포에 대한 지식으로 말한다면, 확실히 일어나지 않을 피해에 대한 두려움 때문에 이것을 잊는 일이 없도록 해야 합니다. 이 공포를 모른다면, 그는 이 위대함도 모릅니다.

믿음의 역설

이제 믿음의 역설에 있는 괴로움과 불안을 조금 더 구체적으로 고찰해 보고자 합니다. 이 비극적 영웅은 보편적인 것을 표현하기 위해, 자신을 포기합니다. 믿음의 기사는 단독자가 되기 위해 보편적인 것을 포기합니다. 이미 말한 대로, 모든 것은 자신의 입장에 달려 있습니다. 단독자가 되는 것이 상당히 쉽다고 믿는 누구나 믿음의 기사가 아니라고 언제나 확신할 수 있습니다. 왜냐하면 불안정하면서도 떠돌아다니는 천재는 믿음의 사람이 아니기 때문입니다. 반대로, 이 기사는 보편적인 것에 속하는 것이 영광스러운 것임을 압니다. 자신을 보편적인 것으로 번역할 수 있는 단독자가 되는 것은 아름답고도 유익하다는 것을 그는 합니다. 말하자면, 그는 될 수 있으면 오류 없이, 명확하고 깔끔하게 자신을 다듬고 편집할 수 있기에 모든 사람에게 읽힐 수 있습니다.

그는 보편적인 것에서 자신을 이해시킬 수 있는 것이 얼마나 가슴이 후련한 것인지 압니다. 결과적으로 그를 이해한 모든 개인은 그의 안에 있는 보편적인 것을 이해합니다. 그는 보편적인 것에 그의 고향을, 그가 남고 싶어 하기만 하면 두 팔을 벌려 즉시 그를 환영하는 친절한 집을 갖고 있는 단독자로 태어나는 것이 얼마나 아름다운지 압니다. 그러나 더 높은 곳에 구불거리고, 가파르고, 좁고, 외로운 길이 있음을 합니다. 그는 보편적인 것 밖에서 고독하게 태어나는 것이 얼마나 두려운지 압니다. 단 한 명의 나그네도 만나지 못한 채 걷는 것이 두렵다는 것을 압니다. 그가 어디에 있고 사람들과 어떻게 관계해야 하는지를 압니다.

인간적으로 말해, 그는 미쳤습니다. 자신을 누구에게도 이해시킬 수 없지요. 그런데도 "미쳤다는 것"은 가장 부드러운 표현입니다. 그가 이런 식으로 보이지 않는다면, 위선자입니다. 그가 이 길을 따라 더 높이 상승할수록, 그는 더 소름 끼치는 위선자가 됩니다.

믿음의 기사는 보편적인 것을 위해 자신을 포기하는 것, 이를 실행할 용기를 얻는 것이 얼마나 격려하는 것인지를 압니다. 그러나 거기에는 또한 안전이 있습니다. 왜냐하면 그것은 보편적인 것을 위한 포기이기 때문입니다. 그는 고상한 마음씨를 지닌 모든 사람에게 이해받는 것이 얼마나 영광스러운 것인지 압니다. 그리하여 관찰자들 역시 고상해진다는 것을 압니다. 그가 이것을 알고, 서로 결속되어 있음을 느낍니다. 이것이 그에게 할당된 과업이기를 바랄 수 있습니다.

같은 방식으로, 아브라함도 가끔은 이 과업이 아버지로서 마땅히 이삭을 사랑하는 것이 되기를 바랐을 텐데 말입니다. 그리하여 모든 사람에게 이해받기를, 어느 시대나 기념이 될 만한 것이 되기를 바랐을 것입니다. 그는 이삭을 보편적인 것을 위해 희생 제물을 드리는 것이 과업이 되기를, 아버지들에게 칭찬받을 만한 행위가 되기를 바랐을 것입니다.

그에게 그런 소원들이 영적 시험(Anfægtelse)을 구성하고 있다는 생각에, 그렇게 취급된다는 생각에, 충격을 받습니다. 왜냐하면 그는 외로운 길을 걷고 있음을, 보편적인 것을 위해 아무것도 달성하지 못했지만, 시험받고 (forsøges) 테스트받고(prøves) 있음을 알았기 때문이지요. 아브라함은 보편적인 것을 위해 무엇을 성취했습니까? 우리가 인간적으로 말해봅시다. 순수하게 인간적으로 말입니다! 그는 늙은 나이에 아들을 얻는 데 70년이 걸렸습니다.[17] 다른 사람들은 쉽게 얻었고, 오랫동안 기뻐했던 것을 그가 얻는 데는 70년이나 걸렸습니다. 왜 그랬을까요? 그는 테스트받고 시험받았기 (fristes) 때문입니다. 와, 이것은 미친 것 아닙니까?

그러나 아브라함은 믿음이 있었습니다. 사라만 흔들렸고, 하갈을 첩으로 삼게 하였습니다. 그러나 이 역시 그가 하갈을 쫓아내야만 하는 이유였습니다.[18] 그는 이삭을 얻었습니다.—그때 다시 한번 그는 테스트받아야 했습니다. 그는 보편적인 것을 표현하고, 이삭과 함께 사는 것이 얼마나 영광스러운 것인지 알았습니다. 그러나 이것은 그의 과업이 아닙니다. 이처럼 보편적인 것에 아들을 희생 제물로 드리는 것이 얼마나 왕다운 일인지 알았습니다. 그리하여 그는 스스로 안식을 찾았을 것입니다. 모든 사람도 그를 환영하며 그의 행위에서 안식했을 것입니다. 마치 모음이 소리 나지 않는 문자에서 쉬는 것처럼 말입니다.[19] 그러나 이것은 과업이 아닙니다.—그는 테스트받고 있습니다.

꾸물거리는 자(Cunctator)[20]라는 별명으로 널리 알려진 로마의 장군은 지연시키는 전술로 적을 차단했습니다.—그와 비교할 때, 아브라함은 얼마나 지연시키는 자입니까!—그러나 그는 국가를 구원하지 않았습니다. 이것이 그의 130년의 내용입니다. 누가 이것을 견딜 수 있습니까? 이런 것을 생각해 본다면, 그의 동시대 사람들은 다음과 같이 말하지 않을까요?

"이것은 얼마나 영원히 지연시키는가! 아브라함은 마침내 아들을 얻었다. 충분히 오래 걸렸다. 지금 그는 아들을 희생 제물로 바치려 한다.—그는 미친 것 아닌가? 그가 왜 이것을 감행하려 하는지 적어도 설명할 수 있다면,

그것은 언제나 시련(Prøvelse)이다."

    아브라함은 더 이상 설명할 수도 없습니다. 왜냐하면 그의 삶은 하나님에 의해 몰수된 책과 같기 때문에, 결코 공공의 재산(publice juris)이 될 수 없습니다.

    이것이 끔찍한 것입니다. 이것을 보지 못하는 누구나 자신이 믿음의 기사가 아님을 언제나 확신할 수 있습니다. 다만 이것을 본 사람은 비극적 영웅 중에 가장 많이 시험을 받는 자도 느릿느릿 앞으로 기어만 가고 있는 믿음의 기사와 비교할 때 춤을 추리라는 것을 부인하지 않을 것입니다. 이것을 보았고, 그가 이해할 만한 용기가 없다는 것을 확신했을 때, 이 기사가 얻는 놀라운 영광을 어느 정도는 느꼈을 것입니다. 다시 말해, 내가 순전히 인간적으로 말한다면, 그는 하나님의 친밀한 자, 주님의 친구[21]가 됩니다. 하늘에 계신 하나님께 "당신(Du)"[22]이라고 말하는 반면, 비극적 영웅은 하나님을 삼인칭으로만 언급할 수밖에 없습니다.

    비극적 영웅은 곧 임무를 완수할 것이고 싸움도 끝날 것입니다. 그는 무한한 운동을 했고 지금은 보편적인 것에서 안전합니다. 하지만 믿음의 기사는 잠을 이루지 못합니다. 그는 언제나 테스트받고(prøves) 있으며, 매 순간마다 후회하며 다시 보편적인 것으로 돌아갈 가능성이 있기 때문입니다. 이 가능성이 진리일 뿐 아니라 영적 시험(Anfægtelse)일 수 있습니다. 그는 어떤 사람에게도 이 정보를 얻을 수 없습니다. 왜냐하면 이 경우는 그가 역설 밖에 있기 때문입니다.

    무엇보다 믿음의 기사는 단 한순간에 그가 위반한 모든 윤리를 집중시킬 만한 열정이 있었습니다. 그것은 그가 실제로 온 마음을 다해 이삭을 사랑했음을 스스로 확신하기 위한 것입니다.* 그가 이렇게 할 수 없다면, 그는 영적 시험을 당하는 중입니다. 다음으로 그는 즉시 이 확신을 만들 만한 열정이 있었습니다. 그리하여 이 열정은 처음 순간만큼 정당했습니다. 그가 이것을 할 수 없다면, 한 발짝도 움직인 것이 아닙니다. 왜냐하면 그때 그는 언제나 처음부터 다시 시작해야 하기 때문입니다.

비극적 영웅도 한순간에 목적론적으로 과도하게 넘어선 윤리를 집중시킬 수 있습니다. 그러나 저 경우, 그는 보편적인 것에 요새(stronghold)를 두고 있습니다. 믿음의 기사는 단순하고도 유일하게 자신만을 두고 있습니다. 그리하여 그 가운데 두려움이 깃듭니다. 대부분의 사람은 윤리적 의무를 고집하며 살아갑니다. 그리하여 그들은 각 날의 괴로움은 그날에 족하게 합니다.[23] 그러나 그들은 이 열정적인 집중을, 이런 강렬한 의식을 얻을 수가 없습니다.

---

*나는 다시 한번 비극적 영웅과 믿음의 기사의 충돌 사이에 있는 차이에 대해 밝히고자 한다. 비극적 영웅은 윤리적 의무가 전적으로 자신에게 현존해 있음을 스스로 확신한다. 그리하여 이 의무를 소원으로 바꾼다. 예를 들어, 아가멤논은 다음과 같이 말할 수 있다. "나에게 내가 아버지의 의무를 위반하지 않았다는 증거는 나의 의무가 나의 유일한 소원이라는 데 있다." 결과적으로 우리는 소원과 의무를 서로 정반대로 갖고 있다. 소원과 의무가 동시에 일어나는 삶은 행복하다. 그 속에서 나의 소원은 의무가 되고 그 반대도 마찬가지이다. 대부분의 사람에게 인생의 과업은 단지 그들의 의무를 고집하는 것이고, 그것을 그들의 열정을 통해 소원으로 바꾼다. 비극적 영웅은 이 의무를 이루기 위해 그의 소원을 포기한다. 믿음의 기사에게도 소원과 의무는 동일하다. 그러나 그는 이 둘을 전부 포기하도록 요구받는다. 그가 소원을 포기함으로써 그만두려 하면, 안식을 찾지 못한다. 왜냐하면 그것은 의무이기 때문이다. 이 의무와 그의 소원을 고집하면, 그는 믿음의 기사가 되지 못한다. 왜냐하면 절대적 의무는 특별하게 그것을 포기하라고 요구했기 때문이다. 비극적 영웅은 의무의 더 높은 표현을 찾았으나 절대적 의무를 찾지 못했다.

이것을 성취할 때, 비극적 영웅은 어떤 의미에서 보편적인 것이 도움이 될 수 있음을 알 수 있습니다만, 믿음의 기사는 모든 일에 홀로 있을 뿐입니다. 믿음의 기사는 언제나 긴장 가운데 있습니다. 아가멤논은 이피게네이아를 포기하지만, 보편적인 것에서 안식을 찾습니다. 이제 그는 그녀를 희생 제물로 드리려 앞으로 나아갑니다. 아가멤논이 운동을 하지 않았다면, 결정적 순간에 열정적으로 집중하는 대신, 그의 영혼이 요점에서 벗어나 일상적인 어리석은 대화에 빠졌다면(몇 명의 딸이 있었고, 특이한 일들이 일어날 수 있다는 등), 물론 그는 영웅이기는커녕, 바보(Hospitalslem)였을 것입니다.

아브라함 역시 영웅의 집중력이 있습니다. 그가 보편적인 것에 어떤 요새도 두고 있지 않기 때문에, 이것이 훨씬 어렵다 해도, 그는 하나의 운동을 더 하고 있습니다. 그는 놀라움으로 그의 영혼을 다시 모습니다. 아브라함이 이렇게 행하지 않는다면, 그는 아가멤논일 뿐입니다. 보편적인 것이 아무런 유익이 되지 않을 때, 이삭을 제물로 바치는 것이 어떻게 정당화될 수 있는지를 설명할 수 있는 한에서 그렇습니다.[24]

단독자가 실제로 영적 시험을 겪든 믿음의 기사가 되든, 단독자만 스스로 결정할 수 있습니다. 그러나 역설을 통해 역설 가운데 있지 않는 사람들을 이해시킬 수 있는 몇 가지 특징적인 징후들을 추론할 수 있습니다. 믿음의 진정한 기사는 언제나 절대적 고립 속에 있습니다. 거짓 기사는 종파주의자(secterisk)[25]입니다. 이것은 역설의 좁은 길을 회피하여 싼값에 비극적 영웅이 되려는 시도입니다. 비극적 영웅은 보편적인 것을 표현하고 보편적인 것을 위해 자신을 희생합니다.

이 자리를 대신하여, 종파주의자인 메스터 자켈(Mester Jakel)[26]은 사설 극장(Privattheater)을 가지고 있었습니다. 또한, 몇몇 좋은 친구들과 동료들이 있어, 굴다센(Gulddaasen)[27]의 법정 증인들이 정의를 대표하듯 그들은 보편적인 것을 대표하였습니다. 그러나 한편으로 믿음의 기사는 역설입니다. 그는 단독자이며, 단순하고도 유일하게 아무런 관계도, 인맥도 없는 단독자입니다. 이것은 종파주의자들의 비겁함(Skrælling)이 견딜 수 없는 두려움입니다. 이로부터 그가 위대한 것을 할 수가 없는 것을 배우고 인정하는 대신―그것은 내가 하는 것이므로 내가 당연히 승인할 수밖에 없는 것―이 가엾은 자들은 다른 가엾은 자들과 연합하면 이 일을 할 수 있을 것으로 생각합니다. 그러나 이것은 아무런 효과를 거두지 못할 것입니다.

영적 세계에서 속이는 일은 불가능합니다. 12명의 종파주의자는 서로 팔짱을 끼고 다닙니다. 그들은 믿음의 기사를 기다리고 있는 고독한 영적 시험에 대해 전혀 알지 못합니다. 그가 주제넘게 앞으로 나아가면 훨씬 더 두려워질 것이기 때문에 도망칠 수 없음을 그들은 알지 못합니다. 종파주의자들은 소음과 아우성으로 서로의 귀를 멀게 하고, 그들의 고함으로 불안을 멀리합니다. 이렇게 환호성을 지르는 광란의 군중(carnival crowd)은 이것이 하늘을 공격하고(storme Himlen)[28] 있는 것으로 생각합니다. 믿음의 기사와 같은 길을 따라가고 있다고 믿습니다. 하지만 우주의 고독 가운데 있는 믿음의 기사는 다른 인간의 음성을 들은 적이 없으며, 다만 두려운 책임을 지고 홀로 걷습니다.

믿음의 기사, 그는 자기 자신만을 향합니다. 그는 다른 사람에게 자신을 이해시킬 수 없는 고통을 느낍니다. 다른 사람을 인도하려는 헛된 바람을 갖지 않습니다. 이 고통이 그의 추방(Forvisningen)입니다. 그는 헛된 바람을 모릅니다.―그런데도 그의 영혼은 진지합니다. 거짓 기사는 한순간에 습득한 전문적 지식(expertise)으로 자신을 배신합니다. 그는 문제가 무엇인지 파악하지 못합니다. 다른 개인이 같은 길을 가는 한, 그도 똑같은 방법으로 단독자가 되어야 합니다. 그때 그는 어떤 충고도 얻을 수 없지요. 참견하려는 어떤 사람의 충고도 필요가 없습니다. 그는 이런 것을 파악하지 못합니다.

여기에서 다시, 오해의 순교를 견딜 수 없을 때, 사람은 이 길에서 벗어나 전문적 지식에 대한 세속적 찬양을 선택합니다. 진정한 믿음의 기사는 증인이지, 선생이 아닙니다. 여기에 깊은 인간성이 존재합니다. 이것은 동정의 이름 아래 찬양받는 다른 사람의 불행과 행복에의 사소한 참여보다 더 많은 것들이 깃들어 있습니다. 이런 참여는 반대로 허영에 불과함에도 찬양을 받습니다. 오직 증인이 되길 바라는 그는 가장 보잘것없는 사람조차도, 그 누구도 다른 사람의 참여가 필요하지 않다고 고백합니다. 혹은 다른 사람의 가치를 높이기 위해 그 누구도 가치가 떨어져서는 안 된다는 것이지요. 그러나 그가 얻은 것을 값싸게 얻지 않았기 때문에, 값싸게 팔지도 않습니다. 그는 사람들의 찬양을 받고, 그 대가로 그들을 은밀하게 경멸할 만큼 비열하지 않습니다. 그는 진정한 위대함이란 모든 사람이 똑같이 접근할 수 있어야 함을 압니다.

그러므로 하나님에 대한 절대적 의무가 존재하든가—그런 것이 존재한다면, 그것은 조금 전 서술했던 역설입니다. 단독자로서 단독자는 보편적인 것보다 높습니다. 그는 단독자로서 절대적인 것과 절대적 관계에 있습니다.—그렇지 않다면, 믿음은 존재한 적이 없었습니다. 왜냐하면 믿음은 언제나 존재했으니까요. 그렇지 않다면, 아브라함은 상실됩니다. 그렇지 않다면, 저 매력적인 주석가들이 해석했던 것처럼 누가복음 14장의 이 구절을 해석해야 하고, 똑같은 방법으로 동일하게 유사한 구절들[29]을 설명해야 합니다.

참고 자료

1 이 부분은 다음을 참고하라. 루소의 《에밀》
   "주위에서 수행할 가치가 없는 의무를 멀리 책에서 찾은 국제적 사람들에게 의존하지 말라. 이웃을 사랑하는 것에서 벗어나기 위해 타타르인을 사랑하는 철학자들이 그곳에 있다."
   여기에서 루소는 남아프리카인의 카피족을 언급한 것이 아니라, 중앙아시아인인 타타르족을 언급한다. 여기에서 '타타르'라는 이름은 중세 말장난에서 유래한 것으로, 그에 따르면 사람들은 지옥을 뜻하는 그리스어인 타르타로스에서 유래했다고 한다. 그에 따르면 이 말은 '지옥'을 뜻한다.

2 동일한 단위로 측정할 수 없는 것, 비교할 수 없는 것을 의미함.

3 다음을 참고하라. Hegel, Wissenschaft der Logik, Erster Theil, Die objective Logik, Zweites Buch, II, 3, C, Werke, IV, pp. 177-83; J.A., IV, pp. 655-61; Hegel's Science of Logic (tr. of W.L., Lasson ed., 1923), tr. A. V. Miller (New York: Humanities Press, 1969), pp. 523-28; Hegel, Encyclopädie, Logik, para. 140, Werke, VI, pp. 275-81; J.A., VIII, pp. 313-19; Hegel's Logic, pp. 197-200.
   또한 다음을 보라. Either/Or, I, KW III(SV I, pp. v-vi).

4 다음을 참고하라. W. G. Tennemann, Geschichte der Philosophie, I-XI (Leipzig: 1798-1819; ASKB 815-26), I, p. 106.
   피타고라스학파는 전적으로 만족한 것은 아니어도, 이런 구별을 위한 많은 추론을 하였다. 홀수는 연속적으로 숫자 1에 다음 수를 더하면 제곱수(정사각형 수)가 된다. 숫자 2에 더해진 수들은 '직사각형(oblong)' 수가 된다. 전체 우주는 숫자 1과 동일하다. 짝수는 "제한이 없다." 따라서 끝이 없고(텔로스가 없다) 불완전하다.
   또한 다음을 보라. JP V 5616 (Pap. IV A 56).

5 키르케고르에게, 믿음은 두 번째 직접성, 반성 이후의 직접성이다. 다음을 참고하라.

Stages, KW XI (SV VI 372); Postscript, KW XII (SV VII 301 fn); Works of Love, KW XVI (SV IX 342-43); JP 1123 (Pap. VIII1 A 469) 그리고 pp. 594-95; VII, pp. 48-49, 90.

6   다음을 참고하라. Hegel, Encyclopädie, Logik, para. 63, Werke, VI, pp. 128-31; J.A., VIII, pp. 166-69; Hegel's Logic, pp. 97-99, 특별히 p. 99를 보라.
"여기에서 믿음 혹은 직접적 지식이라고 부르는 것은 영감, 마음의 계시, 본래 인간에게 내재된 진리들, 이른바 건강한 이성이나 상식과 동일하다. 이러한 모든 형태는 그들의 주된 원리로 직접성을 받아들이는 데 동의한다. 혹은 진리들의 사실이나 본체가 의식 속에 제시되어 있다는 자명한 방법을 받아들이는 데 동의한다."
또한 다음을 보라. Hegel, Philosophische Propädeutik, para. 72, Werke, XVIII, p. 75; J.A., III, p. 97. JP I 49; II 1096 (Pap. V A 28; I A 273); 키르케고르의 일기는 헤겔의 자료를 포함하고 있다.

7   이 부분은 헤겔 철학을 비판한 것으로, 보편적인 것과 절대적인 것을 동일시하는 것과의 차이를 구분하려는 것처럼 보인다.

8   요한복음 6:60, "제자 중 여럿이 듣고 말하되, 이 말씀은 어렵도다. 누가 들을 수 있느냐 한대"

9   다음을 보라. C. G. Bretschneider, Lexicon Manuale Greaeco-Latinum in Libros Novi Testamenti, I-II (Leipzig: 1829, ASKB 73-74), II, p. 87.

10   이 부분은 누가복음 14:28~30을 언급한 것이다. "너희 중에 누가 망대를 세우고자 할진대 자기의 가진 것이 준공하기까지에 족할는지 먼저 앉아 그 비용을 계산하지 아니하겠느냐? 그렇게 아니하여 그 기초만 쌓고 능히 이루지 못하면 보는 자가 다 비웃어 이르되 이 사람이 공사를 시작하고 능히 이루지 못하였다 하리라."

11   이 언급은 그 당시에 이 본문에 대한 독해와 해석에 대해 비판한 것으로 보인다.

12   마태복음 19:4-6, "예수께서 대답하여 이르시되 사람을 지으신 이가 본래 그들을 남자와 여자로 지으시고 말씀하시기를 그러므로 사람이 그 부모를 떠나서 아내에게 합하여 그 둘이 한 몸이 될지니라 하신 것을 읽지 못하였느냐? 그런즉 이제 둘이 아니요 한 몸이니 그러므로 하나님이 짝지어 주신 것을 사람이 나누지 못할지니라."

13   이 부분은 창세기 4:2~16을 말한다. 가인은 실제로 동생 아벨을 미워하여 죽였다.

14   조율의 22번 미주를 참고하라.

15   특히 중세 시대에 미혼의 젊은 여성들이 머물며 일할 수 있었던 특별한 집이나 방을 의미한다.

16   '고립된', '물러난,' '조용한' 등의 의미를 지닌다.

17 요하네스 드 실렌티오는 아브라함이 30세의 나이에 결혼한 것으로 계산하고 있다. 그리고 이삭은 아브라함이 100세에 낳았다.

18 예비적 토로의 미주 19번을 참고하라.

19 특정 모음 소리를 나타내는 역할도 할 수 있는 특정 히브리어 자음을 암시한다. 이 부분은 키르케고르가 다음을 인용하였다. Jacob Christian Lindberg, Hovedreglerne af den hebraiske Grammatik (2 ed., Copenhagen: 1835; ASKB 989), pp. 8, 17-18. 또한, 루트비히 베투스 마이어의 『외국어 사전』(코펜하겐: 1837)의 해석을 따른 것이다. 마이어의 해석에 따르면, 이러한 자음은 자음으로 들리거나, 묵음으로 들릴 수 있다. 그것은 표시된 모음에서 '안식(휴식)'[hvile]하는 동안, 자음으로 소리가 나지 않는 상태로 남는다.

20 Fabius Maximus(d. 203 B.C.)이다. 기원전 217년에 그는 한니발과 싸웠다. 꾸물거리는 자(Cunctator, 라틴어, 지연시키는 자)라고 불리었다. 왜냐하면 한니발 군대를 괴롭히지만 전투에는 참여하지 않는 그의 고의적인 전술 때문이다.

21 이사야 41:8, "그러나 나의 종 너 이스라엘아 내가 택한 야곱아 나의 벗 아브라함의 자손아"
야고보서 2:23, "이에 성경에 이른 바 아브라함이 하나님을 믿으니 이것을 의로 여기셨다는 말씀이 이루어졌고 그는 하나님의 벗이라 칭함을 받았나니"

22 덴마크어 Du는 이인칭 단수로 가까운 친구나 가족을 지칭할 때 사용된다.

23 마태복음 6:34, "그러므로 내일 일을 위하여 염려하지 말라. 내일 일은 내일이 염려할 것이요, 한 날의 괴로움은 그날에 족하니라."

24 이후에 삭제된 본문은 다음을 참고하라. 최종본에서 삭제된 것;
믿음의 역설적 고립을 망령되이 일컫는 누구나 믿음의 기사가 아니라 흥정을 원했던 시몬이다.(행8:9-24) 괴로움, 고통, 불안—이것이 증거(verification)이다. 사람이 성급하게 시작하지 못하게 하는 것이 구원하는 요소이다. 성급하게 시작하는 자마다 자신을 파멸시킬 것이다. 따라서 사람들을 분주하게 하여 그런 불행한 사람들이 자신의 눈앞에서 파멸되게 하는 어리석은 거만함을 조용히 포기시킬 수 있다. 그가 자신 안에서 파멸된다면, 그들의 형벌은 아이의 놀이에 불과하다. 동양에 폐위된 술탄에 대한 이야기가 있다. 그는 감옥에서 환상적인 새의 도움으로 어떻게 빠져나갈 수 있을지 앉아서 생각만 하고 있었다. 그는 이 새에 대하여 놀라운 일들을 들었다. 그 새가 창문으로 다가와, 그의 터번에 있던 무슬림 밴드를 가져갔다. 새는 그것을 술탄이 앉을 수 있는 훌륭한 마차로 바꾸었다. 그는 창문으로 가서 이미 한 발을 마차에 딛고 있을 무렵, 새가 말한다. "안으로 들어오세요. 다만 이 말을 큰 소리로 명확하게 반복하세요. '하나의 신인 위대한 코코필레소베(Kokopilesobeh)의 이름으로, 여기에서 헤락(Herak)으로 여행할 수 있기를 소원합니다.'" "당신은 무슨 말을 하고 있나요?" 공포에 질려 Ali-Ben-Giad가 소리쳤다. "유일한 신이 있고 모하메드는 선지자입니다." 즉시, 마차는 사라졌다. 그리고 그는 떨어져서 죽었다.─보라, 그는 정확하게 예상하지 못했다.

여백에서: Cf. Blaue Bibliothek, VI, p. 269. ─Pap. IV B 96:5 n.d., 1843

25 특정 견해를 가진 사람들의 그룹과 관련이 있음. 특히 종교와 관련된 교단을 지지하는 사람.

26 Jakel은 야곱(Jacob)의 약칭이다. 메스터 자켈은 코미디극에 자신의 이름을 부여한 농부이자 광대 캐릭터이다. 이것은 Dyrehavsbakken에서 있었던 손으로 조작하는 작은 꼭두각시극이었으며, 그 당시에 인기 있는 오락 중의 하나였다. 자켈 코미디는 다른 나라의 인형극과 비슷하지만 Dyrehavsbakken에서 공연을 한 Jørgen Qvist(1811년 사망)의 덴마크 판이 시작된 것이다.

27 Stokkemændene i Gulddaasen(굴다센의 법정 증인)이라는 말은 법적 절차를 모니터링하고 보증하는 임무를 맡은 4명 혹은 8명의 법적 증인을 가리키는 법정 용어이다. 다음 자료를 참고하라. Christian Olufsen, Gulddaasen, II, 10 (Copenhagen: 1793), p. 64.

28 예를 들어, 올림포스 신들에게 패권을 다투는 전투에서 패한 그리스의 신화의 타이탄과 같다.

29 이 부분은 신명기 13:6-10, 33:9 마태복음 10:37, 19:29를 말한다. 최종본은 병행구절로 고린도전서 7:11절을 갖고 있다.

30 이 부분에 대해서는 다음을 참고하라. Immanuel Kant, Foundation of the Metaphysics of Morals, tr. Lewis White Beck (Indianapolis: Bobbs-Merrill, 1969), pp. 25, 51, 58. 《윤리형이상학 정초》 백종현 역 (파주: 아카넷, 2021), 146, 182, 191-2.
복음서의 거룩하신 자도 그분이 그 자체로 인식되기 전에 도덕적 완전성의 우리의 이상과 비교되어야 한다. 그분도 자신에 대해 "왜 (너희가 보고 있는) 나를 선하다 하느냐? (너희가 보지 못하는)하나님 한 분을 제외하고 누구도 선하지 않다(선의 원형)." 라고 말한다. 그러나 우리는 최고선으로서 하나님의 개념을 어떻게 갖게 되었을까? 유일하게 이성이 선험적 관념(a priori)을 형성하고, 분리할 수 없게 자유의지의 개념과 연관된 도덕적 완전성의 이념으로부터 나왔다.

우리가 지금 도덕성의 원리를 발견하기 위해 수행했던 모든 이전의 시도를 회상한다면, 왜 그러한 모든 노력들이 모두 실패할 수밖에 없었던가는 하나도 놀랄 일이 아니다. 사람들은 의무에 따른 법칙에 매일 수밖에 없음을 보았으나, 그가 보편적임에도 자신의 입법에 종속될 수밖에 없다는 생각까지는 미치지 못했다. 그는 자신의 의지를 따라 행위할 수밖에 없다. 하지만 이 의지는 당연히 보편적 법칙에 의해 제공된 의지로 기획되었다. 그를 법칙에 종속된 것으로 여긴다면(이것이 무엇이든), 그것은 필연적으로 복종으로서의 자극 혹은 억제로서의 어떤 관심을 암시한다. 왜냐하면 법칙은 그의 의지로부터 나타나지 않기 때문이다. 오히려, 법칙을 따르기 위해, 그의 의지는 어떤 방식에서 행위를 하기 위해 다른 것에 의해 억제된다. 하지만 이런 엄격하게 필연적인 결과에 의해, 의무를 위한 최고의 토대를 찾고자 하는 모든 수고는 실패로 끝나 회복할 수 없었다. 사람들은 의무에 도달한 것이 아니라, 어떤 관심에서 나온 행위의 필연에 도달한 것이었다. 이것은 자신의 관심이거나 타인의 관심일 수 있다. 그러나 어떤 경우이든 명령은 언제나 조건적인 것일 수밖에 없고, 도덕 명령으로나 쓸모가 없다. 그러므로 나는 이 원칙을 내가 타율(heteronomy)에 속하는 것으로 간주하는 다른 모든 것과 대비시켜, 의지의 자율(autonomy)의 원리라 부르고자 한다.

사물의 본질은 그것들의 외적인 관계에 의해 변화되지 않는다. 이런 관계에 대한 언급 없이도 인간은 그의 절대적 가치를 구성하고 있는 것에 의해서만 판단 받아야 한다. 그가 누구에 의해 판단을 받은 이것이 사실이다. 이것이 최고의 존재라 해도 말이다. 따라서 도덕성은 행위와 의지의 자율과의 관계, 의지의 준칙(maxims)에 의해 가능한 보편 법칙의 수립과 행위와의 관계이다. 의지의 자율과 양립할 수 있는 행위가 허용된다. 이것과 일치되지 않는 것은 금지된다. 자율의 법칙과 필연적으로 조화를 이루고 있는 의지가 거룩한 의지이거나 절대적으로 선한 의지이다. 단적으로 선하지 않는 의지가 자율의 원리에 의속함(도덕적 강요)이 책무이다. 그러므로 책무는 신성한 존재자와는 아무런 관련도 없다. 책무에 의한 행위의 객관적 필연성(객관적으로 필연적인 행위)을 의무라 일컫는다.

합리적 도덕성을 초월한 하나님에 대한 절대적 의무를 거부한 칸트의 견해는 피히테, 슐라이어마허, 헤겔에게도 다양하게 나타난다. 문제를 제기하면서, 요하네스 드 실렌티오는 그 시대의 우세했던 윤리적 사고를 반대한다.

문제 Ⅲ

PROBLEMATA

아브라함이 그의 시도를
사라에게, 엘리에셀에게, 이삭에게
숨긴 것은 윤리적으로 정당한가?

은폐와 폭로

그 자체로 윤리적인 것은 보편자(det Almene)입니다. 결국 보편자로서 폭로된 것입니다. 단독자는 직접적이고, 감각적이고, 심리적(정신적)인 것으로 규정되며, 은폐된 것입니다. 따라서 그의 윤리적 과제는 은폐에서 자신을 풀고 보편자 안에서 폭로되게 하는 것입니다. 그가 은폐된 것에 남고자 바랄 때마다, 죄를 범하게 되고 영적 시험에 빠집니다. 자신을 폭로함으로써만 그는 이 시험에서 나올 수 있지요.

다시 한번 우리는 같은 지점에 섭니다. 단독자로서 단독자가 보편자보다 더 높다는 사실에 근거를 두고 있는 은폐가 아니라면, 아브라함의 행위는 정당화될 수 없습니다. 왜냐하면 그는 윤리적 중개자(de ethiske Melleminstantser)를 무시했기 때문입니다. 그러나 그런 은폐(Skjulthed)가 있다면, 우리는 역설에 직면하게 되지만 이것은 매개될 수 없습니다. 역설은 다음과 같은 사실에 근거를 두고 있기 때문입니다.

단독자로서 단독자는 보편자보다 높지만, 보편자는 명확히 매개(Mediationen)**이다.**

헤겔 철학은 어떤 정당화된 은폐도, 어떤 정당화된 헤아릴 수 없는 것 (Incommensurabilitet)도 가정하지 않습니다. 헤겔 철학이 폭로를 요구하는 것도 일관성이 있습니다. 하지만 아브라함을 믿음의 조상으로 여기며, 믿음에 대하여 말하기 원할 때, 이 철학은 약간은 혼란스럽습니다. 믿음은 첫 번째 직접성이 아니라 이후의 직접성입니다.[1] 첫 번째 직접성은 심미적인 것입니다. 여기에서 헤겔 철학은 확실히 옳을 수 있습니다. 그러나 믿음은 심미적인 것이 아니거나, 믿음은 결코 존재한 적이 없었습니다. 왜냐하면 믿음은 언제나 존재했기 때문입니다.

이 지점에서 전체 문제를 순수하게 심미적으로 고찰하는 것, 저 끝에서 심미적인 탐구를 시작하는 것이 최고로 좋습니다.[2] 잠시나마 나는 온전히 여기에 집중하도록 독자를 초대하는 반면, 나는 이 주제를 해설할 작정입니다. 내가 여기에서 더 구체적으로 고찰하고자 하는 범주는 흥미로운 것(det Interessante)[3]입니다. 이 시대가 in discrimine rerum(역사의 전환점에) 있으므로, 특별히 지금, 이 범주가 중요해지는 것이지요. 실제로 이것은 전환점의 범주이기 때문입니다.

그러므로 때때로 일어나는 일이지만 이 범주를, 최선을 다해 사랑한 후에 너무 성장한 나머지 멀어졌다고 해서 그 범주를 경멸하여서는 안 됩니다. 또한 너무 탐을 내서도 안 됩니다. 한 가지는 확실하기 때문입니다. 즉, 흥미롭게 되는 것, 흥미로운 삶을 갖는 것은 어떤 손재주가 아니라 중대한 특권입니다. 이 특권은 영적인 세계의 모든 특권처럼, 오직 심각한 고통으로만 살 수 있는 것이지요.

예를 들어, 소크라테스는 지금까지 살았던 사람 중에 가장 흥미로운 사람이었습니다. 그의 삶은 역사상 가장 흥미로운 삶이었고요.[4] 그러나 이 존재가 신(Guden)에 의해 그에게 할당된 것이었습니다. 또한 그가 스스로 이 삶을 살아내야 했기에, 환난과 고통에 대해 문외한이 아니었습니다. 그런 존재를 헛되이 하는 것, 그것은 더욱 진지하게 이런 삶에 대해 생각하는 사람에게는 적합하지 않습니다. 그런데도 우리 시대에 그러한 노력의 예를 보는 것은 드문 일이 아닙니다.

게다가, 흥미로운 것은 어떤 경계 범주, 미학과 윤리학의 경계 영역(confinium)입니다. 따라서 이 시험은 언제나 윤리학의 영역으로 들어가야 하는 한편, 의미를 얻기 위해서는 미학적 열정과 욕망(Concupiscents)과 함께 이 문제를 파악해야 합니다. 요즘 윤리학과 이런 문제와 관련지으려는 것은 거의 보기가 드뭅니다. 그 이유는 체계(Systemet)[5]가 이 문제에 대한 여지를 남겨두지 않는 데 있습니다.

따라서 이것은 논문에서 다룰 수 있습니다. 게다가, 더 구체적으로 조사하기를 원하지 않는다면, 간단하게 만들 수 있고, 그런데도 같은 결과를 얻을 수 있습니다. 다시 말해, 서술어를 통제할 수 있다면, 한두 개의 서술어로 전체 세계를 드러낼 수 있기 때문입니다. 그렇다면, 체계 안에는 그런 작은 단어를 위한 여지가 있는 것 아닌가요?

아리스토텔레스는 그의 불후의 명작 『시학』에서 다음과 같이 말합니다.
"δυο μεν ουν του μυθου μερη, περι ταυτ᾽ εστι, περιπετεια και αναγνωρισις"
"플롯에는 반전과 인지라는 두 요소가 있다."(제11장 참고)[6]

물론 여기에서 나에게 관심이 가는 것은 두 번째 요소, 즉 인지(αναγνωρισις)[7]입니다. 인지에 대해 말할 수 있는 곳마다, 그 자체로 이전의 은폐가 존재합니다. 인식은 해방이고, 극적인 삶에서의 긴장을 푸는 요소인 반면, 은폐는 긴장을 만드는 요소입니다. 아리스토텔레스가 동일한 11장에서 비극의 다양한 장점과 관련하여 발전시킨 것, περιπετεια και αναγνωρισις carambolere[8](반전과 인지의 융합)과 관련하여 발전시킨 것뿐 아니라, 하나의 인지와 이중의 인지에 대하여 쓴 것이 있습니다.[9] 나는 다만 여기에서 그것을 다룰 수 없습니다. 아리스토텔레스의 말이 그 내면성과 심오함 때문에, 학자들의 피상적인 전지(omniscience)에 지친 사람들을 유혹한다고 하더라도, 나는 그럴 만한 여유가 없습니다. 나는 그냥 여기에 일반적인 해설을 하고자 합니다.

그리스 비극에서, 은폐(그리고 그 결과로써 인지)는 운명(Fatum)에 토대를 두고 있는 서사적 잔재입니다. 이 운명 속에서 극적인 행동은 사라지고, 은폐는 그 어둡고 신비적 기원을 갖습니다. 이것으로 인해, 그리스 비극은 눈이 없고, 시력을 상실한 대리석 석상의 운명과 동일한 효과가 있습니다. 그리스 비극은 눈이 멀었습니다. 따라서 이 비극에 올바로 영향을 받으면 어떤 추상성을 갖게 됩니다.

아들이 아버지를 죽입니다.[10] 그가 죽인 사람이 아버지라는 것을 죽인 후에야 알게 되지요. 누나는 동생을 희생 제물로 바치려 하지만 바로 그 결정적 순간에 동생임을 깨닫습니다.[11] 이런 비극은 반성적인 이 시대에 그렇게 많은 관심을 끌지 못했습니다. 현대극은 운명을 포기했습니다.[12] 극적으로 자기를 해방하였고, 시각적이 되었고, 자신의 내면을 응시했습니다. 극적인 의식 속에 운명을 집어넣었습니다. 은폐와 폭로는 영웅의 자유로운 행동이었습니다만, 그는 그 행동에 책임을 져야 합니다.

또한 인지와 은폐는 현대극의 필수 요소입니다. 예를 들자면 장황한 이야기가 될 것입니다. 나는 정중하게 다음과 같이 가정하렵니다. 우리 시대는 심미적으로 너무 도발적이고, 강력하고, 흥분되어 있습니다. 그리하여 이 시대의 모든 사람은 아리스토텔레스에 의하면, 마치 수컷의 소리를 듣거나 수컷이 암컷의 위로 날아가기만 하면 잉태한다는 자고새(메추라기)[13]만큼이나 쉽게 생각을 잉태합니다.—나는 '은폐'라는 단어를 듣기만 해도 모든 사람이 십여 편의 소설을 쓸 수도 있고, 그의 소매에서 희극을 쏟아낼 수 있겠다고 생각합니다.

따라서 나는 간단할 수 있고, 즉각적으로 일반적인 소견을 제시할 수 있습니다.[14] 숨바꼭질을 하면서 극적 재미를 더하는 사람이 극 중에 이스트(yeast, 하찮은 것)를 넣어 어떤 말도 안 되는 말을 숨기면, 우리는 코미디를 얻을 수가 있지요. 하지만 그가 극 중의 이념과 관련된 인물이라면, 비극적 영웅이 되는 데에 가까워질 것입니다.

여기에서 코믹한 것의 한 예를 인용하지요. 한 남자가 화장하고 가발을 씁니다. 이 남자는 꽤 괜찮은 이성의 마음을 사로잡고 싶습니다. 그리하여 그를 완전히 매력적으로 만들 화장과 가발의 도움으로 성공하리라 확신합니다. 그는 한 소녀를 사로잡았고 최고의 행복을 누립니다. 자, 이제 이야기의 핵심 지점에 이릅니다. 그가 자신의 기만을 인정한다면, 그의 모든 매력을 잃지 않을까요? 그는 평범하고, 심지어 대머리이기까지 한 것으로 자신을 드러낸다면, 이 때문에 애인을 잃지 않을까요?

은폐는 그의 자유로운 행위입니다. 미학은 또한 이런 은폐에 대한 책임을 그에게 묻습니다. 이런 종류의 지식은 대머리 위선자의 친구가 아니며, 그를 웃음거리로 만들어 버립니다. 이런 예는 단지 내가 의미하는 바를 암시하기에 충분할 뿐입니다. 코믹은 이 탐구를 위해 관심을 둘 만한 주제일 수 없습니다.

내가 가야 할 길은 변증법적으로 미학과 윤리를 통한 은폐를 추적하는 것입니다. 핵심은 미학적 은폐를 얻는 것이며, 역설은 미학과 윤리의 절대적 차이(absolute Forskjellighed)에서 나타나기 때문입니다.

사랑하는 남녀

몇 가지 예를 들겠습니다. 한 소녀가 남모르게 누군가와 사랑에 빠집니다. 서로는 아직 누구도 명확하게 이 사랑을 고백하지 않았습니다. 그녀의 부모는 다른 사람과 결혼하라고 그녀에게 강요합니다. (그녀 역시 딸다운 헌신이 동기가 될 수 있지요) 그녀는 부모의 말에 순종하여 자신의 사랑을 숨깁니다. "다른 사람이 불행해지지 않도록, 누구도 그녀의 고통을 발견하지 못하도록 말입니다." 사랑에 빠진 청년은 그의 소원의 대상, 불안한 꿈을 이루기 위해 한마디 말만 하면 됩니다. 그러나 이 작은 말이 온 가족을 위태롭게 할 수 있습니다. 아마도 (누가 알겠습니까?) 온 가족을 파멸에 이르게 할 수도 있지요. 그는 고상하게 숨기기로 결심합니다.

"이 소녀는 결코 알아서는 안 돼. 다른 사람과 행복하게 살아야 한다고."

여기 이 두 사람은 얼마나 가엾은지요. 서로 사랑함에도 서로에게 숨겨졌기 때문입니다. 그렇지 않다면, 주목할 만한 더 고차원적인 통일이 여기에서 일어날 수 있습니다. 그들의 은폐는 자유로운 행위입니다. 하지만 그들은 또한 이 은폐에 대하여 미학적으로 책임을 져야 합니다. 그러나 미학은 전당포보다 더 많은 출구를 알고 있는 예의 바르고 감성적인 종류의 지식입니다. 미학은 어떻게 했나요? 미학은 사랑하는 사람들에게 모든 것이 가능하게 합니다. 우연의 도움으로, 앞으로 있을 결혼에서 서로는 상대편의 관대한 결정에서 어떤 힌트를 얻습니다. 결국 사랑을 고백하게 되지요. 사랑하는 사람들은 서로를 얻고 신뢰할 만한 영웅들 사이에 자리가 생깁니다. 왜냐하면 그들이 영웅적 결단으로 인해 잠을 이룰 시간이 없더라도, 미학은 그들을 수많은 세월을 통해, 그들의 목적을 이루기 위해 용감하게 싸워 관철한 것으로 여기기 때문입니다. 당연히 미학은 시간에 대해서는 별로 관심이 없습니다. 농담이든 진담이든, 시간은 미학에게 그렇게 빠르게 지나가기 때문입니다.

그러나 윤리는 그런 우연이나 그런 감정에 대해 아무것도 모릅니다. 또한, 그런 시간에 대한 빠른 개념도 갖고 있지 않습니다. 이것은 이 문제를 보는 다른 모습을 제공합니다. 윤리는 논쟁하는 것을 좋아하지 않습니다. 왜냐하면 순수한 범주이기 때문입니다. 윤리는 모든 터무니없는 것 중에서 가장 터무니없는 것에 대한 것인 경험에 의존하지 않습니다. 사람을 현명하게 하는 것과 달리, 그가 그보다 더 고차원적인 것을 모른다면 윤리는 그를 미치게 합니다. 윤리는 우연에 대한 어떤 여지도 남겨놓지 않습니다.

따라서 윤리는 어떤 궁극적인 해명도 없습니다. 존엄성(Værdigheder)을 갖고 장난하지 않으며, 영웅의 연약한 어깨에 책임을 지웁니다. 윤리는 자신의 행위가 하나님의 섭리이기를 바라는 것을 건방진 일이라 비난합니다. 그러나 또한 그의 고난이 하나님의 섭리이기를 바라는 것도 비난합니다. 윤리는 현실을 믿으라고 제안하며, 자신의 책임으로만 떠맡은 나약한 고통보다 현실의 모든 고난과 싸울 용기를 갖도록 제안합니다. 윤리는 이해의 교활한 계산을 하는 믿음을 경고합니다. 그런 믿음은 고대의 신탁보다도 더 신뢰하기 어렵기 때문입니다. 어떤 잘못된 관대함에 대해서도 경고합니다. 현실이 그것을 다루게 하십시오. 이제 용기를 보여줄 때입니다. 하지만 윤리가 모든 수단을 동원해서 도와줄 것입니다.

한편, 두 사람 사이를 뒤흔드는 무언가 더 심오한 것이 있다면, 그리하여 시작하는 데 진지해진다면, 그들의 과업에 진지해져 시작하는 데 진지해진다면, 확실히 그때 무슨 일이 일어날 것입니다. 하지만 윤리가 그들을 도울 수 없습니다. 윤리는 실족합니다. 왜냐하면 그들은 윤리로부터 비밀을 지키고 있기 때문입니다. 그들이 자신의 책임으로 떠맡은 비밀입니다.

그때, 미학은 은폐를 요구하고 이에 보상했습니다. 윤리는 폭로(Aabenbarelse)를 요구하고 은폐를 처벌했습니다.

하지만 그때 미학 자체가 폭로를 요구합니다. 미적 착각의 먹이인 영웅이 자신의 침묵으로 다른 사람을 구원한다고 생각할 때, 침묵을 요구하고 이에 보상합니다. 그러나 영웅이 자신의 행위로 다른 사람의 삶에 해를 가할 때, 폭로를 요구합니다. 나는 이제 비극적 영웅에 이르렀고, 잠시 에우리피데스(Euripides)의 『아울리스의 이피게네이아』(Iphigenia i Aulis)[15]를 고찰해 보고자 합니다.

비극적 영웅

아가멤논은 이피게네이아를 희생하려고 합니다. 미학은 아가멤논의 침묵을 요구합니다. 영웅이 다른 사람에게 위로를 구하는 것은 합당하지 않기 때문입니다. 그는 가능하면 이 여성들을 배려하기 위해 그것을 숨겨야 할 것처럼 보입니다. 한편, 영웅이 되기 위해 영웅도 클리템네스트라(Clytemnestra)와 이피게네이아의 눈물이 만든 두려운 영적 시험을 받아야 합니다.[16] 미학은 어떻게 했나요? 미학은 출구가 있습니다. 미학은 클리템네스트라에게 모든 것을 폭로할 준비가 되어 있는 늙은 하인이 있습니다.[17] 자, 이제 모든 것은 정상입니다.

그러나 윤리는 어떤 우연도 없고 자신이 부릴 만한 늙은 하인도 없습니다. 미적인 사상은 현실에서 실행되자마자 모순이 발생합니다. 이런 이유로 윤리는 폭로를 요구합니다. 비극적 영웅은 자신이 미적 착각의 먹잇감이 아니므로, 이피케네이아의 운명을 그녀에게 알린다는 점에서 윤리적 용기가 있음을 입증합니다. 이것을 행한다면, 비극적 영웅은 윤리가 기뻐하는 사랑스러운 아들이 될 것입니다.[18]

그가 침묵한다면, 그로 인해 다른 사람들을 더욱 편안하게 해줄 것이라는 믿음이 있기 때문입니다. 그뿐만 아니라, 자신을 더욱 편안하게 해주기 때문이기도 합니다. 하지만 그는 이 두 번째 동기에 대서는 자유롭다는 것을 압니다. 그가 침묵한다면, 단독자로서 스스로 책임을 떠안습니다. 그것은 외부로부터 오는 어떤 논쟁도 무시했기 때문입니다. 비극적 영웅으로서 그는 이것을 할 수 없습니다. 왜냐하면 윤리는 그가 언제나 보편자를 표현한다는 바로 이런 이유로 그를 사랑하기 때문입니다. 그의 영웅다운 행위는 용기를 요구합니다. 그러나 이런 용기의 한 부분은 그가 어떤 논쟁도 회피하지 않는 데 있습니다.

자, 이제 눈물이 강력한 설득의 수단(argumentum ad hominem)이라는 점이 분명해졌습니다. 아무런 감동도 받지 못하는 사람도 눈물에 의해 감동할 수 있습니다. 이 연극에서, 이피케네이아는 울 수 있도록 허용됩니다. 현실의 삶에서, 그녀는 입다의 딸처럼[19] 두 달 동안 울 수 있도록 허용되어야 합니다. 그것도 홀로 우는 것이 아니라, 아버지의 발밑에서 말입니다. 그녀의 모든 기술을 다 활용한다 해도, "그것은 눈물뿐입니다." 그녀는 그의 발 주위에 올리브 가지를 휘감는 대신 자신을 휘감은 것이지요(1,224절을 보라).[20]

미학은 폭로를 요구하지만, 우연의 도움을 받습니다. 윤리는 폭로를 요구하고 비극적 영웅에게 이것이 이루어졌음을 발견합니다.

윤리가 폭로를 요구하는 이런 엄격함에도 불구하고, 비밀과 침묵이 사람을 더욱 위대하게 만든다는 것은 부인할 수가 없습니다. 왜냐하면 비밀과 침묵이 내면의 결단(Inderlighedens Bestemmelser)이기 때문입니다. 큐피드(Amor)[21]가 프시케(Psyche)를 떠날 때 그녀에게 말합니다.

"당신이 침묵을 지킨다면, 지금 당신의 배 속에 자라고 있는 아이는 신의 자녀가 될 것이오. 하지만, 이 비밀을 누설한다면, 인간이 되고 말 것이오."[22]

윤리가 가장 좋아하는 비극적 영웅은 순수한 인간일 뿐입니다. 나 역시 그를 이해할 수 있으며, 그가 하는 모든 일 역시 개방되어 있어 명백하지요. 더 앞으로 나아가다 보면, 나는 언제나 역설로서 신적인 것과 악마적인 것과 마주하게 됩니다. 왜냐하면 침묵은 이 둘 다이기 때문입니다. 침묵은 악마의 올무이며, 더욱 침묵할수록 악마는 더욱 끔찍해집니다. 그러나 침묵은 단독자와 하나님과의 상호 이해이기도 합니다.

아브라함의 이야기를 더욱 진전시키기에 앞서, 나는 몇 가지 시적 개성(poetiske Individualitete)을 언급하고자 합니다. 변증법의 힘으로, 나는 그들을 벼랑 끝에 두어 절망으로 채찍(Disciplin)을 휘두르고자 합니다. 그래야 그들이 가만히 있지 않도록 막을 수가 있습니다. 그렇게 함으로써 그들이 불안에 싸여 이런저런 일을 깨닫게 될지도 모릅니다.*

*이러한 운동과 자세는 아마도 미학적 치료의 대상이 될 수 있습니다만, 믿음과 전체 믿음의 삶이 어느 정도 그렇게 될 수 있는지는 나는 여기에서 미정으로 남겨둡니다. 하지만 내가 빚진 사람에게 감사하는 것이 항상 즐겁기 때문에, 『함부르크 연극론』(hamburgische Dramaturgie)²³에서 발견한 기독교 희극(drama)에 대한 몇 가지 암시에 대해 나는 레싱(Lessing)에게 감사할 뿐입니다. 그러나 그는 이런 삶(완전한 승리)의 순수하게 신적인 측면에 그의 시선을 고정했습니다. 따라서 그는 의심했습니다. 아마도 그가 순수하게 인간적인 측면을 더욱 알았더라면, 다른 판단을 했을 수도 있을 텐데 말입니다. (Theologia viatorum[나그네 신학]²⁴ 그가 말하는 것은 아주 간단하면서도 파악하기가 힘듭니다. 그러나 내가 레싱을 인용할 기회가 생겼을 때 언제나 행복하기에, 바로 인용하지요.

레싱은 독일이 낳은 이해력이 가장 뛰어난 사람 중의 하나일 뿐 아니라, 그의 지식을 명확하게 표현하는 보기 드문 사람입니다. 이런 능력으로 인해, 사람들은 그와 그의 분석(Autopsi)을 의지합니다. 출처가 불분명한 인용도, 신뢰할 수 없는 개요에서 뽑은 잘 이해가 안 되는 구문도 아무런 두려움 없이 사용합니다. 혹은 고대인들이 훨씬 더 잘 보여준 새로운 것에 대해 나팔을 분다 해도 속을까 두려워하지 않습니다. 그러나 레싱은 또한 그가 이해한 것을 설명할 줄 아는 가장 비범한 능력의 소유자입니다. 그런데도 그는 거기에서 중단했습니다. 우리 시대에 사람들은 더 앞으로 갑니다. 그리하여 자기들이 이해한 것보다 더 많은 것을 설명합니다.

아리스토텔레스는 그의 『정치학』(Politics)²⁵에서 결혼 문제에서 비롯된 델피의 정치적 혼란에 대한 이야기를 하고 있습니다. 점쟁이는 결혼을 하게 되면 재앙이 닥치리라 신랑에게 예언합니다. 신랑은 신부를 데려와야 할 결정적 순간에 갑자기 그의 계획을 취소합니다.—그는 결혼하기를 거부한 것이지요. 나는 이 문제를 더 이상 언급할 필요가 없습니다.*

*아리스토텔레스에 따르면 역사적 재앙은 다음과 같습니다. 복수를 위해 가족은 그의 부엌 식기 사이에 성전 그릇을 놓아두었습니다. 그는 성전 도둑놈으로 정죄를 받았습니다. 그러나 이것은 보잘것없는 문제이지요. 왜냐하면 이 문제는 가족이 복수한 것이 비범했는지 어리석었는지에 대한 것이 아니기 때문입니다. 이 가족은 영웅의 변증법을 이끌어냈다는 것만으로도 이상적 의의를 획득합니다. 게다가, 그가 결혼하지 않음으로써 위험을 피하려 할 때 바로 위험에 빠져들고 또한 그의 목숨이 이중적인 방법으로 신적인 것과 접촉하게 된다는 것, 이것이 운명입니다. 즉 처음에는 점쟁이의 말을 통해서, 그 다음에는 성전 강도라고 정죄를 받음으로써 신적인 것과 접촉하게 됩니다.

델피에서의 이 사건은 눈물 없이 지나가기가 어렵습니다. 시인이 이 사건을 활용하고자 한다면, 안전하게 동정에 의존할 수 있습니다.[26] 그렇게도 자주 인생의 망명자였던 사랑이 다시 하늘의 도움까지 박탈당하다니 이것이 두렵지 않을까요? 결혼은 하늘이 맺어준다고 하는 옛 속담이 있습니다.[27] 하지만 여기에서 이 속담은 거짓이 아닌가요? 일반적으로 악한 영처럼, 사랑하는 사람을 갈라놓으려는 온갖 유한한 곤경과 환난이 있습니다. 그러나 사랑은 자기편에 하늘이 있고, 따라서 이런 거룩한 동맹(denne hellige Alliance)[28]으로 모든 적을 정복합니다.

여기에서는 하늘이 합쳐놓은 것을 갈라놓는 것이 결국 하늘입니다. 누가 이런 일을 짐작이나 했겠습니까? 어떤 신부도 짐작하지 못했을 것입니다. 조금 전에 신부는 가장 아름답게 꾸미고 신부 방에 앉아 있었습니다. 그리고 사랑스러운 신부의 친구들은 조심스럽게 그녀를 꾸몄으며 온 세상이 그것을 지키게 하였습니다. 그들은 이에 따라 기뻐했을 뿐 아니라, 부러워하기까지 했습니다. 그렇습니다. 이 기쁨은 그들이 더 이상 부러워할 수 없는 기쁨이었지요. 왜냐하면 그녀는 더 이상 아름다워질 수 없었기 때문입니다.

신부는 홀로 신부 방에 앉았습니다. 더 이상 아름다워질 수 없을 만큼 변모되어 있었습니다. 왜냐하면 이용 가능한 온갖 여성적인 기술이 합당한 자에게 합당하게 꾸미는 데 사용되었기 때문입니다. 그런데도 아직 한 가지가 부족했습니다. 젊은 신부의 친구들은 결코 꿈도 꾸지 못한 것입니다.─ 면사포입니다. 더 가늘고 가벼우면서 더 은밀한 면사포. 신부의 친구들이 그녀를 감싼 것보다 더욱 은밀한 면사포 말입니다. 그것은 어떤 젊은 신부의 친구도 이에 대하여 알지 못했고, 그녀를 도울 수 없었던 신부의 드레스였습니다. 심지어 신부조차도 자신을 돕는 법을 알지 못했던 것이지요.

면사포는 눈에 보이지 않는, 친근한 힘이었습니다. 신부를 꾸미며 기쁨을 찾는 힘, 그녀도 모르게 그 속에 그녀를 감싸는 힘이었습니다. 왜냐하면 그녀가 보았던 모든 것은 성전에 올라가며 걸어가고 있는 신랑이었기 때문입니다. 그녀는 그의 뒤에서 문이 닫히는 것을 보았습니다. 더욱 차분해졌고, 더욱 행복해졌습니다. 왜냐하면 이전보다 더욱 그녀는 그가 자기의 소유라고 알았기 때문입니다. 성전의 문이 열리자, 그가 나왔습니다. 하지만 그녀는 수줍어 눈을 떨구었습니다. 그래서 그의 얼굴에 당황한 빛이 있었음을 보지 못했습니다. 그러나 그는 하늘이 신부의 아름다움과 그의 행복을 질투하고 있는 것을 보았습니다.

성전의 문이 열렸고, 젊은 신부의 친구들은 신랑이 나오는 것을 보았습니다. 그러나 그들은 그의 얼굴에 당황한 빛이 있었음을 보지 못했습니다. 왜냐하면 신부를 돌보는 데 분주했기 때문입니다. 그때, 신부는 처녀답게 앞으로 걸어 나왔습니다. 마치 왕비처럼, 신부의 친구들에 의해 둘러싸여 앞으로 나왔습니다. 젊은 소녀들은 언제나 신부에게 예의를 갖추듯 그렇게 그녀에게 예의를 갖추었습니다. 그리하여 신부는 이 아름다운 군중들 앞에

서서 기다렸습니다. 드디어 성전 문이 닫히는 순간이 왔군요. 신랑이 왔습니다. 하지만 그는 그녀의 문을 지나쳐 걸어가고 말았습니다.

그러나 나는 여기에서 멈춥니다. 나는 시인이 아닙니다. 그리하여 변증법적으로만 이 사건을 다룹니다.[29] 첫째, 이 영웅은 **결정적 순간**에 이 정보를 얻었다는 점에 주의하십시오. 따라서 그는 순수하고 악의가 없습니다. 경솔하게 애인과 결합하려고 한 것이 아닙니다. 둘째, 그는 자신 앞에 신적인 선언이 있었습니다. 더 정확히 말해, <u>그의 뜻과 반대되는 신의 뜻이 있었습니다.</u> 따라서 그는 변덕스러운 연애광이 궤변에 사로잡혀 고집스럽게 자기를 주장하는 것처럼 있는 것이 아닙니다. 물론, 저 증언이 신부만큼이나 그를 불행하게 합니다. 심지어 조금 더 불행하게 합니다. 왜냐하면 그가 그 사건의 장본인이기 때문입니다. 확실히, 점쟁이가 그에게만 불행을 예언한 것은 사실입니다. 하지만, 이 문제는 이 불행이 그에게 영향을 줄 때 또한 그들의 행복에 영향을 주는 그런 종류의 것이 아닌지에 대한 것입니다. 그는 지금 무엇을 해야 하나요?

1) 그가 침묵하고 결혼한다면, 다음과 같이 생각할 것입니다.

"아마도 불행은 곧바로 일어나지 않겠지. 어쨌든 나는 사랑을 간직했어. 불행해지는 것에 대해 두려워하지도 않았다고. 그러나 나는 침묵해야 해. 그렇지 않다면, 이 짧은 순간조차 잃어버릴 수도 있으니까."

이것은 겉보기에 그럴듯해 보이지만 결코 그렇지 않습니다. 저 경우에, <u>그는 그녀를 모욕한 것이기 때문입니다.</u> 어떤 의미에서 침묵함으로써 이 소녀를 죄를 짓게 만든 것입니다. 왜냐하면 그녀가 예언을 알았더라면, 확실히 그와 같은 결합에 동의하지 않았을 것입니다. 불행의 때에, 그는 불행을 견뎌야 할 뿐 아니라, **침묵한 것에 대한 책임**과, **침묵한 것에 대한 그녀의 의로운 분노에 책임**을 져야 합니다.

2) 그가 침묵하고 결혼하지 말아야 할까?

이 경우, 그는 그녀와의 관계에서 자신을 파괴하는 신비화(Mystification)의 상태로 들어가게 될 것입니다. 아마 미학은 이것을 승인할 것입니다. 그때 불행은 실제와 같은 방식으로 일어나고 말 것입니다. 마지막 순간에 어떤 설명이 있을 수 있겠지만, 일이 발생한 후에 나타나지요. 왜냐하면 이런 종류의 지식이 저 운명적인 예언을 취소할 수 있음을 알지 못한다면, **미학적 관점에서 보면 그가 죽는 것이 필연적이기 때문입니다.**[30] 그러나 이 행동이 아무리 고상해도, 이것은 이 소녀와 그녀의 사랑의 실제에 대한 모욕입니다.

3) 그는 말해야 하는가?

물론 우리의 영웅이 조금은 시적인 인물임을 잊어서는 안 됩니다. 따라서 그에게 사랑을 포기한다는 것은 단순히 실패한 거래같은 의미만 가지는 것이 아닙니다. **그가 말한다면,** 이 전체는 악셀(Axel) 과 발보르그(Valborg)처럼 불행한 사랑의 이야기가 되고 말 것입니다.*[31] 그들은 하늘이 갈라놓은 한 쌍의 연인이 되는 셈입니다.

---

*이 문제에 대해서 말하자면, 이 지점에서 다른 변증법적인 방향을 찾을 수도 있습니다. 하늘이 그의 결혼이 불행으로 끝날 것으로 예언합니다. 그래서 그는 소녀를 포기하지 않은

채 결혼하지 않고 지낼 수 있습니다. 하지만 이것은 소녀에 대한 모욕을 암시합니다. 그는 그녀를 위한 사랑에서 보편자를 표현하지 않았기 때문입니다. 그는 그녀와의 낭만적인 결합(en romantisk Forbindelse)[32] 속에 살아갈 수 있습니다. 어쨌든, 이것은 결혼을 옹호하는 시인과 윤리학자 모두를 위한 과제입니다. 만약 시(poetry)가 종교적인 것과 개성의 내면성을 알게 되었다면, 지금 시가 하고 있는 일보다 훨씬 더 중요한 과제를 얻었을 것입니다. 우리는 반복적으로 시에서 다음과 같은 이야기를 듣습니다.

"한 남자는 한 소녀와 인연을 맺어야 한다. 그녀는 그가 한때 사랑했거나 결코 적절하게 사랑하지 않는 사람이었다. 왜냐하면 그는 이상적인 다른 소녀를 보았기 때문이다. 남자는 삶에서 실수를 저지른 것이다. 이 길은 옳았으나 틀린 집으로 들어갔다. 왜냐하면 이상형은 그 길을 가로질러 2층에 살고 있었기 때문이다."

이것이 이 시를 위한 주제였습니다. 애인이 실수한 것이지요. 그가 인공적인 불빛으로 연인을 본 것이고, 그녀가 검은 머리를 가졌다고 생각했습니다. 하지만 보십시오. 더 가까이 보니 금발이었습니다. 그러나 그녀의 동생이 이상형이었습니다. 이것이 이 시를 위한 주제입니다. 내 생각에, 이와 같은 남자는 누구나 삶에서 참지도 못하면서 시에서 중요하게 만들고 싶어 하자마자 야유를 받으며 무대에서 즉시 퇴장해야 하는 라반(Laban)과 같습니다.[33] 단지 열정에 반한 열정(passion against passion)만 시적 충돌을 제공합니다. 동일한 열정 내부에 있는 잡다한 이런 소문, 야단법석이 아닙니다.

예를 들어, 중세 시대에 한 소녀가 사랑에 빠진 다음, 이 땅의 사랑이 죄라는 확신이 들어, 오히려 하늘의 사랑을 더 좋아했을 때, 이것은 시적 갈등입니다. 이 소녀는 시적입니다. 왜냐하면 그녀의 삶이 이상 속에 있기 때문입니다.

그러나 현재의 경우, 이렇게 갈라진 것은 조금 다르게 고려되어야 합니다. 왜냐하면 이것은 또한 개인의 자유로운 행위에서 비롯된 것이기 때문입니다. 이 사건의 변증법적인 큰 어려움은 불행이 오직 그에게만 들이닥쳐야 한다는 데 있습니다. 악셀과 발보르그처럼 그들은 자신의 고통에 대한 일반적인 표현을 얻을 수 없는 반면, 하늘은 악셀과 발보르그를 똑같이 갈라놓습니다. 왜냐하면 그들은 서로 똑같이 가깝기 때문입니다. 여기에서 이것이 사실이었다면, 거기에는 어떤 출구가 있었을 텐데 말입니다. 하늘은 그들을 갈라놓기 위해 눈에 보이는 힘을 사용하는 것이 아니라 그들에게 맡기므로 이 불행에 대해 하늘에 대항하기로 함께 결정했다고 상상할 수 있습니다.

그러나 윤리는 그가 말하는 것을 요구합니다. 그의 영웅심(Heltemod, 영웅주의)은 본질적으로 미적 자부심(Høimod)을 포기하는 데 있습니다. 하지만, 이 경우(in casu) 암묵적으로 숨겨진 허영이 주입되었다고 생각할 수 없습니다. 왜냐하면 그가 이 소녀를 불행하게 만든다는 것은 그에게 명백하기 때문입니다. 그러나 이 영웅심의 현실은 그가 전제조건(sin Forudsætning)을 갖고 있으며 그것을 초월했는지에 달려 있습니다. 그렇지 않다면, 우리 시대에 영웅이 넘쳐났을 것입니다. 중간에 있는 것을 뛰어넘고, 최고의 것을 만드는 속임수에서 놀라운 기교를 발전시킬 수가 있는 것이지요.

그러나 비극적 영웅 그 이상을 나아갈 수 없는데, 왜 이런 개요입니까? 왜냐하면 결국 이것이 역설에 대한 약간의 빛을 던질 수 있기 때문입니다. **모든 것은 관계에 달려 있으며,** 이 관계에서 어떤 식으로든 점쟁이의 발언이 신랑의 삶에 결정적인 영향을 끼칩니다. 이 발언은 publici juris(공적 문제)일까요, privatissimum(사적 문제)일까요?

이 장면은 그리스입니다. 점쟁이의 발언은 모든 사람이 이해할 수 있습니다. 나는 단독자가 내용을 어휘적으로 이해할 수 있을 뿐 아니라, 점쟁이가 하늘의 결정을 단독자에게 선포하고 있음을 이해할 수 있다고 생각합니다. 따라서 점쟁이의 발언은 영웅뿐 아니라 모든 사람이 이해할 수 있지요. 결국 이 발언은 신적인 것과의 어떤 개인적인 관계가 아닙니다. 그는 원하는 것을 할 수 있습니다. 예언하는 무엇이든 일어날 것입니다. 그는 그것을 행하거나 하지 않음으로써 신적인 것과 더욱 가까운 관계로 들어가지 않습니다. 그는 신적인 긍휼이나 진노의 대상이 되지 않습니다. 모든 개인은 영웅만큼이나 그 결과를 잘 이해할 수 있습니다. 영웅만 이해할 수 있는 어떤 비밀 암호는 없습니다. 그가 말하고 싶으면 그냥 말하면 됩니다. 자신을 이해시킬 수 있으니까요.

그가 침묵하고 싶다면, 그것은 단독자로서 보편자보다 더 높아지고 싶어 하기 때문이며, 그녀가 얼마나 빨리 이 슬픔을 잊을 것인지 등과 같은 온갖 종류의 공상적인 생각으로 자신을 기만하기 때문입니다. 그러나 하늘의 뜻이 점쟁이(예언자)에 의해 그에게 선포되지 않았더라면, 하늘의 뜻이 개인적으로 그의 지식이 되었더라면, 하늘의 뜻이 순수하게 그와 개인적 관계로 들어갔다면, **그때 우리는 역설에 직면하게 됩니다.** 조금이라도 이런 역설이 존재한다면(나의 고찰은 딜레마에 빠지고 때문에), 그가 아무리 말하고 싶어도, 말할 수가 없습니다. 그때, 그는 침묵을 즐기는 것이 아니라 고통을 당하지만, 이것은 그가 의롭다는 증거입니다.

그의 침묵은 단독자로서 그가 보편자(the universal)와 절대적 관계에 서고 싶어 했기 때문이 아니라, 단독자로서 절대자(the absolute)와 절대적 관계에 서려고 했기 때문입니다. 내가 상상할 수 있는 한, 그는 그곳에서 내적인 평안을 찾을 수 있는 반면, 그의 고상한 침묵은 언제나 윤리적인 것의 요구에 의해 방해를 받습니다. 미학은 수많은 세월 동안 끝났던 곳에서 자부심의 착각으로 다시 시작한다면, 이것이 전적으로 바람직한 일일 것입니다. 미학이 그렇게 하는 순간, 종교적인 것과 손에 손을 잡고 함께 일하게 될 것입니다. 이것이 윤리적인 것과의 싸움에서 미적인 것을 구할 수 있는 유일한 힘이기 때문입니다.

예를 들어, 엘리자베스 여왕은 에섹스(Essex)에 대한 사랑을 국가에 바치기 위해 그의 사형 집행에 서명했습니다.[34] 비록 그가 반지를 그녀에게 보내지 않았기 때문에 약간의 개인적인 원한이 있었지만, 이것은 영웅적인 행동이었습니다. 알려진 바와 같이, 그는 실제로는 반지를 보냈습니다만, 악의를 품고 기다리던 여성이 그것을 막았습니다. *ni fallor*(내가 착각하지 않았다면) 엘리자베스는 이 사실을 알게 되었고 열흘 동안 한 손가락을 입에 물고, 물어뜯고 한마디도 말하지 않고 앉아 있었다가 죽었다고 합니다.[35] 이것은 사람들의 비밀을 캐내는 방법을 아는 시인의 주제일 것입니다. 그렇지 않다면, 요즘 시인이 자주 자신을 혼란스럽게 하는 발레 대가에 의해 가장 잘 활용될 수 있지요.

아그네스와 인어

이제 나는 악마적인 것에 속하는 것들의 개요를 발전시켜 보겠습니다. 이를 위해 아그네스와 인어에 관한 전설을 사용할 수 있습니다.[36] 인어는 숨겨진 틈새에서 일어나 거친 욕망으로 해변에 서 있는 무고한 꽃을 사로잡아 꺾어 버리는 유혹자입니다. 그녀는 모든 아름다움으로 바닷가에 서 있었으며, 바다의 울음소리에 그녀의 머리를 조심스럽게 기울이고 있었지요. 이것이 지금까지 시인들의 해석이었습니다.[37]

이제 변화를 시도해 봅시다. 인어는 유혹자였습니다. 그는 아그네스를 불러들였고, 그의 유혹적인 말로 그녀 안에 숨겨져 있던 것을 끌어냈습니다. 아그네스는 인어에게서 자신이 찾고 있던 것, 바다 밑바닥을 내려다보며 찾고 있던 것을 발견했습니다.[38] 아그네스는 기꺼이 그와 함께 가기로 했습니다. 인어는 그녀를 품에 안습니다. 아그네스는 그의 목에 팔을 걸고 온 영혼을 다해 신뢰하며 더 강한 자에게 자신을 내맡깁니다.

그는 이미 해변에 서서 바다로 뛰어들어 전리품을 들고 뛰어내리기 위해 웅크리고 있습니다. 그때 아그네스는 두려운 것도 아니고 절망적이지 않고 자신의 행운을 자랑하지 않고 욕망에 취하지 않고 절대적인 믿음과 절대적인 겸손으로, 자신이 생각했던 비천한 꽃처럼 그를 다시 한번 바라보고 이 표정으로 자신의 모든 운명을 절대적인 자신감으로 그에게 맡깁니다.

자, 보십시오! 바다는 더 이상 포효하지 않고 거친 목소리가 고요해졌으며, 인어의 힘인 자연의 열정은 그를 버렸습니다. 거기에는 치명적인 고요함이 있습니다. 아그네스는 여전히 그를 이렇게 바라보고 있습니다. 그때 인어는 무너집니다.

그는 순수함의 힘(Uskyldens Magt)을 견딜 수 없습니다. 그의 본성이 그를 배신합니다. 그는 더 이상 아그네스를 유혹 할 수 없군요. 그는 그녀를 다시 집으로 데리고 갑니다. 바다가 잔잔할 때 얼마나 아름다운지 보여주고 싶었을 뿐이라고 설명했고 아그네스는 그를 믿습니다. 그런 다음 그는 혼자 돌아왔습니다. 바다는 거칠지만, 인어의 절망만큼 거칠지는 않습니다. 그는 아그네스를 유혹할 수 있고, 백 명의 아그네스를 유혹할 수 있고, 어떤 소녀라도 열광하게 만들 수 있지만, 아그네스가 이겼고 인어는 그녀를 잃었습니다.

그녀는 전리품으로만 그의 것이 될 수 있습니다. 그는 인어에 불과하기 때문에 어떤 소녀에게도 충실하게 자신을 바칠 수 없습니다. 나는 지금까지 내 마음대로 인어를 약간 변경했습니다.* 본질적으로 아그네스도 약간 변경했습니다. 왜냐하면 전설에서 아그네스는 죄책감이 전혀 없는 것이 아니기 때문입니다. 일반적으로 완전히, 완전히, 순수한(죄 없는) 유혹을 상상하는 것은 전혀 말이 안 되고 말장난에 불과하며, 여성에 대한 모욕입니다.

*이 전설은 또한 다른 방식으로도 다루어질 수 있습니다. 그가 전에 수많은 소녀를 유혹했다 해도, 이 인어는 아그네스를 유혹하기를 싫어합니다. 그는 더 이상 인어가 아닙니다. 혹은 이렇게 말해도 좋다면, 그는 한동안 바다 밑바닥에 앉아 있는 불쌍하고 가엾은 인어입니다. 그러나 사실 전설[39]이 우리에게 말해준 것처럼,[40] 그는 순진한(죄 없는) 소녀의 사랑에 의해 구원받을 수 있다는 것을 압니다. 그러나 그는 잘못된 양심을 갖고 있어, 감히 그들에게 접근하지 못합니다. 그러다 그는 아그네스를 봅니다. 밀물 속에 숨어 그는 이미 해변을 따라 방황하는 그녀를 여러 번 보았습니다.[41] 그녀의 아름다움과 조용한 자기 몰입에 사로잡히지만 그의 영혼은 거친 욕망이 아닌 슬픔으로 가득 차 있습니다. 인어의 한숨 소리가 밀물의 속삭임과 어우러질 때, 그녀는 가만히 서서 귀를 기울이고 꿈을 꾸며 자신을 망각합니다. 다른 어떤 여자보다 사랑스럽고 심지어 인어의 자신감을 불러일으키는 수호천사만큼이나 아름답습니다.

용기를 낸 인어는 아그네스에게 다가가 그녀의 사랑을 얻고 구원을 소망합니다. 그러나 아그네스는 조용하고 고요한 소녀가 아닙니다. 그녀는 바다의 포효를 즐겼습니다. 파도의 슬픈 한숨이 그녀에게 즐거움을 주었습니다. 이것은 그녀의 마음이 더욱 격렬해졌기 때문입니다. 그녀는 어디론가 떠나고 싶었고, 사랑하는 인어와 함께 무한한 바다로 거칠게 돌진하고 싶었습니다. 그래서 인어에게 불을 질렀던 것이지요. 그녀는 그의 겸손함을 경멸했고 이제 그의 교만이 깨어났습니다. 바다는 포효하고 파도는 거품을 일으킵니다. 인어는 아그네스를 품에 안고 함께 심연으로 뛰어듭니다. 그는 이 소녀에게서 그의 구원을 소망했기 때문에 그렇게 거칠고 욕망으로 가득 찬 적이 없었습니다. 곧, 그는 아그네스에 싫증이 났습니다. 그러나 누구도 그녀의 시체를 찾지 못했습니다. 그녀는 노래로 남자를 유혹하는 인어가 되었기 때문입니다.

나의 표현을 약간 현대적으로 만든다면, 전설의 아그네스는 흥미로운 것(det Interessante)[42]을 요구하는 여성입니다. 그런 사람은 항상 인어가 가까이에 있다는 것을 확신할 수 있습니다. 왜냐하면 인어는 눈을 반쯤 뜨고서도 이런 종류 사람을 발견할 수 있고, 먹이를 쫓는 상어처럼 그들을 쫓아 잠수하기 때문입니다. 따라서 소위 문화(Dannelse)[43]가 소녀를 유혹으로부터 보호한다고 말하는 것은 매우 어리석은 일이거나 아마도 인어가 퍼뜨린 소문

일 것입니다. 아니요, 인생(Tilværelsen)⁴⁴은 더 공정하고 공평합니다. 해결책은 단 하나뿐이며 그것은 순수함(innocence, Uskyld)⁴⁵입니다.

우리는 이제 인어에게 인간의 의식을 부여할 것입니다. 그가 인어라는 것이 인간의 선재(Præexistents)⁴⁶를 의미하게 할 것입니다. 그 결과 그의 삶은 덫에 갇혔습니다. 그가 영웅이 되는 것을 방해할 만한 아무것도 없습니다. 왜냐하면 그가 지금 내디뎌야 하는 발걸음은 화해이기 때문입니다. 그는 아그네스에 의해 구원을 받습니다. 이 유혹자는 무너지고 말았으며, 순수함의 힘에 굴복했으며 다시는 유혹할 수 없습니다. 그러나 즉시 두 개의 힘이 그를 놓고 다툽니다. 즉, 회개, 그리고 아그네스와 회개입니다. 회개만으로 그를 구한다면, 그는 숨겨집니다. 아그네스와 회개가 그를 구한다면, 그는 드러납니다.

그러나 이제 인어가 회개에 사로잡히고 숨겨졌다면, 그는 확실히 아그네스를 불행하게 할 것입니다. 왜냐하면 아그네스는 모든 순수함으로 그를 사랑했기 때문입니다. 그가 그녀에게 변한 것처럼 보였을 때조차도, 아무리 그가 그것을 잘 숨긴다고 하더라도, 그는 단지 바다의 아름다운 고요를 보여주고 싶었을 것으로 생각했습니다.

한편, 그의 열정 속에서 인어 자신은 더욱 불행해졌습니다. 왜냐하면 그는 더욱 복잡한 열정으로 아그네스를 사랑했고, 게다가 새로운 죄책감을 가져야 했기 때문입니다. 자, 이제 회개에서 악마적인 것은 아마도 이것이 진실로 그의 형벌이라고 설명할 것입니다. 회개가 그를 더욱 괴롭힐수록 더 좋습니다.

인어가 이 악마적 요소에 항복한다면, 아마도 악의 도움으로 사람을 구할 수 있는 것처럼 아그네스를 구하기 위해 다른 시도를 할 것입니다. 그는 아그네스가 자신을 사랑한다는 것을 알고 있습니다. 그가 아그네스로부터 이 사랑을 찢어 낼 수 있다면, 어떤 식으로든 그녀는 구원받을 것입니다. 하지만 어떻게 그럴 수 있나요? 인어는 솔직한 고백이 그녀의 혐오감을 불러일으킬 것으로 생각할 정도로 아주 현명합니다. 아마도 그는 그녀의 모든 어두운 열정을 선동하고, 그녀를 얕보고, 조롱하고, 그녀의 사랑을 우스꽝스럽게 만들 것입니다. 가능하다면 그녀의 자존심을 부추길 것입니다. 그는 고뇌를 아끼지 않을 것입니다.[47] 이것이 악마적인 것의 깊은 모순이기 때문에, 어떤 의미에서 피상적인 사람들보다 악마적인 것에 훨씬 더 많은 선이 있습니다.

아그네스가 이기적일수록, 더 잘 속게 될 것입니다(순수함을 속이는 것이 쉽다고 생각하는 것은 매우 경험이 없는 사람일 뿐입니다. 존재는 매우 심오하며 영리한 사람이 영리한 사람을 속이는 것이 가장 쉽습니다). 그러나 더 끔찍한 것은 인어의 고통입니다. 그의 속임수가 더욱 교활할수록, 아그네스는 자신의 고통을 부끄러워하며 숨기지 못할 것입니다. 그녀는 온갖 수단을 이용할 것이며 효과가 있을 것입니다. 즉, 그를 쫓아내는 것이 아니라 그를 괴롭히는 것입니다.

따라서 악마적인 것의 도움으로 인어는 단독자로서 보편자보다 높은 단독자가 될 것입니다. 악마적인 것은 신적인 것과 동일한 성질을 가집니다. 즉 단독자가 신적인 것과 절대적인 관계에 들어가는 것과 동일한 성질을 가지는 것이지요. 이것이 바로 우리가 말하는 역설에 대응하는 비유입니다. 따라서 오해의 소지가 있는 어떤 유사성이 있습니다. 따라서 인어가 침묵 속에서 겪는 모든 고뇌는 그의 침묵이 정당하다는 증거로 보입니다.

한편, 그가 말할 수 있다는 것은 의심의 여지가 없습니다. 그래서 그가 말한다면, 비극적인 영웅, 제 생각에는 웅장한 비극적 영웅이 될 수 있습니다. 무엇이 웅장함을 구성하는지를 이해하는 사람은 아마도 거의 없을 것입니다.* 그러면 그는 자신의 기술로 아그네스를 행복하게 만들 수 있다는 모든 착각을 버릴 용기를 갖게 될 것입니다. 인간적으로 말하자면, 아그네스를 짓밟을 용기를 갖게 되는 것이지요. 덧붙여서 여기서 한 가지 심리학적 언급을 하고 싶습니다. 아그네스가 더 이기적으로 발달할수록 자기기만은 더 눈부시게 드러날 것입니다.

*미학은 때때로 일반적인 놀이를 하는 방식으로 비슷한 상황을 처리합니다. 인어는 아그네스에 의해 구원받고, 모든 것이 행복한 결혼으로 끝납니다! 행복한 결혼 생활은 충분히 쉽습니다. 하지만 윤리가 결혼에 대해 말한다면, 그것은 다른 문제라고 생각합니다. 미학은 인어에게 사랑의 망토를 던지고 모든 것이 잊힙니다. 또한 결혼이 경매인의 망치가 떨어지면 어떤 상태이든 모든 것이 팔리는 경매와 같다고 믿는 것은 피상적입니다. 미학은 연인들이 서로를 찾는 것만 보고 나머지는 신경 쓰지 않습니다. 그 후에 무슨 일이 일어나는지 볼 수만 있다면 좋겠지만 그럴 시간이 없고 즉시 새로운 한 쌍의 연인을 때리기 위해 진행합니다. 모든 지식의 분야 중에서 미학은 가장 신실하지 않습니다. 정말로 미학을 사랑한 사람은 어떤 의미에서 불행해지지만, 그것을 사랑한 적이 없는 사람은 pecus[멍청한 짐승]로 남아 있습니다.

실제로 현실의 삶에서 인어의 악마적인 독창성이 인간적으로 말해 아그네스를 구원할 수 있을 뿐만 아니라, 그녀에게서 특별한 것을 이끌어 낼 수 있다고 상상할 수 있습니다. 악마는 가장 약한 사람에게서 힘을 빼앗는 방법을 알고 있으며 자신의 방식대로 사람에게 아주 좋은 의미가 될 수 있습니다.

인어는 변증법적인 정점에 서 있습니다. 그가 회개하면서 악마로부터 구원을 받는다면, 두 가지의 가능한 방법이 있습니다. 그는 주저하고 숨어 있을 수 있지만 그의 영리함에 의존하지 않을 수 있습니다. 그런 다음 그는 단독자로 악마적인 것과 절대적인 관계를 맺지 않고 하나님이 아그네스를 구원할 것이라는 반대역설에서 안식을 찾습니다. (이것은 아마도 중세 시대에 운동을 하는 방법일 것입니다. 그들의 개념에 따르면, 인어는 분명히 수도원으로 돌아왔기 때문입니다).

혹은 그는 아그네스에 의해 구원받을 수 있습니다. 이것은 아그네스의 사랑으로 그가 미래에 유혹자가 되는 것에서 구원받을 것이라는 의미로 해석되어서는 안 됩니다. (이것은 항상 주요 문제, 즉 인어 삶의 연속성을 회피하는 구원에 대한 미적 시도입니다) 이런 관점에서, 그는 구원받았습니다. 드러나는 한, 그는 구원 받았습니다. 그런 다음 그는 아그네스와 결혼합니다. 그러나 그는 역설에 의지해야 합니다. 다시 말해, 단독자가 자신의 죄책으로 보편자를 벗어났을 때, 그는 단독자로서 절대자와의 절대적 관계로 들어온 것에 의해서만 보편자로 되돌아올 수 있기 때문입니다. 이제 여기서 나는 이전에 말한 것보다 더 많은 것을 말하고자 합니다.*

*지금까지 저는 죄와 그 실체(Realitet)에 대한 언급을 교묘하게 피했습니다. 전체 작업의 중심은 아브라함이며, 나는 여전히 그를 직접적인 범주에 포함합니다. 내가 그를 이해할 수 있는 한, 그렇습니다. 죄가 나타나자마자, 윤리는 명확히 회개 때문에 무너집니다. 회개는 최고의 윤리적 표현이기 때문입니다. 그러나 명확히 그 자체로 회개는 가장 깊은 윤리적 자기모순입니다.

죄는 첫 번째 직접성이 아닙니다. 죄는 이후의 직접성입니다. 죄에서 단독자는 이미 보편자보다 (악마적인 역설의 방향으로) 더 높습니다. 왜냐하면 conditio sine qua non[필수 불가결한 조건]이 없는 사람에게 보편자를 요구하기를 바라는 것은 보편자 편에서의 모순이기 때문입니다. 다른 것들과 함께 철학이 사람의 머릿속으로 들어가서 그 가르침에 따라 행동하기를 원할 수도 있다고 생각한다면, 우리는 이상한 종류의 코미디를 보게 될 것입니다. 죄를 무시하는 윤리는 완전히 쓸모없는 학문이지만, 죄를 긍정한다면 그것은 스스로를 넘어선 것입니다. 철학은 직접적인 것(det Umiddelbare)은 지양되어야(ophæves) 한다고 가르칩니다.[48] 이것은 충분히 사실이지만, 믿음이 직접적인 것이 아닌 것처럼,[49] 죄도 즉시 직접적인 것은 아닙니다.[50]

내가 이 영역에서 활동하는 한,[51] 모든 것은 쉽습니다. 그러나 여기에서 말한 것 중에 어떤 것도 아브라함을 설명하지 못합니다. 아브라함은 죄로 인해 단독자가 되는 것이 아니기 때문입니다. 반대로, 그는 의로운 사람이요, 하나님의 선택받은 자였습니다. 아브라함에 대한 비유는 단독자가 보편적인 것을 성취할 수 있는 위치에 도달한 후에야 비로소 분명해지며, 이제 역설이 반복됩니다.

그러므로 나는 언어의 운동(Bevægelser)을 이해할 수 있지만 아브라함은 이해할 수 없습니다. 왜냐하면 언어가 보편자를 실현하고자 하는 지점에 도달하는 것은 역설을 통해 정확하게 이루어지기 때문입니다. 그가 숨겨진 채 회개의 모든 괴로움에 빠진다면, 악마가 되고 그 자체로 파멸되고 말 것입니다.

그가 숨겨져 있지만 회개의 속박에서 괴로워함으로써 아그네스를 자유롭게 할 수 있다고 현명하게 생각하지 않는다면, 그는 틀림없이 평화를 찾지만, 이 세상에서 길을 잃고 말 것입니다. 그가 드러난다면, 아그네스에 의해 구원받게 된다면, 그는 내가 상상할 수 있는 가장 위대한 인간입니다. 왜냐하면 탕자가 순수한(죄 없는) 소녀에게 사랑을 받아 그로 인해 구원받음으로써 사랑의 힘을 경솔하게 찬양하는 것은 미학뿐이기 때문입니다. 잘못 인식하고 인어가 아닌, 소녀가 영웅적 인물이라고 믿는 것은 미학일 뿐입니다.

그러므로 인어는 회개의 무한한 운동을 한 후에, 또 하나의 운동, 즉 부조리한 것의 도움을 받은 운동을 하지 않고서는 아그네스에게 속할 수 없습니다. 그는 자신의 힘으로 회개의 운동을 할 수 있지만, 또한 그것을 위해 절대적으로 모든 힘을 사용합니다. 따라서 자신의 힘으로 돌아와서 다시 현실을 파악할 수 없습니다.

두 가지 운동 중 하나를 만들기에 충분한 열정이 없다면, 그가 약간 회개하고 모든 것이 씻겨 나올 것으로 생각하면서 그의 삶에서 숨어버린다면, 그는 단번에 그 생각 속에 사는 것을 포기한 것입니다. 이런 식으로 그는 매우 쉽게 최고의 것을 달성하고 다른 사람들도 그것을 달성하도록 도울 수 있습니다. 즉, 만사가 마치 우연에 달린 것처럼, 우연에 달린 놀이[52]처럼 영의 세계에서도 마찬가지로 일이 일어난다고 생각하도록 자신과 다른 사람들을 속일 수 있습니다.

그때, 모든 사람이 최고의 것을 달성할 수 있는 그 시대에 영혼의 불멸에 대한 의심[53]이 얼마나 이상하게 만연한지를 생각하면 재미있을 것입니다. 실제로 무한의 운동을 했던 사람은 거의 의심하지 않았기 때문입니다. 열정의 결론은 유일하게 신뢰할 수 있는 결론, 즉 유일하게 설득력 있는 결론입니다. 다행히도 삶(Tilværelsen. 존재)은 현자가 주장하는 것보다 더 다정하고 충성스럽습니다. 왜냐하면 삶은 인간을 배제하지 않으며, 심지어 가장 비천한 자조차도 배제하지 않기 때문입니다. 삶은 누구도 속이지 않습니다. 영의 세계에서는 자신을 속이는 사람만이 속기 때문입니다.

수도원에 들어가는 것이 최고는 아니라는 것은 모든 사람의 의견이며,

내가 그것에 대해 판단을 내릴 수 있다면 그것은 또한 나의 의견입니다. 그러나 그렇다고 해서 아무도 수도원에 들어가지 않는 우리 시대에, 누구나 수도원에서 안식을 찾은 깊고 진지한 영혼보다 더 위대하다고 믿지는 않습니다. 우리 시대에 이것을 생각할 정도의 충분한 열정을 가진 자가 얼마나 많이 있을까요? 그때 자신을 정직하게 판단할 사람이 얼마나 많겠습니까?

이런 식으로 시간에 대해 양심적인 사상, 잠 못 이루는 경계로 모든 은밀한 단 하나의 생각을 면밀히 조사하는 데 시간을 할애하는 사상이 있습니다. 하지만 사람이 항상 자신의 가장 고귀하고 거룩한 것의 도움을 받아 운동하지 않는다면, 불안과 공포 속에서 모든 인간의 삶 속에 숨겨져 있는 암울한 감정을 발견하고* 끌어낼 수 있습니다. 다른 방법이 없다면, 불안을 통해서 말입니다.

*우리의 진지한 시대는 이것을 믿지 않지만, 이상하게도 본질적으로 더 무책임하고 덜 반성적인 이교도에서도 γνῶθι σαυτόν(너 자신을 알라)[54]라는 그리스 인생관의 두 진정한 대표자는 각각 자신의 방식대로 다음을 암시하고 있습니다. 즉, 자신에게 집중함으로써 가장 먼저 악에 대한 성향을 발견할 수 있다는 것이지요. 나는 피타고라스[55]와 소크라테스[56]를 생각하고 있다고 말할 필요가 없습니다.

반면, 다른 사람들과의 관계에서 이 감정을 쉽게 잊어버리고, 쉽게 회피하고, 수많은 방법으로 멈춰 섭니다. 새롭게 시작할 기회를 얻습니다. 나는 이 생각만으로도 이미 최고에 도달했다고 믿는 우리 시대의 많은 사람을 징계할 수 있다고 믿습니다. 그러나 최고에 도달했다고 믿는 우리 세대에서는 이런 것에 대해서는 별로 관심이 없지요. 사실 이 세대만큼 희극적인 것에 대해 자비를 베푼 세대는 없습니다.

우리 세대가 자연발생설(generatio æquivoca)[57]에 의해 시대의 영웅인 악마를 낳는 일이 이미 벌어졌다고 상상할 수 있습니다. 그는 무자비하게 전체 세대를 웃게 만들고 자신을 비웃고 있다는 사실을 잊게 만드는 끔찍한 연극 작품을 공연합니다. 스무 살에 이미 최고에 도달한 존재가 비웃음을 당하는 것 외에 어떤 다른 가치를 가질 수 있을까요? 그리고 수도원에 들어가는 것이 포기된 지금, 이 시대는 과연 무슨 더 고차원적인 운동을 발견했습니까?

명예의 자리에 앉은 것은 결국 비참한 세속적 지혜, 현명함, 어리석음 아닌가요? 이것들이 사람들이 가장 높은 것을 행했다고 생각하도록 비겁하게 속이고, 교활하게 더 낮은 것을 시도조차 하지 못하도록 막았습니다. 수도원 운동을 한 사람에게는 단 하나의 운동만 남았습니다. 즉, 부조리한 운동입니다. 우리 시대에 부조리가 무엇인지 이해하는 사람이 얼마나 될까요? 우리 시대에 모든 것을 포기했거나 모든 것을 받아들인 방식으로 살고 있는 사람이 얼마나 될까요? 얼마나 많은 사람들이 자신이 할 수 있는 일과 할 수 없는 일을 알고 있을 정도로 정직합니까? 그리고 그러한 사람들이 있다면 교육 수준이 낮고 부분적으로 여성들 사이에서 발견될 가능성이 가장 높다는 것이 사실이 아닙니까?

시대는 악마가 자신을 이해하지 못한 채 자신을 드러내는 것처럼 일종의 투시력(Clairvoyance)으로 그 결함을 드러냅니다. 왜냐하면 이 시대가 계속해서 희극적인 것을 요구하기 때문입니다. 이것이 실제로 이 시대가 필요했던 것이라면, 아마도 극장은 새로운 연극이 필요합니다. 이 연극을 통해 누군가의 사랑 때문에 죽어가는 것을 우스꽝스럽게 만듭니다. 혹은 그런 일이 우리 가운데서 일어난다면, 시대가 이런 사건을 목격한다면, 그것은 더 유익한 것은 아닌지요? 그래야 한 번이라도 정신의 힘을 믿을 용기를, 웃음을 통해 자신의 더 나은 면을 비겁하게 질식시키는 것을 멈출 용기를, 질투하며 다른 사람들 속에 있는 더 나은 면을 억누르는 것을 중단할 용기를 갖게 될 테니까요. 우리 시대가 웃을 거리를 찾기 위해 열광주의자의 우스꽝스러운 Erscheinung(모습)을 가질 필요가 있을까요? 혹은 그런 영감을 주는 인물이 잊힌 것을 상기시켜 주는 것이 오히려 더 필요하지 않을까요?

토비아와 사라

회개의 열정이 시작되지 않았기 때문에 비슷하지만, 더 감동적인 줄거리를 원한다면 토비트서의 이야기를 사용할 수 있습니다.[58] 젊은 토비아는 라구엘과 에드나의 딸인 사라와 결혼하기를 원합니다. 하지만, 이 소녀는 비극적인 배경을 가지고 있습니다. 그녀는 일곱 명의 남자와 결혼했는데, 그 남자들은 모두 신부 방에서 죽었습니다. 이 줄거리에서 이야기의 결점이 발견됩니다. 왜냐하면 그녀가 결혼에 매우 가까웠다가 일곱 번이나 실패한다는 것은 마치 시험에 일곱 번 낙방한 학생을 보는 것과 같은 코믹한 효과를 불러일으키기 때문입니다.

토비트서에서 강조점은 다른 곳에 있습니다. 이것이 높은 숫자가 중요하고 어떤 비극에 기여하는 이유입니다. 왜냐하면 어린 토비아의 관대함이 더 크기 때문입니다. 부분적으로는 부모의 외아들이기 때문이고(6:15),[59] 부분적으로는 끔찍한 측면이 더욱 두드러지기 때문이지요. 결과적으로 이것은 제쳐두어야 합니다. 따라서 사라는 한 번도 사랑을 해본 적이 없는 소녀입니다. 한 남자를, 온 마음을 다해 사랑할 수 있는 '행복에 대한 전적인 보증서(Vollmachtbrief zum Glücke)'이며,[60] 인생에 대한 엄청난 우선채무(Prioritets Obligation)[61]을 가진 소녀요, 보물 같은 존재입니다. 말하자면, 온 마음을 다해 한 남자를 사랑할 수 있는 능력을 지닌 것이지요.

그러나 그녀는 자신을 사랑하는 사악한 악마가 결혼식 밤에 신랑을 죽이리라는 것을 알고 있기 때문에 누구보다 불행합니다. 나는 많은 슬픔에 대해 읽었지만, 이 소녀의 삶만큼 깊은 슬픔을 찾을 수 있을지 의심스럽습니다. 그러나 불행이 외부에서 온다면, 그래도 위로를 찾을 수 있지요. 삶이 사람을 행복하게 할 수 있는 것을 제공하지 않았더라도, 그가 그것을 받을 수 있었다는 것을 아는 것은 여전히 위로가 됩니다. 그러나 아무리 시간이 흘러도 쫓아낼 수 없고, 아무리 시간이 지나도 치유할 수 없는 슬픔, 즉 삶이 모든 것을 해준다 해도 아무런 도움이 되지 않는다는 것을 아는 것, 이것은 얼마나 헤아릴 수 없는 슬픔입니까! 그리스 작가가 다음과 같이 말할 때 그의 단순한 순진함 속에 무한히 많은 것을 숨기고 있습니다.

πάντως γὰρ οὐδεὶς Ἔρωτα ἔφυγεν ἢ φεύξεται, μέχρι ἂν κάλλος ᾖ καὶ ὀφθαλμοὶ βλέπωσιν[사랑을 온전히 벗어날 수 있는 어떤 것도 아직 없었다. 아름다움이 존재하는 한, 눈이 볼 수 있는 한 절대 없을 것이다.](참고. Longi Pastoralia)[62]

많은 소녀가 사랑에 불행해졌지만, 그런데도 그녀는 이미 불행했습니다. 사라는 불행해지기 전에 이미 불행했습니다. 자신을 바칠 수 있는 사람을 찾지 못하는 것도 슬프지만, 자신을 바칠 수 없는 것은 말할 수 없을 정도로 슬픈 일입니다. 한 어린 소녀가 자신을 바치면 그 소녀는 더 이상 자유롭지 못하다고 말합니다. 그러나 사라는 절대 자유롭지 않았고, 자신을 바친 적도 없었습니다. 소녀가 자신을 바치고 속는 것은 슬픈 일이지만, 사라는 자신을 바치기 전에 속았습니다.

토비아가 드디어 결혼하게 되면 얼마나 슬픈 세상이 펼쳐질까요! 무슨 결혼식 준비이며, 이것이 도대체 무슨 예식입니까! 사라처럼 사기를 당한 소녀는 없었습니다. 왜냐하면 그녀는 가장 가난한 처녀조차도 소유한 최고의 행복, 절대적인 부유함에서 사기를 당했고, 보장되고 무한하고 속박되지 않고 억제되지 않은 헌신에서 사기를 당했기 때문입니다. 뜨거운 숯불 위에 물고기의 심장과 간을 놓을 때 연기가 먼저 발생해야 하기 때문입니다.[63]

어머니는 딸을 어떻게 떠나야 할까요? 자신이 모든 것을 사기당한 것처럼, 딸은 가장 아름다운 것을 위해 어머니를 사기 쳐야 합니다. 하지만 이야기를 읽어보십시오. 에드나는 방을 준비하고 사라를 안내하여 방으로 들어가 울었고 딸의 울음을 받아들였습니다. 그리고 그녀는 딸에게 말했습니다.

"내 아이야, 마음을 다잡아라. 하늘과 땅의 주님께서 너의 슬픔을 기쁨으로 바꾸어 주실 것이다! 딸아, 마음을 다잡아라."

이제 결혼식 때가 올 것입니다. 우리는 눈물을 흘리며 이 글을 읽습니다. 그러나 문이 닫히고 두 사람이 함께 있을 때 토비아가 침대에서 일어나 말했습니다.

"여보, 일어나시오. 우리 주님께 기도드리며 우리에게 긍휼하기를 간구합시다."(토비트서 8:4)[64]

시인이 이 이야기를 읽고 사용한다면, 모든 것을 어린 토비아에 초점을 맞출 것으로 100대 1로 내기할 것입니다. 결혼식 다음 날 아침 라구엘이 에드나에게 "하녀 중 한 명을 보내서 그가 살아 있는지 확인하게 하고, 만약 살아 있지 않다면 아무도 모르게 묻을 수 있게 하라(8:13 참고)"[65]라고 말하는 장면에서 다시 한번 알 수 있듯, 이 이야기가 우리에게 다시 한번 상기시키는 영웅주의(Heltemod)였습니다.

나는 다른 것을 제안합니다. 토비아는 용감하고 단호하고 기사도적으로 행동하지만, 그럴 용기가 없는 사람은 사랑이 무엇인지, 남자가 된다는 것이 무엇인지, 무엇을 위해 살 가치가 있는지 모르는 겁쟁이입니다. 그는 주는 것이 받는 것보다 낫다[66]는 작은 신비조차 이해하지 못합니다. 그에는 주는 것보다 받는 것이 훨씬 더 어렵다는 큰 신비에 대한 어떤 암시도 없습니다. 즉, 살아낼 용기가 있고 그리하여 고통의 때에 겁쟁이가 아님을 승명할 수 있는 신비 말입니다.

아닙니다. 사라야말로 영웅적인 인물입니다. 내가 읽은 어떤 여자에게도 접근해 본 적이 없고 접근하고 싶다는 생각에 유혹을 받은 적도 없기 때문에 그녀는 내가 접근하고 싶은 인물입니다. 처음부터 아무 죄도 없는데 손상되었다면, 처음부터 불행한 인간의 본보기였다면, 치유받기 위해 도대체 하나님 사랑이 얼마나 필요한가요! 사랑하는 사람에게 그토록 위험한 일을 하도록 허용하는 책임을 스스로 맡는 것은 얼마나 윤리적 성숙이 필요합니까! 다른 사람 앞에서 얼마나 큰 겸손입니까! 그녀가 바로 다음 순간에 모든 것을 빚진 남자를 미워하지 않기 위해 얼마나 큰 하나님에 대한 믿음이 있어야 하나요!

사라가 남자라고 상상해 보십시오. 악마적인 것이 즉시 나타납니다. 교만하고 고귀한 본성은 모든 것을 견딜 수 있습니다. 그러나 견딜 수 없는 한

가지, 즉 동정심을 견딜 수 없습니다. 그 안에는 더 높은 힘에 의해서만 사람에게 가해질 수 있는 굴욕이 있습니다. 그는 결코 스스로 그 대상이 될 수 없기 때문입니다. 죄를 지었다면 절망하지 않고 형벌을 견딜 수 있지만, 어머니 뱃속에서부터 죄책감이 없는데도 동정의 제물이 되어 콧구멍에 달콤한 향기를 풍기는 것은 견딜 수 없는 일입니다.[67]

동정심에는 흥미로운 변증법이 있습니다. 그것은 한순간 죄책을 요구하고 다음 순간 그것을 거부합니다. 이것이 개인의 불행이 영적인 것을 지향할수록 동정심이 점점 더 무서워지는 이유입니다. 그러나 사라는 죄책이 없습니다. 모든 고통의 먹잇감으로 던져진 후, 인간의 동정심에 의해 고통받아야 합니다. 토비아가 그녀를 사랑하는 것보다 그녀를 더 존경하는 나조차도 "불쌍한 소녀여!"라고 말하지 않고는 그녀의 이름을 언급할 수 없습니다.

셰익스피어의 글로스터

사라의 입장이 된 남자를 상상해 보십시오. 그가 여자를 사랑하면 지옥의 영이 와서 결혼식 날 밤에 사랑하는 사람을 죽인다는 것을 알게 해주십시오. 그는 아마도 악마적인 것을 선택하고, 스스로를 가두고, 악마의 본성이 은밀하게 말하는 방식으로 말할 것입니다.

"고맙습니다. 나는 의식과 복잡함의 친구가 아닙니다. 나는 실제로 파란 수염 기사(Blaubart)[68]가 될 수 있고 결혼식 밤에 처녀들이 죽는 것을 보는 기쁨을 가질 수 있기 때문에 사랑의 기쁨을 전혀 요구하지 않습니다."

일반적으로 악마적인 것이 특히 우리 시대에 발견되어야 할 타당한 요구를 갖는 주제일지라도, 관찰자가 악마적인 것과 접촉하는 것에 대해 알고 있고, 적어도 순간적으로 거의 모든 사람을 사용할 수 있음에도 불구하고, 우리는 악마적인 것에 대해 거의 알지 못합니다. 셰익스피어는 이 점에서 영웅이며 앞으로도 항상 영웅으로 남을 것입니다. 셰익스피어가 묘사한 가장 끔찍한 악마이자 무력한 인물로 묘사된 글로스터(리처드 3세 이후)는 무엇이 그를 악마로 만들었을까요? 분명히 어린 시절부터 그에게 쌓인 동정심을 견디지 못한 것이 분명합니다. 「리처드 3세」[69]의 1막에서 그의 독백은 존재의 공포나 설명이 전혀 없는 도덕 체계 전체보다 더 가치가 있습니다.

...Ich, roh geprägt, und aller Reize baar,
Vor leicht sich dreh'nden Nymphen mich zu brüsten;
Ich, so verkürzt um schönes Ebenmaß,
Geschändet von der tückischen Natur,
Entstellt, verwahrlost, vor der Zeit gesandt
In diese Welt des Athmens, halb kaum fertig
Gemacht, und zwar so lahm und ungeziemend
Daß Hunde bellen, hink' ich wo vorbei.
[... 모든 매력을 잃은 채 날것으로 형성된 나,
님프 앞을 활보할 만한 위험도 지니고 있지 못한 나,
아름다운 몸의 균형을 갖고 있기는커녕,
사기꾼 같은 자연에 속아서
불구에 땅딸보 같은 작은 키에

꼴불견인 모습으로 이 세상에 아무렇게나 내던져졌네.
이렇게 절름발이에 멋없이 생겨서
내가 곁을 지나갈 때면 개도 짖어댄다[70]

글로스터와 같은 본성은 사회의 관념으로 매개해서는 구원받을 수 없습니다. 윤리가 사라에게 "보편적인 것을 표현하고 결혼하지 그래"라고 말하는 것은 사라를 조롱하는 것과 마찬가지로, 윤리는 실제로 그들을 조롱할 뿐입니다. 이와 같은 본성은 기본적으로 역설 속에 있으며, 그들의 본성이 악마적 역설에 빠지거나 신적 역설에서 구원받는다는 점을 제외하면 다른 사람들보다 절대 불완전하지 않습니다. 사람들은 마녀, 고블린, 트롤 등이 기형적인 괴물이라는 사실에 몇 번이고 기뻐했습니다. 의심할 여지 없이 모든 사람은 기형적인 사람을 볼 때 도덕적 타락이라는 생각을 그에게 붙이고 싶어 하는 성향을 가지고 있습니다. 계모가 아이들을 비뚤어지게 만드는 것처럼, 존재 자체가 그들을 손상했기 때문에 이 관계를 뒤집어야 하는 것, 이것은 얼마나 눈부신 불의입니까?

개인이 죄책감을 느끼지 않는 악마적인 것은 원래 본성이나 역사적 상황에 의해 보편적인 것밖에 놓여 있는 데서 시작됩니다. 따라서 컴버랜드의 유대인(Cumberland's Jew)[71]은 선한 일을 해도 악마이기도 합니다. 악마는 또한 인간에 대한 경멸로 자신을 표현할 수 있으며, 경멸은 악마 자신이 경멸적으로 행동하도록 유도하지 않습니다. 반대로 그는 자신을 판단하는 모든 사람보다 낫다고 인식하는 힘을 가지고 있습니다.

그런 모든 것들에 관해서는 시인들이 거의 처음으로 경보를 울려야 합니다. 현세대의 젊은 시인들이 어떤 책을 읽고 있는지 하나님만이 알 수 있습니다! 그들의 공부는 아마도 운율을 외우는 것으로 이루어져 있을 것입니다. 이 세상에서 그들의 삶의 의미가 무엇인지 하나님만이 아십니다! 이 순간, 나는 그들이 영혼의 불멸에 대한 건덕적인 증거를 제공한다는 것 외에는 그들로부터 어떤 유익도 알지 못합니다. 왜냐하면 그들 중 한 사람은 바게센(Baggesen)[72]이 지역 시인 킬데발레(Kildevalle)에 대해 말한 것을 스스로에게 안전하게 말할 수 있기 때문입니다.

"그가 불멸이 된다면 우리는 모두 그렇게 될 것입니다."

여기서 사라에 대해 말한 모든 것, 주로 시적 표현과 관련하여 상상을 전제로 한 모든 것은 심리적 관심을 가지고 옛 속담의 의미를 탐구할 때 완전한 의미를 갖습니다. nullum unquam exstitit magnum ingenium sine aliqua dementia[광기 없이는 위대한 천재도 존재할 수 없다].[73] 이러한 광기는 이 세상에서 천재의 고통이며, 감히 말하자면 신성한 질투의 표현인 반면, 천재적인 측면은 편애의 표현이기 때문입니다. 따라서 처음부터 천재는 보편적인 것과 관련하여 방향을 잃고 역설과 관련하여 관계를 맺습니다. 그가 자신의 한계에 절망하여 (그의 눈에는 전능함이 무능함으로 변하는) 악마적 안심으로 구하고 이런 이유로 하나님이나 사람에 대해서는 인정하려 하지 않든가, 종교적으로 하나님에 대한 사랑 안에서 안식을 얻든가, 둘 중 하나입니다.

여기에 평생을 즐겁게 바칠 수 있는 심리적 주제가 있지만 우리는 그것들에 대해 거의 듣지 못하는 것 같습니다. 광기(Sindssvaghed)와 천재성 사이의 관계는 무엇일까요? 하나는 다른 하나로부터 해석될 수 있을까요? 천재는 어떤 의미에서 그리고 어느 정도까지 광기의 주인입니까? 어느 정도까지는 그가 그 주인이라는 것은 말할 필요도 없습니다. 그렇지 않으면, 그는 실제로 미쳤을 것입니다. 그러나 그러한 관찰에는 사랑과 높은 수준의 독창성이 필요합니다. 왜냐하면 우월한 사람을 관찰하는 것은 매우 어렵기 때문입니다. 가장 위대한 천재 몇 명의 글을 읽을 때 이것에 주의를 기울이면, 큰 어려움이 있지만 조금만이라도 무언가를 알아낼 수 있을 것입니다.

괴테의 파우스트

다른 사례를 들어, 한 개인이 숨어서 침묵함으로써 보편적인 것을 구원하고자 한다고 상상해 봅시다. 이를 위해 파우스트의 전설(Sagnet om Faust)[74]을 사용할 수 있습니다. 파우스트는 의심하는 자*이며 육신의 길을 가는 정신의 배교자입니다. 이것이 시인의 해석이며, 모든 시대에는 파우스트가 있다는 것이 몇 번이고 반복되지만, 그런데도 한 시인은 앞서간 시인을 따라 이 험난한 길을 주눅 들지 않고 걸어갑니다.

*의심하는 사람을 사용하고 싶지 않다면 비슷한 인물을 선택할 수 있다. 예를 들어, 아이러니스트인데, 그의 날카로운 눈은 삶의 우스꽝스러움을 급진적으로 간파한다. 생명력에 대한 그의 은밀한 이해는 환자가 원하는 것을 확인한다. 그는 자신에게 웃음의 힘이 있다는 것을 알고 있으며, 그것을 사용하고자 한다면 자신의 성공, 더 나아가 자기 행복을 확신한다. 그는 고독한 목소리가 자신을 제지하리라는 것을 알고 있지만, 자신이 더 강하다는 것을 알고 있다. 그는 남자가 순간적으로 진지해 보이도록 만들 수 있다는 것을 알지만, 남몰래 자신과 함께 웃고 싶어 한다는 것도 안다. 그가 말할 때 잠시 부채를 눈앞에서 잡도록 만들 수 있다는 것을 알지만, 부채 뒤에서 웃고 있다는 것도 그는 알고 있다. 그는 부채가 완전히 불투명하지 않다는 것을 알고, 부채에 보이지 않는 메시지를 쓸 수 있다는 것을 알

고, 여자가 부채를 펄럭이는 것은 그녀가 그를 이해했기 때문이라는 것을 알고 있다. 그는 웃음이 사람 속에 몰래 들어와 몰래 사는 방식에 대한 정확한 정보를 가지고 있으며, 일단 자리를 잡으면 지켜보고 기다린다.

약간의 변화를 시도해 봅시다. 파우스트는 *κατ᾽ ἐξοχήν*[탁월한] 의심하는 자이지만 동정심 많은 성격을 가지고 있습니다. 심지어 괴테의 파우스트 중에서도 나는 의심이 자신과의 나누는 비밀스러운 대화에 대한 더 깊은 심리적 통찰을 발견하지 못합니다. 누구나 의심을 경험한 우리 시대에는 어떤 시인도 아직 그 의심을 향해 한 발짝도 나아가지 못했습니다. 나는 또한 이런 측면에서 그들의 경험의 전체 총합을 쓸 수 있도록 그들에게 국채[75]를 제공하고 싶습니다. 그러나 그들은 그 채권의 맨 위 여백에 담을 수 있는 것 이상을 쓰지 않을 것입니다.

그런 아리스토파네스[76]를, 그런 약간 변형된 볼테르[77]를 상상해 봅시다. 그 역시 동정심이 있으니까요. 그는 **존재**(Tilværelsen)를 사랑하고 인간을 사랑합니다. 웃음으로 비난하면 새롭고 구속된 세대가 생겨날지라도, 동시에 많은 동시대 사람이 파괴되리라는 것을 알고 있습니다. 그래서 그는 침묵을 지키고 가능한 한 웃는 법을 잊어버립니다. 그러나 그는 감히 침묵을 지킬까요? 내가 말하는 어려움을 단순히 이해하지 못하는 사람들이 있을 수 있습니다. 그들은 아마도 침묵을 지키는 것이 감탄할 만한 관대함이라고 생각할 것입니다. 나는 전혀 동의할 수 없습니다. 침묵할 수 있는 관대함이 없는 사람은 존재에 대한 배신자라고 생각하기 때문입니다.

결과적으로 나는 그에게 이러한 관대함을 요구합니다. 그러나 그가 그것을 가지고 있다면 감히 침묵을 지킬 수 있을까요? 윤리는 위험한 지식의 한 분야이며, 아리스토파네스는 순전히 윤리적인 이유로 웃음이 비뚤어진

시대에 대한 심판을 통과시키기로 결정했을 것입니다.[78] 미학적 고귀성은 아무런 도움이 될 수 없습니다. 그 정도로 그런 모험을 하지 않기 때문입니다. 그가 침묵을 유지하려면 역설에 들어가야 합니다.

다른 계획으로, 예를 들어 누군가가 영웅의 삶에 대한 설명을 두고 있지만 비참한 방식으로 설명하는 사람이 있는 것을 제안합니다. 전체 세대가 이와 같은 것을 의심하지 않고 이 영웅에 대한 절대적 신뢰를 합니다.

파우스트를 자기 자신으로 바꿀 때만 의심은 시적인 측면을 가질 수 있습니다. 오직 그때만 그는 의심의 모든 고통을 실제로 자기 안에서 발견할 수 있습니다. 그런 다음 그는 **존재**(Tilværelsen)를 유지하는 것이 영(정신, spirit)임을 알게 됩니다. 인간이 살아가는 안정과 기쁨이 영의 힘에 근거한 것이 아니라 반성되지 않은 행복으로 쉽게 설명될 수 있다는 것도 알게 됩니다. 의심하는 사람으로서, 의심하는 사람으로서, 그는 이 모든 것보다 더 높습니다. 누군가 그가 의심을 통과했다고 속이려고 한다면, 그는 쉽게 꿰뚫어 볼 수 있습니다. 영의 세계에서 운동을 일으킨 사람, 결과적으로 무한한 운동을 일으킨 사람이라면, 누구든지 그 반응에서 말하는 사람이 시험받은 사람이든 거짓말쟁이(Münchhausen)[79]이든 즉시 들을 수 있기 때문입니다.

티무르[80]가 훈족[81]에게 할 수 있었던 것을, 파우스트는 자신의 의심을 통해 할 수 있습니다. 사람들을 공포에 떨게 하고, 존재의 기반을 흔들리게 하고, 사람들을 분열시키고, 사방에서 경계의 비명을 울리게 하는 방법을 알고 있습니다. 파우스트가 이렇게 행한다 해도, 그는 티무르가 아닙니다. 어떤 의미에서 그는 권한을 부여받았고, 생각의 권한을 가지고 있습니다. 그러나 파우스트는 동정심이 많고, **존재**를 사랑하며, 그의 영혼은 질투를 알지 못했습니다. 자신이 불러일으킬 수 있는 분노를 막을 수 없다는 것을 인식하고, 헤로스트라틱 명예(Herostratic honor)[82]를 열망하지 않았습니다. 그는 침묵을 유지하고, 사랑의 죄 많은 열매[83]를 마음속에 숨기는 소녀보다 영혼에 더 조심스럽게 의심을 숨겼습니다. 가능한 한 다른 사람들과 발걸음을 맞추려고 노력하지만, 자신 안에서 일어나는 일은 자신을 삼켜버리고, 따라서 그는 자기 자신을 보편적인 것을 위한 희생 제물로 바칩니다.

가끔 어떤 괴팍한 동료가 의심의 소용돌이를 일으킬 때, "차라리 그가 입다물고 침묵을 지켰더라면 좋았을 텐데"라고 말하는 것을 듣습니다. 파우스트는 이 생각을 실현합니다. 사람이 영으로 산다는 것이 무엇을 의미하는지에 대한 개념이 있는 사람이라면 누구나 의심의 굶주림이 무엇을 의미하는지 알고 있으며, 의심하는 사람이 일용할 양식만큼이나 영의 양식을 갈망한다는 것을 알고 있습니다. 파우스트의 모든 고뇌가 그를 사로잡은 것이 교만이 아니라는 아주 좋은 논거가 될 수 있음에도 불구하고, 내가 발명하기 쉬운 예방 조치를 취해야 합니다. 이는 리미니의 그레고리(Gregorius Rimini)가 유아의 저주를 받아들였기 때문에 tortor infantium[유아의 고문자][84]이라고 불렸듯이, 나는 영웅을 고문하는 데는 매우 독창적이기 때문에 나 자신을 tortor heroum[영웅의 고문자]이라고 부르고 싶은 유혹을 느끼기 때문입니다.

파우스트는 마가렛[85]을 보지만 욕망을 선택한 후가 아닙니다. 나의 파우스트는 욕망을 전혀 선택하지 않기 때문입니다. 그는 메피스토펠레스의 오목한 거울(Mephistopheles's Huulspeil)[86] 속이 아니라, <u>그녀의 모든 사랑스러운 순수함 속이 있는 마가렛을 봅니다</u>. 그의 영혼이 사람들에 대한 사랑을 유지했기 때문에 그녀와 매우 쉽게 사랑에 빠질 수 있습니다. 그러나 그는 의심하는 사람이고, 그의 의심은 현실을 파괴했습니다. 왜냐하면 나의 파우스트는 너무 이상적이어서 매 학기 한 시간씩 연단에서 의심하는 그런 과학적으로 의심하는 자가 아닙니다. 그는 다른 모든 것들을 영의 도움이나 영의 힘 없이도 할 수 있습니다. 그는 의심하는 사람입니다. 의심하는 사람은 영의 양식만큼이나 기쁨의 일용할 양식을 갈망합니다. 그러나 그는 결심을 굳건히 하고 침묵을 지키며 누구에게도 자신의 의심에 대해 말하지 않고 마가렛에게도 자신의 사랑을 말하지 않습니다.

파우스트는 워낙 이상적인 인물이기에, 그가 말하면 일반적인 토론을 촉발하거나, 전체 사건이 아무런 결과 없이 지나가리라는 것, 아마도 이런저런 모든 것이 사라질 것이라는 등의 수다(Passiar)[87]에 만족할 사람이 아니라는 것은 말할 필요도 없습니다. (시인이라면 누구나 쉽게 알 수 있듯, 여기에는 줄거리에 잠재된 코믹한 요소가 있습니다. 즉 파우스트를 우리 시대의 의심을 좇는 저속한 바보들과 아이러니한 관계로 가져오고, 실제로 의심했다는 것을 증명하기 위해 외부 논증[예: 박사학위 증명서][88]을 제시하거나 모든 것을 의심했다고 맹세하는 것이 있습니다. 또는 여행 중에 의심하는 사람을 한번 만났을 때 그것을 증명하거나, 한 사람으로부터 의심에 대한 약간의 팁을, 다른 사람으로부터 믿음에 대한 무언가를 매우 급하게 집어 들고 회중이 고운 모래를 원하는지 혹은 자갈을 원하는지에 따라 최선의 방법으로 관리하는 척하고 영의 세계의 택배사원과 단거리 선수를 만나서 증명합니다.)[89]

파우스트는 침실 슬리퍼를 신고 돌아다니기에는 너무 이상적인 인물입니다. 무한한 열정이 없는 사람은 이상(ideal)이 아닙니다. 무한한 열정을 가진 사람은 이미 오래전에 그런 쓰레기에서 영혼을 구원했습니다. 그는 자신을 희생하기 위해 침묵을 지키거나, 모든 것을 혼란에 빠트리게 될 것이라는 것을 알고 말합니다.

그가 침묵을 지키면 윤리는 다음과 같이 말하며, 그를 비난합니다.

"그대는 보편적인 것을 인정해야 한다. 말함으로써 구체적으로 인정해야 하며, 감히 보편적인 것을 동정하지 말라."

때때로 의심하는 사람이 말한다는 이유로 가혹한 심판을 받을 때, 이 관찰을 잊어서는 안 됩니다. 나는 그러한 행동을 가볍게 판단하고 싶지는 않지만, 다른 모든 곳에서와 마찬가지로 여기에서도 요점은 이 운동이 정상적으로 일어난다는 것입니다.

최악의 경우, 의심하는 사람은 비록 그가 말함으로써 가능한 모든 불행을 세상에 가져오더라도, 자신도 모르게 의심을 치료하고 일반적으로 의심이 거칠고 통제할 수 없는 주요 원인이 되는 이 비참한 단 것을 좋아하는 사람들보다 여전히 선호되어야 합니다.[90] 그가 말하면, 모든 것을 무질서하게 만들 것입니다. 그런 일이 일어나지 않더라도, 그는 나중에야 알 수 있고 그 결과는 행동의 순간이나 책임과 관련하여 사람을 도울 수 없기 때문입니다.

그가 자신의 책임에 대해 침묵한다면, 아마도 관대하게 행동할 수 있습니다. 그러나 그는 다른 고통에 약간의 영적 시험을 더 하게 될 것입니다. 왜냐하면 보편적인 것이 그를 괴롭히면서 다음과 같이 말할 것이기 때문입니다.

"그대는 말했어야 했다. 그대의 결심이 은밀한 교만에서 비롯된 것이 아니라는 것을 어떻게 확신할 수 있는가?"

그러나 의심하는 사람이 단독자로서 절대자와 절대적 관계에 서 있는 단독자가 될 수 있다면, 그는 자신의 침묵에 대한 권한(authorization)[91]을 얻을 수 있습니다. 이 경우, 그는 자신의 의심을 죄책으로 만들어야 합니다. 이 경우, 그는 역설 안에 있지만, 다른 의심이 있더라도 그의 의심은 치유됩니다.

신약성서에서도 이러한 침묵을 인정합니다.[92] 신약성서에는 더 나은 부분을 감추는 데 사용된다면 아이러니를 찬양하는 곳도 있습니다.[93] 그러나 주관성이 현실보다 높다는 전제에 기초한 다른 모든 것과 마찬가지로 이 운동도 아이러니의 운동입니다. 우리 시대는 이것에 대해 아무것도 알고 싶어하지 않습니다. 전반적으로 헤겔이 말한 것보다 아이러니에 대해 더 많이 알고 싶어하지 않습니다.[94] 그는 흥미롭게도 아이러니에 대해 많이 이해하지 못하고 원한을 품고 있었는데, 우리 시대는 아이러니를 포기하지 말아야 할 좋은 이유가 있습니다. 그것은 자신을 보호해야 하기 때문입니다. 산상수훈에서는 이렇게 말합니다.

"금식할 때는 머리에 기름을 바르고 얼굴을 씻어 금식하는 모습을 사람들에게 보이지 않게 하라."[95]

이 구절은 주관성과 현실은 비교할 수 없으며, 실제로 주관성에는 속일 수 있는 권리가 있음을 분명히 보여줍니다. 요즘 회중의 개념(Menighedens Idee)[96]에 대해 어설프게 이야기하는 사람들이 신약성경을 읽으면 다른 생각을 할 수 있을지도 모릅니다.

아브라함

그러나 이제 아브라함, 그는 어떻게 행동했습니까? 나는 잊지 않았고 독자들도 기억할 것입니다. 나는 이 주제가 걸림돌이 될 수 있도록 이전의 논의와 관련지을 것입니다. 즉, 아브라함이 더욱 이해할 수 있는 것처럼 존재하는 것이 아니라, 더욱 이해할 수 없는 것이 더 두드러지도록 할 것입니다. 내가 이전에 말했듯, 아브라함을 이해할 수 없기 때문입니다.

또한 설명된 단계 중 어느 것도 아브라함에 대한 비유를 포함하지 않는다고 지적했습니다. 그것들을 설명하는 동안, 각각 고유한 영역 내에서 그것들 각각은 입증되었습니다. 오해의 순간(Misvisningens Øieblik)[97]에 그대로 미지의 영역의 경계를 나타낼 수 있도록 설명되었습니다. 비유에 대한 질문이 있다면, 그것은 죄의 역설이어야만 합니다. 그러나 이것은 다시 다른 영역에 있으며 아브라함을 설명할 수 없으며 그 자체가 아브라함보다 훨씬 더 설명하기 쉽습니다.

그래서 아브라함은 말하지 않았습니다. 사라, 엘리에셀, 이삭에게도 말하지 않았습니다. 아브라함에게 윤리적인 것은 가족생활보다 더 높은 표현이 없었기 때문에 이 세 가지 윤리적 권위를 우회했습니다.

미학은 단독자가 침묵함으로써 다른 사람을 구할 수 있다는 것을 알고 있다면, 침묵을 허용하고 실제로 요구했습니다. 이것만으로도 아브라함은 미학의 범위 안에 있지 않다는 것을 충분히 알 수 있습니다. 그의 침묵은 이삭을 구원하기 위한 것이 아닙니다. 사실 자신과 하나님을 위해 이삭을 희생하는 그의 모든 행위는 미학에는 실족입니다. 내가 나를 희생하는 것은 이해할 수 있지만 나를 위해 다른 사람을 희생하는 것은 미학은 이해할 수 없기 때문입니다. 미학적 영웅은 침묵했습니다. 한편, 윤리는 그가 우연한 개별성으로 인해 침묵했기 때문에 그를 심판했습니다. 그가 침묵을 지킨 것은 그의 인간적인 예지(Forudvidenhed)[98]였습니다. 윤리는 이를 용서할 수 없습니다. 그런 종류의 어떤 인간적인 앎도 착각일 뿐입니다. 윤리는 무한한 운동을 요구하고, 폭로를 요구합니다. 그때, 미적 영웅은 말할 수 있지만 말하지 않을 것입니다.

진정한 비극적 영웅은 보편적인 것을 위해 자신과 자신의 모든 것을 희생합니다. 그의 행동과 모든 감정은 보편적인 것에 속합니다. 그는 개방적이며, 이러한 공개에서 그는 윤리의 사랑받는 아들입니다. 이것은 아브라함에게 맞지 않습니다. 아브라함은 보편적인 것을 위해 아무것도 하지 않고 숨겨져 있습니다.

이제 우리는 역설에 직면하게 됩니다. 단독자로서의 단독자는 절대자와 절대적 관계에서 서 있을 수 있고, 결과적으로 윤리적인 것은 최고의 것이 아니든가, 아브라함은 상실됩니다. 즉, 아브라함은 비극적 영웅도 미학적 영웅도 아닙니다.[99]

여기서도 역설이 가장 간단하고 쉬운 것처럼 보일 수 있습니다. 그러나 이것을 확신하는 사람은 믿음의 기사가 아니라는 점을 다시 한번 말씀드리고 싶습니다. 왜냐하면 고통과 불안은 일반적으로 생각할 수 없더라도 생각할 수 있는 유일한 정당화이기 때문입니다. 그때, 역설이 제기됩니다(thi saa hæves Paradoxet).

아브라함은 침묵을 지키지만 말할 수 없습니다. 거기에는 고통과 불안이 있습니다. 밤낮으로 쉬지 않고 말해도, 내가 말할 때 다른 사람에게 나 자신을 이해시킬 수 없다면, 말하고 있는 것이 아닙니다. 이것이 아브라함의 경우입니다. 그는 모든 것을 말할 수 있지만 한 가지 말할 수 없는 것, 즉 상대방이 이해할 수 있는 방식으로 말할 수 없다면, 그는 말하고 있지 않은 것입니다. 말함으로써 얻을 수 있는 안도감은 나를 보편적인 것으로 해석한다는 것입니다. 이제 아브라함은 이삭에 대한 자신의 사랑을 어떤 언어로도 표현할 수 없는 가장 아름다운 말로 묘사할 수 있습니다. 하지만 이것은 아브라함의 마음속에 있는 것이 아닙니다. 이것은 시련이기에 그를 희생시키겠다는 더 깊은 뜻이 담겨 있습니다.

아무도 후자를 이해할 수 없으므로 모두가 전자를 오해할 수밖에 없습니다. 비극적 영웅은 이런 고통을 모릅니다. 애초에 그는 모든 반론에 합당한 이유가 있다는 위로가 있었습니다. 모든 사람이 자신에게 맞설 수 있는 기회를 줬다는 위안을 얻습니다. 즉, 클뤼템네스트라, 이피게니아, 아킬레스, 합창단,[100] 모든 살아있는 사람, 인류의 마음에서 나오는 모든 목소리, 모든 교활함, 모든 경고, 모든 비난, 모든 위로하는 생각.

그는 자신에 대해 반박하는 모든 말을 무자비하고 무례하게 할 수 있으며, 전 세계를 상대로 싸우는 것은 위로가 되고 자신과 싸우는 것은 두려운 일이라고 확신할 수 있습니다. 그는 무언가를 간과한 것을 두려워할 필요가 없습니다. 따라서 나중에 클라렌스의 살해 소식을 듣고 에드워드 4세 왕처럼[101] 그는 울부짖어야 합니다.

Wer bat für ihn? Wer kniet' in meinem Grimm
Zu Füßen mir und bat mich überlegen?
Wer sprach von Bruderpflicht? Wer sprach von Liebe.
[그의 구명을 누가 청이나 해봤는가? 분노한 내 앞에 무릎을 꿇고
간청한 자가 한 사람이라도 있었는가?
형제간의 의리와 애정을 누가 간청해 봤는가?][102]

비극적 영웅은 외로움의 무서운 책임을 모릅니다. 게다가 그는 클뤼템네스트라와 이피게니아와 함께 울고 한탄할 수 있다는 위안을 얻는데,[103] 눈물과 울음은 안도감을 주지만 말할 수 없는 탄식[104]은 고문이 됩니다.[105] 아가멤논은 자신이 행동할 것이라는 확신에 자신의 모든 것을 집중할 수 있고, 그 후에도 위로와 격려의 시간을 가질 수 있습니다. 아브라함은 그럴 수 없습니다. 그의 마음이 움직일 때, 그의 말에 온 세상을 위한 축복의 위로가 담겨 있을 때, 그는 감히 위로를 제공하지 않습니다. 사라가, 엘리에셀이, 이삭이 그에게 "왜 그렇게 하고 싶습니까? 결국, 포기할 것입니다."라고 말하지 않을까요?

그가 고통 속에서 자신의 짐을 내려놓고 자신이 소중히 여기는 모든 것을 붙잡고 끝까지 나아가고자 했다면, 사라, 엘리에셀, 이삭이 그를 위선자라고 생각하고 화를 내는 끔찍한 결과를 초래할 수도 있습니다. 그는 말할 수 없습니다. 인간의 언어를 구사하지 못합니다. 그가 세상의 모든 언어를 이해하고, 그가 사랑하는 사람들이 그것을 이해하더라도, 그는 여전히 말할 수 없었습니다. 그는 신성한 언어로 말하고, 방언으로 말합니다.[106]

이 고통은 내가 잘 이해할 수 있습니다. 아브라함을 존경할 수 있습니다. 이 이야기를 읽는 사람이 단독자가 되고 싶다는 성급한 유혹을 받을까 두렵지 않습니다. 하지만 나에게는 그럴 용기가 없으며, 아무리 늦게 그렇게까지 나아갈 수 있다 하더라도, 그렇게 멀리 나갈 것이라는 모든 기대를 기꺼이 포기할 수 있다는 것도 고백합니다. 아브라함은 언제든지 멈출 수 있습니다. 이 모든 것을 영적 시험으로 회개할 수 있습니다. 모든 사람이 이해할 수 있도록 말할 수 있지만, 그 순간 그는 더 이상 아브라함이 아닙니다.

[107]아브라함은 말할 수 없습니다. 모든 것을 설명할 수 있게 말할 수 없기 때문입니다(즉, 이해할 수 있도록). 윤리적인 것이 유혹인 그런 시련임을 말할 수 없습니다. 그러한 위치에 놓인 사람은 누구나 보편적인 것의 영역에서 온 이민자입니다. 그러나 그는 그다음 말을 할 수 없습니다. 아브라함은 앞서 충분히 발전된 것을 반복하기 위해 두 가지 운동을 만듭니다. 그는 사적인 모험이기 때문에 아무도 이해할 수 없는 체념의 무한한 운동을 만들고 이삭을 포기합니다. 그러나 다음으로 매 순간마다 믿음의 운동을 만듭니다. 이것이 그의 위로입니다. 다시 말해, 그는 다음과 같이 말하고 있습니다.

"그러나 그런 일은 일어나지 않을 것입니다. 혹은 일어나더라도, 주님은 부조리한 것의 힘으로 나에게 새로운 이삭을 주실 것입니다."

그러나 비극적 영웅[108]은 이야기의 마지막에 이릅니다. 이피게니아는 아버지의 결심에 복종하고, 그녀 자신도 무한한 체념의 운동을 만듭니다. 이제 두 사람은 서로를 이해하게 됩니다. 그녀는 아가멤논이 취하는 조치가 보편적인 것을 표현하기 때문에 그를 이해할 수 있습니다. 그러나 아가멤논이 이피게니아에게 "신이 너를 제물로 바치라고 요구하지만, 부조리하기 때문에 요구하지 않을 수도 있다"라고 말한다면 이피게니아는 즉시 그를 이해할 수 없을 것입니다. 그가 인간의 계산에 따라 이렇게 말할 수 있다면, 이피게니아는 그를 이해할 수 있었을 것입니다. 그러나 결과적으로 아가멤논은 무한한 체념의 운동을 만들지 않았을 것이고 따라서 영웅이 되지 못했을 것입니다. 그렇다면 점쟁이의 선언은 선원의 허풍이며 전체 사건은 보드빌(희극, Vaudeville)[109]입니다.

[110]그래서 아브라함은 말하지 않았습니다. 그가 이삭에게 한 말, 즉 그가

이전에 아무 말도 하지 않았다는 충분한 증거인 그의 유일한 대답이 보존되어 있습니다.[111] 이삭은 아브라함에게 번제로 바칠 양이 어디 있느냐고 묻습니다. 그러자 아브라함이 말했습니다.

"내 아들아, 하나님이 직접 번제를 위한 양을 주실 것이다."

이제 아브라함의 마지막 말을 좀 더 자세히 살펴보겠습니다. 이 말씀이 없다면 전체 사건은 무언가 부족할 것이고, 이 말씀이 아니었다면 모든 것은 혼란에 빠졌을 것입니다.

고통이나 행동으로 정점을 찍는 비극적 영웅에게 마지막 대사가 있어야 하는지는 종종 내가 고민하는 주제였습니다. 내가 보기에 그것은 그가 속한 삶의 영역, 그의 삶에 지적인 의미가 있는지, 그의 고통이나 행동이 정신과 관련이 있는지에 따라 달라집니다.[112]

비극적인 영웅은 말의 힘을 빼앗기지 않는 다른 사람들과 마찬가지로 절정의 순간에 몇 마디, 아마도 적절한 몇 마디를 말할 수 있습니다. 그러나 문제는 그가 말하는 것이 얼마나 적절한가입니다. 그의 삶의 의미가 외적 행위에 있다면 그는 할 말이 없고, 그가 말하는 모든 것은 본질적으로 수다에 불과합니다. 그 수다에 의해 그의 영향력은 감소할 뿐입니다. 반면, 비극적 의식(tragiske Ceremoniel)은 그에게 행동이든 고난이든 침묵 속에서 자신의 임무를 완수하도록 강요합니다.

너무 멀리 방황하지 않기 위해 가장 적절한 예를 들어보겠습니다. 칼카스[113]가 아닌 아가멤논 자신이 이피게니아를 죽이기 위해 칼을 뽑아야 했다면, 마지막 순간에 몇 마디를 했다면, 그는 자신의 품위를 손상할 뿐입니다. 그의 행위의 의미는 결국 모든 사람에게 명백하기 때문입니다. 경건, 동정,

감정, 눈물의 과정이 완료되었고 그의 삶도 영(정신, spirit)과 관련이 없었기 때문입니다. 즉, 그는 정신의 교사나 증인이 아닙니다.

그러나 영웅의 삶의 의미가 정신을 지향한다면, 진술의 부재는 그의 영향력을 감소시킬 것입니다. 그가 말해야 할 것은 적절한 몇 마디, 짧은 선언문이 아닙니다. 대신, 그의 진술의 중요성은 그가 결정적인 순간에 자신을 완성한다는 것입니다. 그런 지적인 비극적 영웅은 마지막 말을 가져야 하고 또 남겨야 합니다. 그는 모든 비극적 영웅에게 적합한 변화된 태도를 가져야 하지만, 여전히 한마디가 필요합니다. 이런 지적인 비극적 영웅은 (죽음이라는) 고통 속에서 절정에 이르면, 죽기 전에 이 마지막 말을 통해 불멸의 존재가 되는 반면, 평범한 비극적 영웅은 죽어서야 불멸의 존재가 됩니다.

소크라테스를 예로 들 수 있습니다. 그는 지적인 비극적 영웅이었습니다. 그에게 사형 선고가 내려지며, 바로 그 순간에 그는 죽습니다. 죽기 위해서는 영의 모든 힘이 필요하고 영웅은 언제나 죽기 전에 죽는다는 것을 이해하지 못하는 누구나 인생관에서 그리 멀리 나아가지 못할 것이기 때문입니다. 영웅으로서 소크라테스는 침착하고 냉정해야 하지만, 지적인 비극적 영웅으로서 그는 마지막 순간에 자신을 완성할 수 있는 충분한 정신적 힘을 가져야 합니다. 그는 평범한 비극적 영웅처럼 죽음 앞에서 자기 통제에 집중할 수는 없지만, 가능한 한 빨리 이 운동을 만들어서 이 투쟁을 즉각적이고 의식적으로 넘어서서 자신을 긍정해야 합니다.

따라서 소크라테스가 죽음의 위기에서 침묵했다면, 그는 자기 삶의 효과를 감소시켰을 것이며, 그에게 있던 아이러니의 탄력성은 세계의 힘이 아닌 놀이(Spil)[114]의 힘이었다는 의심을 증폭시켰을 것입니다. 결정적인 순간에 그를 파토스(열정, pathos)로 유지*하기 위해 역으로 사용해야 했던 것은 놀이의 탄력성이라는 의심을 받았을 것입니다.

*플라톤이 소크라테스를 여러 가지 방식으로, 시적으로 휘발시켰기 때문에[115] 소크라테스의 진술 중 어떤 것이 결정적인 것으로 간주할 수 있는지에 대해서는 다양한 의견이 있을 수 있다. 나는 다음과 같이 제안한다. 그에게 사형 판결이 내려지고, 바로 그 순간 그는 죽고, 바로 그 순간 그는 죽음을 이기고, 세 표의 과반수로 유죄 판결을 받았다는 사실에 놀랐다는 축하하는 대답으로 자신을 완성한다.[116] 그는 자신을 사형에 처하는 사형 선고보다 시장에서 한가로운 대화나 바보의 어리석은 발언으로 더 아이러니하게 조롱할 수 없었을 것이다.[117]

어떤 비유를 통해 아브라함에게 적절한 마지막 말을 찾을 수 있기를 기대한다면, 이 짧은 제안은 실제로 아브라함에게 적용될 수 없습니다. 그러나 아브라함이 조용히 칼을 뽑지 않고 해야 할 말을 얻기 위해 마지막 순간에 자신을 완성해야 할 필요성을 인식하는 경우에는 적용할 수 있습니다. 믿음의 조상으로서 그는 영(정신, spirit)에 지향된 절대적인 의미가 있기 때문입니다. 나는 그가 무슨 말을 할 것인지에 대한 어떤 생각도 미리 형성할 수 없습니다. 그가 말한 후에 나는 아마도 그것을 이해할 수 있습니다. 아마도 어떤 의미에서 앞의 설명에서보다 그에게 더 가까이 다가가지 않고도 말한 내용에서 아브라함을 이해할 수 있을 것입니다. 소크라테스의 마지막 대사가 없었다면,[118] 나는 그를 대신에 나 자신을 상상했을 것이고 몇 가지를 창조했을 것입니다. 내가 그렇게 할 수 없었다면, 시인이 그것을 관리했을 것입니다. 그러나 어떤 시인도 아브라함에게 가는 길을 찾을 수 없습니다.

아브라함의 마지막 말을 더 자세히 살펴보기 전에 먼저 아브라함이 아무 말도 하기 어려웠다는 점을 지적하고 싶습니다. 위에서 설명했듯이 이 역설의 고통과 불안은 특히 침묵으로 인한 것이었습니다: 아브라함은 말할 수 없습니다.* 따라서 역설에서 다시 벗어나기를 바라지 않는 한, 그에게 말하기를 요구하는 것은 자기모순입니다. 그리하여 결정적인 순간에 역설을 중단함으로써 아브라함이기를 멈추고 이전의 모든 것을 무효화 하게 될 것입니다. 따라서 아브라함이 결정적인 순간에 이삭에게 "너는 내가 바칠 바로 그 사람이다"[119]라고 말했다면, 이것은 단순히 약점이 될 뿐입니다.

그가 말할 수 있었다면, 그보다 훨씬 전에 말했어야 합니다. 그때, 약점이란 그가 미리 전체 고뇌를 생각할 수 있는 영적 성숙과 집중력이 없었다는 것이고, 실제 고뇌가 생각했던 것보다 더 컸고, 그런 방식으로 무언가를 옆으로 밀어냈다는 것입니다. 더욱이 그렇게 말함으로써 그는 역설을 외면했을 것이고, 실제로 이삭과 이야기하고 싶다면, 어떤 영적 시험(en Anfægtelse)으로 입장을 바꿔야 했을 것입니다. 그렇지 않으면 아무 말도 할 수 없기 때문에, 그 경우 그는 비극적인 영웅이 되지도 못했을 것입니다.

*피타고라스의 마지막 순간에 그가 항상 유지했던 침묵을 완성해야 했고, 이런 이유로 그는 이렇게 말했습니다. "말하는 것보다 죽는 것이 낫다." 디오게네스, 8권, 39항 참조.[120]

그러나 아브라함의 마지막 말씀이 보존되어 있습니다. 그 역설을 이해할 수 있는 한, 나는 그 말에 담긴 아브라함의 전체 존재도 이해할 수 있습니다. 무엇보다도 그는 아무 말도 하지 않습니다. 그 형식으로 그가 해야 할 말을 하는 것이지요. 이삭에 대한 그의 반응은 아이러니의 형식입니다. 내가 무언가를 말하면서도 아무 말도 하지 않는 것은 항상 아이러니이기 때문입니다. 이삭은 아브라함이 알고 있다는 믿음으로 아브라함에게 질문하니다. 만일 아브라함이 "나는 아무것도 모른다"라고 대답했다면, 그는 비진리 (거짓, untruth)를 말한 것입니다. 그는 아무것도 말할 수 없습니다. 왜냐하면 그는 아는 것을 말할 수 없기 때문입니다. 따라서 그는 대답합니다.

"내 아들아, 하나님께서 번제로 드릴 양을 친히 준비하실 것이다!"

이것에서 우리는 앞서 설명한 것처럼 아브라함 영혼의 이중 운동을 볼 수 있습니다. 체념한 아브라함이 단순히 이삭을 포기하고 더 이상 아무것도 하지 않았다면, 그는 거짓을 말한 것입니다. 왜냐하면 그는 하나님이 이삭을 제물로 요구한다는 것을 참으로 알고 있고 바로 지금, 이 순간에 자신이 기꺼이 그를 희생할 의사가 있음을 알고 있기 때문입니다. 이 운동을 만든 후, 그는 매 순간 다음 운동을 만들었고 부조리한 것의 힘으로 믿음의 운동을 만들었습니다.

따라서 그는 거짓을 말하는 것이 아닙니다. 왜냐하면 부조리한 것의 힘으로 하나님이 완전히 다른 일을 할 수 있기 때문입니다. 그리하여 그는 거짓을 말하는 것이 아니라, 이상한 방언으로 말하고 있기 때문에 아무 말도 하지 않습니다. 이삭을 희생해야 할 사람이 아브라함 자신이라는 점을 고려할 때 이것은 더욱 분명해집니다.

만약 임무가 달랐다면, 주님께서 아브라함에게 이삭을 모리아 산으로 데려가서 번개가 이삭을 치게 하고 그런 식으로 제물로 바치라고 명령했다면, 아브라함은 분명히 자신이 한 것처럼 수수께끼처럼 말하는 것이 정당했을 것입니다. 왜냐하면 그 자신은 무슨 일이 일어날지 알 수 없었기 때문입니다. 그러나 아브라함에게 주어진 임무를 감안할 때, 그는 자신이 행동해야 하며, 결과적으로 그는 결정적인 순간에 자신이 무엇을 할 것인지 알아야 하며, 결과적으로 이삭이 희생될 것임을 알아야 합니다.

만약 그가 이것을 확실히 알지 못했다면, 체념의 무한한 운동을 만들지 못했을 것입니다. 그렇다면, 그의 말은 확실히 거짓이 아니지만, 그는 또한 아브라함과는 거리가 멀고 비극적인 영웅보다도 의미를 갖지 못합니다. 실제로 그는 어느 쪽이든 마음을 정하지 못하고 항상 수수께끼로 말하는 결단력이 없는 사람입니다. 하지만 그런 변덕쟁이는 믿음의 기사를 패러디한 것에 불과합니다.

여기서도 아브라함을 이해할 수는 있지만, 역설을 이해하는 방식으로만 이해할 수 있다는 것이 분명합니다. 나는 아마도 아브라함을 이해할 수 있을지도 모르지만, 아브라함처럼 행동할 용기가 없는 만큼 이런 식으로 말할 용기도 없다는 것도 알고 있습니다. 그러나 반대로 그 행동은 유일무이한 기적이므로 결코 그 행동이 중요하지 않다고 말하지 않습니다.

이 비극적인 영웅에 대한 동시대 사람들의 평결은 무엇이었을까요? 그는 위대했고 그를 존경한다는 것이었습니다. 그리고 고귀한 생각을 가진 사람들로 구성된 명예로운 모임, 모든 세대가 지난 세대를 판단하기 위해 구성하는 배심원단도 같은 평결을 내렸습니다. 하지만 아브라함을 이해할 수 있는 사람은 아무도 없었습니다. 그런데도 그는 무엇을 성취했을까요? 그는 자신의 사랑에 진실하게 남아 있었습니다. 하나님을 사랑하는 사람에게는 어떤 눈물도, 어떤 감탄도 필요하지 않습니다. 그는 그 사랑 안에서 고통을 잊어버립니다. 참으로 그는 그것을 완전히 잊어버렸기 때문에 하나님 자신이 그것을 기억하지 않으셨다면, 그의 고통의 흔적이 조금도 남지 않았을 것입니다. 왜냐하면 하나님은 은밀한 중에 보시고[121] 고통을 알고 계시며, 눈물을 세시고 아무것도 잊어버리지 않기 때문입니다.

따라서 단독자로서의 단독자는 절대자와 절대적 관계에 서 있다는 역설
이 존재하든가, 아니면 아브라함은 상실됩니다.

에필로그

네덜란드의 향신료 가격이 하락하자, 상인들은 가격을 올리기 위해 몇 개의 화물을 바다에 가라앉힌 적이 있습니다. 이것은 변명할 수 있는, 어쩌면 필요한 속임수였습니다. 영의 세계에서도 비슷한 것이 필요할까요? 우리가 최고의 것을 달성했다고 확신합니까? 그렇기 때문에 단순히 시간을 소비할 무언가를 갖기 위해 우리가 그 정도까지 멀리 가지 않았다고 생각하도록 경건하게 속이는 것 외에는 할 일이 남아 있지 않습니까? 이것이 현세대에 필요한 자기기만일까요? 자기기만의 달인이 되도록 훈련해야 할까요, 아니면 그 대신 자신을 속이는 기술을 적절히 완성해야 할까요?

혹은, 오히려 두려움 없이 부패하지 않고 임무를 가리키는 정직한 진지함이 필요하지 않을까요? 임무를 사랑스럽게 유지하는 정직한 진지함, 사람들이 너무 성급하게 최고의 것에 도달하기를 원하지 않고 임무를 젊고 아름답고 보기 좋게 유지하여 모든 사람을 초대하면서도 고귀한 마음을 가진 사람들에게는 어렵게 하면서도 영감을 주는(고귀한 본성은 어려운 사람에게서만 영감을 받기 때문) 그런 정직한 진지함이 필요하지 않은가요?

한 세대가 다른 세대로부터 무엇을 배우든, 이전 세대로부터 본질적으로 인간적인 것을 배우는 세대는 없습니다. 이런 점에서 각 세대는 원초적으로 시작합니다. 각 세대는 이전 세대가 가졌던 임무 외에 어떤 임무도 가지지 않습니다. 그 임무를 더 이상 발전시키지도 않습니다. 이전 세대가 임무를 배반하고 자신을 속이지 않는 한, 그렇다는 말입니다. 본질적으로 인간적인 것은 열정입니다. 열정 속에서 한 세대가 다른 세대를 완전하게 이해하고 스스로를 이해합니다.

예를 들어, 어떤 세대도 다른 세대로부터 사랑을 배운 적이 없습니다. 어떤 세대도 처음이 아닌 다른 시점에서 시작할 수 없습니다. 후세대가 이전 세대보다 더 요약된 임무를 가지고 있지 않습니다. 누군가 이전 세대처럼 사랑으로 멈추지 않고 더 나아가기를 원한다면,[122] 이것은 어리석고 한가한 이야기입니다.

그러나 사람의 가장 높은 열정은 믿음이며, 여기서 어떤 세대도 이전 세대와 다른 지점에서 시작하지 않습니다. 각 세대는 다시 시작됩니다. 다음 세대는 이전 세대보다 더 이상 발전하지 않습니다. 즉 그 세대가 임무에 충실하고 그것을 높고 건조하게 남겨 두지 않았다면, 발전하지 않습니다. 물론 이 임무가 지치게 한다는 것, 이것은 한 세대가 말할 수 없는 것입니다. 왜냐하면 한 세대가 실제로 임무를 가지고 있다 하더라도, 이전 세대가 동일한 임무를 가지고 있다는 사실과 관련이 없기 때문입니다. 이 특정 세대 또는 그 안에 있는 개인이 세상을 지배하는 영에 속하고 지치지 않는 인내심을 가진 사람의 자리를 가정하지 않는 한 그렇다는 것입니다.

세대가 그렇게 한다면, 그것은 잘못입니다. 모든 존재는 그 세대에 잘못된 것처럼 보이는 것은 놀랄 일도 아닙니다. 동화에 나오는 재단사 만큼이나 존재가 잘못된 것을 발견한 사람은 아무도 없기 때문입니다. 이 동화에 따르면,[123] 이 재단사는 살아서 천국에 갔습니다. 바로 그 유리한 지점에서 세상을 관조하게 되었던 것이지요. 그 세대가 최고의 것인 그 임무에만 관심을 갖는 한, 그 임무는 항상 사람의 일생에 적합하기 때문에 지칠 수 없습니다.

[124]방학을 맞은 아이들이 12시 전에 이미 모든 놀이를 끝내고 조급하게 "누가 새로운 놀이를 생각해 내면 안 될까?"라고 묻는다면, 이 아이들이 잘

알려진 놀이를 하루 종일 하는 동시대의 아이들 또는 그 이전 세대의 아이들보다 더 발달하고 더 진보했다는 것을 보여주는 것일까요? 아니면 첫 번째 아이들이 놀이에 대한 사랑스러운 진지함이 부족하다는 것을 대신 보여주는 것일까요?

믿음은 인간 최고의 열정입니다. 모든 세대에 믿음을 갖지 않는 사람은 많지만, 그 이상 나아가는 사람은 아무도 없습니다. 우리 시대에도 믿음을 찾지 못하는 사람들이 많은지 여부는 나는 결정하지 않습니다. 그러나 나는 믿음을 중요하지 않은 것으로 만들어, 나 자신을 속이거나 위대한 것을 속이고 싶지 않습니다. 가능한 한 빨리 극복하고 싶은 어린 시절의 질병이라고 속이지 않습니다. 갈 길이 멀다는 것을 숨기지 않으며, 나는 감히 나 자신을 언급하고자 하는 것뿐입니다. 그러나 인생에는 믿지 않는 사람에게도 충분한 임무가 있으며, 그가 정직하게 사랑한다면 그의 삶은 최고의 것을 인식하고 파악한 사람들의 삶과 비교할 수 없을지라도 낭비되지 않을 것입니다.

그러나 믿음에 이른 사람은 (그가 특별한 재능이 있든 평범하고 단순하든 상관없습니다) 믿음에 가만히 있지 않습니다. 참으로 그는 누군가 그에게 이렇게 말하면 분개할 것입니다. 마치 연인이 사랑 안에 가만히 있으라고 말하면 분개하는 것처럼, 분개하는 것이지요. 그는 대답할 것입니다. "나는 결코 가만히 있지 않습니다."

나는 내 인생이 그 안에 있습니다. 그러나 그는 더 멀리 가지 않습니다. 다른 무언가로 넘어가지 않습니다. 이것을 발견하면, 그는 다른 설명을 해야 하기 때문입니다.

[125]"더 나아가야 한다. 더 나아가야 한다."

더 나아가려는 충동은 세상의 오래된 이야기입니다. 자기 생각을 책에 담아 다이애나 신전[126]에 보관한 은둔자, 헤라클레이토스[127](그의 생각은 인생의 갑옷이었기 때문에 여신의 신전에 걸어두었습니다), 그는 이렇게 말했습니다.

"사람은 같은 강을 두 번 걸을 수 없다."[*][128]

그리고 은둔자 헤라클레이토스는 거기에 머물지 않고 더 멀리 나아간 제자가 있었습니다. 그가 부언하여 말했습니다.

"사람은 한 번도 강을 건널 수 없다."[**][129]

불쌍한 헤라클레이토스, 그런 제자가 있었다니! 이 개선에 의해, 헤라클레이토스 논증은 운동을 부정하는 엘레아틱 논증으로 수정되었습니다.[130] 그런데도 그 제자는 헤라클레이토스가 포기한 것으로 돌아가지 않고 더 나아가는 헤라클레이토스의 제자가 되기를 바랐을 뿐입니다.

---

[*] Καὶ ποταμου ῥοή ἀπεικάζων τα ὄντα λέγει ὡς δὶς ἐς τὸν αὐτὸν ποταμὸν οὐκ ἐμβαίης [그는 존재를 강물에 비유하며 같은 강물에 두 번 들어갈 수 없다고 말한다]. 다음을 참고, 플라톤, 『크라틸로스』, 402. Ast., III, p. 158.

[**] 텐네만, 『철학사』 I, p. 220.[131]

참고자료

1 두 번째 직접성으로서의 믿음, 반성 이후의 직접성으로서의 믿음은 다음을 참고하라. Stages, KW XI (SV IX 301 fn); Works of Love, KW XVI (SV IX 342-43); JP II 1123 (Pap. VIII1 A 469) and pp. 594-95; VII, pp. 48-49, 90.

2 다음을 보라. JJ:102, Pap. IV A 92, JP I 899

윤리의 문제를 심미적으로 파악할 수 있을 만큼 사람은 심미적으로 개발되어야 한다. 그렇지 않다면, 윤리적인 것은 별 의미가 없게 된다. 얼마나 많은 사람이 그것을 관리할 수 있을까? 다우브(Daub)는 폭풍우 치는 밤에 군인이 천둥번개 속에서 화약이 장전된 총을 들고 홀로 경계를 서고 있을 때, 그는 다른 사람들이 가지지 못한 생각을 하게 된다고 어딘가에서 말한다. 그가 심미적으로 충분히 개발된다면, 의심할 여지 없이 가능하다. 혼자 살면서 이슬과 비만 마셨으나, 잠시 고독을 버리고 와인을 맛본 다음 술독에 빠진 금욕주의자에 대해 얼마나 많은 사람이 말할 수 있을까? 얼마나 많은 사람이 호기심에 지나지 않고 그들에 대해 말할 수 있을까? 얼마나 많은 사람들이 윤리적 문제로 구성된 불안과 떨림을 느낄까?

3 이 범주는 독일의 낭만주의의 문학 작품에서 처음으로 근대문학적인 가치의 기준으로서 중요한 역할을 연출하게 되었다. 특히 프리드리히 슐레겔에 의해서 새롭게 미학적이고 정신사적으로 의미 있게 이론화되었고 덴마크에서는 J.L Heiberg가 도입하였다.

특히, '흥미로운 것'은 Oehlenschlägers의 희극 Dina i Intelligensblade의 비평에서 J.L. Heiberg에 의해 구체화되었다. 그는 1842년 11월 15일 고대 비극에 대해 썼다. 그는 이 작품에서 다음과 같이 쓴다.

"한마디로 고대 언어에는 이에 상응하는 표현조차 없었던 현대적 개념인 흥미로운 것을 몰랐다. 이 상황은 고대 비극의 위대함과 거대함, 그리고 그 한계를 동시에 의미한다. 이런 유형의 시가 등장인물 묘사를 요구하는 만큼, 밑바닥에 존재하는 등장인물 전개가 거의 불가능하다는 결론이 나온다. 말하자면 여기에는 발전할 것이 아무것도 없기 때문이다. 모든 것은 처음부터 모든 윤곽에서 조형적으로 결정되며 심지어 미리 결정된다."

그는 또한 작품의 후반부에서 '흥미로운 것'은 새로운 미학적 개념이라고 언급한다. 또한, 이와 관련하여서는 다음 자료를 참고하라. Either/Or, I, KW VIII (SV IV 291, 293-94); Postscript, KW XII (SV VII 7, 11, 16, 40-41, 114, 116, 132, 144, 161, 172, 221, 269-75, 338, 533); JP II 205-09 and p. 603; VII, p. 51.

4   여기에서는 윤리학에 대한 키르케고르의 견해가 달라지고 있다. 그래서 이 책의 저자인 침묵의 요하네스는 미학과 윤리학의 경계인 '흥미로운 것'의 영역에서 미학을 출발점으로 하면서, 여러 가지 문학작품에서의 미학적인 취급 방법을 채택함으로써 그와 대조적인 견해를 제시한 후 윤리학의 견해에 접근하고 있다.

5   이 부분은 헤겔과 관련이 있다. 게오르그 빌헬름 프리드리히 헤겔(1770-1831), 철학자, 1801-05년 예나의 개인 도스트(특별 교수), 1816-18년 하이델베르크 교수, 1818년부터 사망할 때까지 베를린 교수. 1800년경에 그는 독립적인 철학 저술을 시작했는데, 그 핵심은 존재의 중심적인 것(절대자)은 정신이고 절대자는 변증법적 성격을 갖는다는 생각이었다. 그에게 역사는 끊임없이 발전하고 있다. 이를 기점으로 철학적 관점을 물질계와 정신계를 아우르는 하나의 큰 체계(system)에 특별한 방법으로 집결시키려는 노력이었다.

6   이 부분은 다음을 참고하라. 아리스토텔레스, 『아리스토텔레스 시학』 박문재 역 (파주: 현대지성, 2021), 42쪽(1452b 10). "플롯에는 반전과 인지라는 두 요소가 있고, 셋째 요소는 수난이다. 반전과 인지는 이미 앞에서 설명했고, 수난은 파괴적이거나 고통스러운 행위다."

7   이 부분은 『시학』의 이전 설명을 참고하면 좋다. "인지는 그 명칭이 보여주듯이, 무언가를 모르다가 아는 상태로 바뀌는 것이다. 이때 등장인물은 극에서 설정한 행운이나 불운에 따라 친구 혹은 원수가 된다."(위의 책, 41쪽)

8   이 부분은 『시학』 11장에서의 오이디푸스왕을 설명하는 것으로 다음과 같다. "인지는 그 명칭이 보여주듯이, 무언가를 모르다가 아는 상태로 바뀌는 것이다. 이때 등장인물은 극에서 설정한 행운이나 불운에 따라 친구 혹은 원수가 된다. 이런 일이 반전과 동시에 일어날 때 최고의 인지가 된다. 『오이디푸스왕』에서 그 사례를 볼 수 있다."(위의 책, 41쪽)

9   이중의 인식의 예는 다음과 같다. "예컨대, 이피게네이아가 오레스테스에게 편지를 보냈기 때문에 오레스테스가 이피케네이아를 알게 되었지만, 이피게네이아가 오레

스테스를 알아보기 위해서는 또 다른 인지가 일어나야 했다."(위의 책, 42쪽)

10   이 부분은 소포클레스의 비극 『오이디푸스 왕』을 말한다. 오이디푸스 왕은 자신도 모르게 아버지를 죽이고, 자신도 모르게 어머니와 혼인한다.

11   이 부분은 다음을 참고하라. Iphigenia in Iphigenia in Tauris by Euripides.
여신 아르테미스의 여사제로 섬기는 이피게네이아는 동생 오레스테스를 죽일 생각을 하지만 에우리피데스의 비극 타우리스의 이피게네이아에서 마지막 순간에 그를 알아본다. 『시학』 14장(1453b 1-1454a 15)에서 아리스토텔레스는 등장인물이 자신의 행동에 대한 통찰력 정도에 따라 서로 다른 비극을 구분한다. 결코 공연되지 않더라도 엄청나게 비극적인 내용이다.

12   현대극과 고대 비극에 대한 더 심층 깊은 논의를 위해서는 다음 자료를 참고하라. Either/Or, I, KW III (SV I 115-41).

13   이 부분에 대해서는 다음을 참고하라. Natural History, 541, a, 27-30, 560 b, 11-17; Aristoteles, ed. Bekker, pp. 541, 560; Works, IV, See JP V 5611 (Pap. IV A 36).

14   앞의 문장은 최종본에서 두 문장으로 대체되었다. 다음을 보라. Pap. IV B 96:8 n.d., 1843
"나는 이것을 짧게 할 수 있다. 내가 잠시 미학의 영역에서 움직일 수 있으므로, 나에 대해 조금 더 가벼운 망토를, 아이러니한 미행을 던질 것이다. 아이러니가 미학의 실행에 참여할 때, 나타나기를 더 좋아한다. 그러나 조금 더 평범한 관찰이다."

15   이 부분은 다음을 참고하라. 에우리피데스, 『에우리피데스 비극 전집 2』 천병희 역 (파주: 도서출판 숲), 375-445쪽.
이 작품은 아가멤논의 딸 이피게네이아가 아울리스 항에서 그리스군을 위해 제물로 바쳐진 이야기를 다루고 있다. 아가멤논은 아우 메넬라오스의 성화에 못 이겨 아킬레우스와 결혼시킨다는 핑계를 대며 딸 이피게네이아를 마지못해 아울리스로 데려오게 한다. 하지만 이 때문에 괴로워하던 그는 다시 사람을 시켜 딸을 보내지 말라는 내용의 편지를 보낸다. 두 번째 편지를 전달하기 위해 출발한 사자가 메넬라오스에게 제지당하는 순간에 클리템네스트라와 이피게네이아가 아울리스에 도착한다. 메넬라오스가 자신의 행동을 후회하면서 원정을 포기하겠다고 하지만, 아킬레우스는 자신이 사기극의 미끼로 이용되었음을 알고 이피케네이아를 구하려고 노력하지만, 처음에는 살려 달라고 애원하던 이피게네이아가 심기일전하여 그리스군을 위한 제물이 되기를 자청한다.

16   위의 책, 383쪽 참고. 이 사실을 알았던 사람은 그리스 사람 중에 칼카스, 오뒷세우

스와 메넬라오스 그리고 아가멤논뿐이었다.

17　이 부분은 위의 책, 414쪽을 참고하라.

클리템네스트라　이제 자네가 숨기고 있는 이야기를 내게 털어놓게.

늙은 하인　　마님의 따님을 아버지가 손수 죽이려 해요.

클리템네스트라　뭐라고? 말이 되는 소리를 해야지. 할아범. 자네 제정신이 아니구먼.

늙은 하인　　칼로 불쌍한 따님의 하얀 멱을 따려 해요.

클리템네스트라　아아, 가련한 내 신세. 내 남편이 실성한 것인가요?

늙은 하인　　정신은 멀쩡하세요. 단지 마님과 마님의 따님에 대해서만 실성하신 거죠.

클리템네스트라　무엇 때문에? 어떤 복수의 악령이 그이한테 덤벼든 거지?

늙은 하인　　신탁때문이지요. 군대가 출항할 수 있도록 칼카스가 일러 준 신탁이요.

18　마가복음 1:11, "하늘로부터 소리가 나기를 너는 내 사랑하는 아들이라. 내가 너를 기뻐하노라 하시니라."

19　사사기 11:37-38, "또 그의 아버지에게 이르되 이 일만 내게 허락하사 나를 두 달만 버려두소서. 내가 내 여자 친구들과 산에 가서 나의 처녀로 죽음을 인하여 애곡하겠나이다 하니 그가 이르되 가라 하고 두 달을 기한하고 그를 보내니 그가 여자 친구들과 가서 산 위에서 처녀로 죽음을 인하여 애곡하고"

20　Euripides, tr. Wilster, p. 145. In Complete Greek Tragedies, IV, p. 359. 또한, 한 역본 에우리피데스, 『에우리피데스 비극 전집 2』, 427쪽. 본문에서의 '올리브 가지'는 은혜에 대한 열망을 표현한 것이다. 아래의 한역본은 조금 다르게 표현되어 있다. "오오, 아버지, 제게 오르페우스의 목소리가 있어 바위가 저를 따라오게 하고, 제 마음대로 누구든 노래로써 설득하고 호릴 수 있는 힘이 있다면, 그 힘을 사용했을 거예요. 한데 제 재주라고는 눈물뿐이니, 그걸 보여드릴게요. 그것은 제가 할 수 있으니까요. 탄원자의 나뭇가지처럼 저는 여기 이 여인이 아버지에게 낳아 주신 내 몸을 아버지의 무릎에 밀착시키고 있어요. 때가 되기도 전에 저를 죽이지 마세요. 햇빛을 보는 게 저는 달콤해요. 땅 밑을 보라고 저를 강요하지 마세요. 제가 맨 먼저 아버지를 아버지라 불렀고, 아버지도 저를 맨 먼저 자식이라 부르셨어요. 제가 맨 먼저 아버지의 무릎에 기어 올라가 아버지를 안기도 하고 아버지에게 안기기도 했어요."

21　큐피드(영어: Cupid)는 로마 신화의 사랑의 신으로 날개를 달고 있고 사랑의 화살을 쏘는 변덕스러운 아기로 종종 그려진다. 열정적인 욕망(passionate desire)을 뜻하는 라틴어 Cupido에서 유래되었으며 그리스 신화의 에로스와 상응한다.(위키피디

아 참고)

22 루키우스 아폴레이우스,『황금 당나귀』송병선 역 (파주: 현대지성, 2018), 5장을 참고하라. 이 부분을 한역본에서는 다음과 같이 옮기고 있다.

"당신도 알겠지만, 우리는 곧 가정을 갖게 될 것이오. 당신이 침묵을 지키고 우리의 비밀을 간직한다면, 지금 당신 배 속에 자라고 있는 아이는 세상에서 태어나 신이 될 것이오. 하지만 우리의 비밀을 누설한다면, 그는 신이 아닌 인간이 되고 말 것이오."

23 이 작품은 레싱의 연극 비평과 성찰에 대한 모음집이다. 첫 두 희곡은 "기독교 비극" 이라는 배경을 다룬다. 다음을 참고하라. Tasso's Olindo and Sophronia

24 "Theologia viatorum"라는 말은 '나그네 신학'이다. 이 말은 "theologia beatorum" "축복 신학"과 대조된다. 다음을 참고하라. K.G. Bretschneider Handbuch der Dogmatik vol. 1-2, 4판, 라이프치히 1838[1813], ktl. 437-438; § 4 "신학의 구분", vol. 1, 12쪽, 각주 14에 다음과 같이 명시되어 있다.

"이생에 있는 사람들과 영원에 있는 사람들에 대한 낡은 신학의 구분과 이해는 쓸모 없고 잘못되었다."

여기에서 말하는 '나그네 신학'과 '축복 신학'은 키르케고르의 '전투의 교회'와 '승리의 교회'의 개념과 유사하다. 이 부분에 대해서는 키르케고르의『기독교의 실천』제3부를 보라.

25 다음을 보라. 아리스토텔레스의『정치학』V, 4, 1303b 37-1304a 4. 일부의 내용을 언급하면 다음과 같다. "신부의 친족들은 비밀리에 조롱을 당하고 있다고 생각하여 그가 성전에서 제사를 드리고 있을 때 보복하려고 성전 금고에서 보석 하나를 신부의 기물들 가운데서 꺼냈다. 그는 성전 강도로 사형에 처할 지경에 이르렀다."

26 이 문장의 최종본에서 삭제된 것은 다음과 같다.
요셉의 형제들이 그의 옷을 적시듯, 그가 분위기의 피에 그것을 적신다면, 지금 슬퍼하는 야곱의 눈앞에서 그것을 잡고 있다면, 그는 그것을 알아보지 않을까?-Pap. IV B 96:10 n.d., 1843

27 이것은 그 당시 주로 결혼예식에서 주례자가 하는 말을 암시한다. "성부, 성자, 성령 하나님의 이름으로, 하나님이 함께 결합하신 것을 사람이 나누지 못하리라."

28 이 부분은 여러 의미를 암시하고 있다. 먼저, 1815년 러시아, 프로이센, 오스트리아 사이에 체결된 동맹을 암시한다. 나중에 1816년 덴마크를 포함한 다른 유럽 국가들이 합류한 이 동맹을 신성 동맹이라 불렀다. 나폴레옹이 몰락한 후 유럽의 관계는 러시아의 종교적 관심을 가진 황제 알렉산더 1세의 주도로 존재하게 되었다. 이 동맹은 "신성한 불가분의 삼위일체의 이름"으로 1830년에 체결되었다. 또한, 여기에서는

키르케고르 본인의 약혼을 비유적으로 암시하고 있다.

29   이 작품의 부제가 "변증법적 서정시"이다. 그런데도 요하네스 드 실렌티오는 그가 시인이거나 변증가(철학자)임을 번갈아 주장하기도 하고 거부하기도 하는 것처럼 보인다. 시인의 과제에 대해서는 영역본 15-16을 보라. 그는 이 과제를 수행한다. 90쪽에서 그는 시인이 아니라고 말한다. 다만, 그는 변증가이다. 7, 9쪽에서 그는 철학자임을 부인한다. 그의 부인에도 불구하고, 그는 지식에 대한 소크라테스적인 부인과 닮았다. 그는 시적으로 아브라함과 믿음의 기사를 찬양한다. 철학자로서(체계에 기여하는 것이 아니라면), 그는 변증법적으로 철저하게 사유한다.

30   이 부분은 다음을 참고하라. Repetition, p. 146, KW VI (SV III 187), 여기에서 이 대안은 바뀐다.

31   다음을 참고하라. 아담 외흘렌슐레게르의 비극 Axel og Valborg(1810)은 중세 노르웨이를 배경으로 한다. 왕 하콘은 발보르그를 탐내지만, 발보르그는 악셀을 사랑하며, 악셀 또한 발보르그를 깊이 사랑한다. 이 비극은 두 사람이 가까운 혈연 관계이고 대부모와 대자녀 관계에 있다는 사실에서 비롯된다. 하지만 이 사실에 대해 각자는 다른 태도를 보인다. 악셀은 젊은 시절에 맹세한 사랑을 지키기 위해 교황의 축복을 받아 근친 관계를 승인받는 데 성공한다. 그러나 왕의 음모를 꾸미는 참모는 교회의 법률을 잘 알고 있으며, 트론헤임의 니다로스 대성당에서 금지된 사랑을 교회가 거부했음을 공식적으로 선언한다. 그는 말한다.
"왕의 칼로, 교회의 손 안에서, / 이 천을 자르듯이, / 하늘은 영원히 아셀 토르드손과 발보르그 이메르의 딸을 분리한다."(Oehlenschlägers Tragødier, 9권, 코펜하겐, 1841-44, 제5권, 1842, p. 58).
이처럼, 두 연인을 분리한 것은 하늘 그 자체라기보다는 스스로 하늘의 대표라고 자임한 교회의 인물이다.

32   이 말은 혼외 관계를 의미한다.

33   이는 창세기 29장 15-30절에 나오는 이야기로, 교활한 라반이 야곱을 속여 자신이 사랑했던 더 젊고 아름다운 라헬 대신 레아와 결혼하게 만든 사건을 가리킨다. 야곱은 라헬을 얻기 위해 7년 동안 일했지만, 라반은 속임수를 써서 야곱이 먼저 레아와 결혼하도록 했다. 이 이야기에서 라반의 행동은 이상과 현실 사이의 갈등을 상징적으로 나타낼 수 있다.

34   다음을 참고하라. Lessing, Hamburgische Dramaturgie, no. XXII; Schriften, XXIV, pp. 163-65; Hamburg Dramaturgy, pp. 57-58.
영국 여왕 엘리자베스 1세(재위 1558-1603)에 대한 이야기이다. 고트홀트 에프라

임 레씽(Gotthold Ephraim Lessing)은 Hamburgische Dramaturgie(1767) 22번과 23번에서 역사적 사실과 픽션 간의 관계를 논하며 피에르 코르네유(Pierre Corneille)의 비극 Der Graf von Essex (1678)을 인용한다. 이 작품은 엘리자베스 여왕과 에식스 백작(Essex)의 관계에 대한 역사적 기록을 기반으로 한다.

정치적 이유로 엘리자베스는 자신의 연인이었던 에식스 백작을 처형할 수밖에 없었으며, 실제로 이 처형은 1601년에 이루어졌다. 몇 년 후, 노팅엄 백작 부인(Countess of Nottingham)이 임종 직전 엘리자베스를 불러 그녀에게 자신이 백작의 사형을 막을 기회를 차단한 실질적 원인임을 고백했다고 전해진다.

백작은 감옥에서 자신의 사면 요청을 표현하기 위해, 스쿱 부인(Lady Scroop)을 통해 여왕에게 반지를 전달하려 했다. 그러나 이 반지가 실수로 노팅엄 백작 부인에게 전달되었다. 백작 부인의 남편인 노팅엄 백작은 에식스 백작의 철천지원수였기 때문에, 부인이 반지를 여왕에게 전달하지 못하도록 막았다. 노팅엄 백작 부인의 고백을 들은 엘리자베스는 다음과 같이 말했다고 전해진다.

"신께서는 당신을 용서하실지 모르지만, 나는 결코 그럴 수 없다!"

그녀의 반응에 대한 이야기는 이렇게 이어집니다.

"여왕은 극도의 충격 속에서 방을 떠났고, 그 순간부터 그녀의 생명력이 완전히 꺾였습니다. 그녀는 음식도 음료도 거부했고, 약도 거부했습니다. 그녀는 침대에 들지 않고, 열흘 동안 방석에 앉아 아무 말 없이 손가락을 입에 물고, 눈을 땅에 고정한 채 깊은 생각에 잠겼습니다. 그리고 마침내, 내적인 고통과 오랜 단식으로 완전히 쇠약해진 채 숨을 거두었습니다." 출처: 레싱의 Lessing's sämmtliche Schriften(1827) 24권, 163쪽.

이 이야기는 엘리자베스 여왕의 깊은 후회와 죄책감, 그리고 정치적 판단이 인간적인 고통과 어떻게 얽혀 있었는지를 극적으로 보여준다.

35 이 텍스트는 침묵, 고통, 윤리와 미학의 갈등을 다룬다. 키르케고르는 엘리자베스 여왕의 사례를 통해 고통과 침묵의 윤리적, 미학적 의미를 탐구하며, 미학이 종교와 협력함으로써 더 높은 차원에서 자신을 구원할 수 있음을 제안한다.

36 예를 들어 다음을 참고하라. "Agnete og Havmanden," in Christian Molbech, Et Hundrede udvalgte danske Viser (Copenhagen: 1847), pp. 313-15.

아그네테와 바다 남자에 대한 전설:

이 중세 덴마크 민요의 모티프는 "Udvalgte Danske Viser fra Middelalderen" (선별된 중세 덴마크 민요, 139,24)의 1권 313쪽에 실린 "아그네테와 바다 남자"에서 비롯되었으며, 이후 옌스 바게센(Jens Baggesen, 195,9)과 한스 크리스티안 안데르센(H.C. Andersen)에 의해 현대적으로 재해석되었다.
Udvalgte Danske Viser에 수록된 이 작품의 첫 세 연은 다음과 같다.
아그네테는 높은 다락방의 발코니에 서 있고,
곧 바다 밑바닥에서 한 바다 남자가 올라왔다.
하아, 하아, 하아!
곧 바다 밑바닥에서 한 바다 남자가 올라왔다.

"들어봐요, 아그네테! 내가 당신에게 말하는 걸요.
'나의 가장 사랑스러운 사람이 되어줄래요?'"
하아, 하아, 하아!
"나의 가장 사랑스러운 사람이 되어줄래요?"

"오, 물론이죠. 그렇게 하겠어요,
당신이 날 데리고 바다 밑으로 간다면요."
하아, 하아, 하아!
"당신이 날 데리고 바다 밑으로 간다면요."

옌스 바게센의 재해석:
옌스 바게센은 "Agnete fra Holmegaard"(1808)에서 이 이야기를 보다 심리적으로
세련되게 다듬었다. 그의 재해석은 키르케고르가 묘사한 것보다 더 복합적이며, 다음
과 같이 시작된다.
아그네테는 순수했고, 사랑받았으며, 충실했지만, 항상 외로웠다. 그녀는 결코 안식을
찾지 못했다 ―결코 안식을. 그녀는 다른 사람들에게 기쁨을 주었지만, 결코 그녀 자
신은 기쁘지 않았다. 아그네테는 파란 파도를 응시하며 그리고 보라! 한 바다 남자가
깊은 곳에서 올라와 섰다―위로 올라와 섰다―하지만 아그네테는 계속 파도만 바라
보았다.

이 재해석 중 하나의 연은 키르케고르가 레기네 올센(Regine Olsen)에게 보낸 편지
에도 포함되어 있다.

H.C. 안데르센의 재해석:
한편, H.C. 안데르센은 이 이야기를 희곡으로 각색하여 "Agnete og Havmanden"

(1834)을 발표했지만, 작품은 실패하여 1843년 4월 20일과 5월 2일, 단 두 번만 덴마크 왕립극장에서 상연되었다. 이 전설은 예술적, 심리적, 그리고 드라마적 해석을 통해 여러 방식으로 발전했지만, 특히 안데르센의 희곡은 당대 대중으로부터 큰 호응을 얻지 못한 채 잊혀졌다.

또한 다음을 보라.
나는 아그네스와 인어의 전설을 어느 시인도 생각해 본 적이 없는 각도에서 각색하는 것에 대해 생각해 보았다. 그 인어는 유혹자이지만, 그가 아그네스의 사랑을 얻었을 때, 너무 감동받아 완전히 그녀의 것이 되고 싶어 한다. 하지만 보시다시피, 그는 이것을 할 수 없다. 왜냐하면 그는 그녀에게 그의 모든 비극적인 삶을 시작해야 하기 때문이다. 특정 시간에 그가 괴물이었고, 교회가 그들에게 축복을 줄 수 없다. 그는 절망했다. 절망하여 바다 밑바닥으로 곤두박질쳐 그곳에 남았다. 그러나 아그네스는 그가 그녀를 속이고 싶었을 뿐이라고 믿게 된다. 하지만 이것은 시이지, 모든 것이 우스꽝스러움과 말도 안 되는 것을 중심으로 돌아가는 비참하고 가엾은 쓰레기가 아니다. 그러한 복잡한 것은 종교적인 것(모든 마법을 해결하기 때문에 그 이름을 가지고 있음)에 의해서만 해결될 수 있다. 인어가 믿을 수 있다면, 그의 믿음은 아마도 그를 인간으로 변화시킬 수 있다.─JP V 5668(Pap. IV A 113) n.d., 1843

37 이런 해석 중에는 한스 크리스티안 안데르센이 희극 작품을 가지고 한 것이 하나 있다. 이 작품은 1834년에 쓰였으며, 1843년 4월 20일과 5월 2일에 코펜하겐에서 공연되었던 Agnet eog Havmanden이었다.

38 초고에서 삭제된 부분은 다음과 같다.(Pap. IV B 91:1).
(바다)─이 신비를 설명한다. 사로잡힌 자는 포로이고, 포로인 자는 사로잡힌다.…─Pap. IV B 91:1, n.d., 1843

39 영역본 82쪽 각주 4번을 보라.

40 순진한 소녀의 개입으로 괴물을 구할 수 있다는 것이 잘 알려진 동화의 모티브이다. 하지만 이것이 "아그네스와 인어"의 일부는 아니다.

41 이것은 아그네스와 인어의 전설에는 없다. 하지만 예를 들어, "미녀와 야수(Deiligheden og Uhyret)"에서는 찾아볼 수 있다. 덴마크어 작품인 다음을 참고하라. Christian Molbech, Udvalgte Eventyr og Fortællinger (Copenhagen: 1843), no. 8, pp. 25-41.

42 다음을 참고하라. Stages, KW XI (SV VI 191-93).
'흥미로운 것'은 J.L. 하이버그에 의해 전면에 등장했다. 하이버그는 인텔리겐스블레이드(Intelligensblade)에 실린 올렌슐라거(Oehlenschlägers)의 희곡 디나(Dina)에 대한 1842년 11월 15일자 비평에서 고대 비극에 대해 이렇게 썼다.

"한마디로, 고대 언어에는 현대적 개념인 흥미의 표현도 없었고 이에 대해 몰랐다. 이러한 상황은 고대 비극의 위대함, 거대함, 그리고 그 한계를 동시에 나타낸다. 왜냐하면 이런 종류의 시에는 인물 묘사가 필요한 만큼 기본적으로 인물 전개를 거의 제시할 수 없기 때문이다. 말하자면, 여기에서는 대리석 조각상보다 더 이상 발전 할 것이 없다. 모든 것이 처음부터 모든 윤곽선에서 유연하게 결정되어 있으나 실제로 미리 결정되어 있다." Intelligensblade vol. 2, 1843, 80쪽.

비평 후반부에 다음과 같이 명시되어 있다.

"말한 내용에서 '디나'에 특히 적용할 수 있는 범주는 다른 미적 개념을 이해하지 못하는 사람들조차도 모두가 이해하는 매우 인기 있는 용어인 흥미로운 것을 알 수 있다. 나는 이미 흥미로운 것이 새로운 예술에 속하는 개념이라고 위에서 언급했다. … 많은 교육받은 사람들, 특히 월터 스콧, 불러, 스크라이브, 빅토르 위고가 가능한 최고의 시적 즐거움을 제공하는 사람들은 극장에서 이 공연이나 그 훌륭한 공연에 즐거웠는지 물어보면 거의 화를 낸다. '나를 즐겁게 했다고요?' 그들은 경멸적으로 대답한다. '아니, 그것은 나에게 최고로 흥미로웠던 공연이었습니다.' 그들은 숭고하고 고양된 것과 마찬가지로 유쾌한 것은 즉각적인 마음의 기분을 가리키며, 따라서 많은 성찰이 여전히 포함되어 있는 흥미로운 것보다 예술의 결과를 훨씬 더 많이 나타낸다는 것을 깨닫지 못한다." 95쪽.

미학적 용어로 '흥미로운 것'은 프리드리히 슐레겔이 "그리스 시학에 관하여"(1795-96)에서 소개한 것으로, 이에 대해서는 다음을 참고하라. Schlegel's sämmtliche Werke bd. 1-10, Wien 1822-25, ktl. 1816-1825; bd. 5, 1823, s. 5-332.

11쪽에서 그리스 시와 달리 새로운 시는 "순수하고 무조건적인 예술적 가치의 첫 번째 조건인 객관적 일반성을 주장하지 않으며, 그 이상과 목표는 흥미로운 것, 즉 주관적으로 매력적이고 시적으로 효과적인 것"이라고 명시되어 있다. 이 용어는 일반적으로 감성을 자극하고, 감각적이며, 부조화를 일으키고, 즉각적으로 흥미를 유발하여 대중을 기쁘게 하지만, 매력적이지 않아 예술에 접근하기 어렵다고 생각하는 일부 비평가들에게는 불쾌감을 주는 예술적 수단을 포괄하는 용어이다. 따라서 '흥미로운 것'은 점점 더 화려한 수단을 통해 관객에게 호소하는 예술가의 호소력과 현대인에게 없어서는 안 될 요소로 여겨지는 (자기)성찰의 요소와 모두 연결된다.

43   원래 덴마크어에서 이 단어는 '형성(formation)'이라는 뜻이다.
44   원래 덴마크어에서 이 단어는 '존재(existence)'라는 뜻이다.

45 이 부분은 기독교적인 의미에서 '죄가 없음'의 의미가 내포되어 있음을 주의해야 한다.

46 인어가 되기 전 인간으로서의 과거의 삶이다. 이것은 플라톤에서처럼 영원한 선재가 아니다.

47 이 부분의 초고의 여백에 추가된 것은 다음과 같다.
비겁한 배신만큼 경멸적인 것은 없다. 성전 침입자도 성전에서 장사하는 사람들만큼 경멸적이지 않다.-Pap. IV B 91:13 n.d., 1843

48 이것은 아마도 특히 헤겔의 철학과 많은 헤겔 철학기반의 신학자들의 작업에서 취한 형태를 가리키는 것으로 추정된다. 헤겔의 사변적 변증법적 방법에 따르면, 모든 지식 분야의 (개념적) 발전은 직접적인 것에서 시작하여 그것이 대상인 모순을 보여줄 것이다. 이 모순은 필연적으로 제기되어야 하며, 이는 절대적 지식이 모든 모순을 제기하고 흡수할 때까지 더 높은 관점에서 의식화함으로써 이루어진다. 따라서 '첫 번째 직접성'은 더 높은 지식에서 상쇄되는 것이지만, 지식이 신앙보다 더 높지 않으려면 신앙은 가장 높은 지식 다음에 오는 '두 번째 직접성'으로 생각되어야 한다고 키르케고르는 말한다. 따라서 '다른 직접성'으로서의 믿음은 철학적 개념 전개에서 벗어나야 한다. 그러나 헤겔이 키르케고르가 말하는 의미의 믿음을 인식했는지는 여전히 의문이다.

49 이 부분은 다음을 참고하라. Cf. Hegel, Encyclopädie, Logik, para. 24, Zusatz 3, Werke, VI, pp. 55-59; J.A., VIII, pp. 92-97; Hegel's Logic, tr. Wallace, pp. 42-45: "우리 모두는 인간의 본성이 악하고 원죄라고 불리는 것으로 오염되었다는 신학적 교리를 알고 있다. 이제 우리는 교리를 받아들이는 동안 첫 사람의 우발적인 행위로 인한 결과로 원죄를 나타내는 사건 설정을 포기해야 한다. 정신이라는 개념만으로도 인간이 본질적으로 악하다는 것을 보여 주기에 충분하며, 그렇지 않을 수 있다고 상상하는 것은 오류이다. 인간이 자연의 피조물처럼 존재하고 행동하는 한, 그의 모든 행동은 그렇게 해서는 안 되는 것이다. 정신에게는 자유롭고 자신의 행위로 자신을 실현하는 것이 의무이다. 자연은 인간에게 단지 그가 변화시켜야 할 출발점일 뿐이다."(44쪽).

50 이 부분은 영역본 69쪽 각주 6번 확인 요망

51 이것은 악마적인 것과 회개까지도 희극적으로 흥미를 느끼는 영역을 의미한다.

52 나브스필(Gnavspil, 벡셀스필이라고도 함)이라는 덴마크 게임에서는 가방에서 뽑은 다양한 그림 중 하나를 특정 규칙에 따라 몰래 전달된 바보의 모습에 속한다. 다음을 참고하라. Fragments, KW VII (SV IV 191)

53   예를 들어, 다음을 보라. Ludwig Feuerbach, 《죽음과 불멸에 대한 고찰》 (Gedanken über Tod und Unsterblichkeit) (뉘른베르크: 1830). 포이어바흐는 이 작품에서 영혼 불멸을 부정한 바 있다. 그는 개인의 불멸을 부정했던 좌파 헤겔주의 자였다. 키르케고르는 이에 따라 촉발된 논의에 대해 알고 있었다. 그는 몰 마틴 뮐러의 《최신 관련 문헌을 중심으로 한 인간 불멸의 증명 가능성에 대한 고찰》에 대해 비평하면서 다음과 같이 말한다.

"우리는 여기서 불멸에 대한 명시적인 거부가 기독교 세기의 그 어느 때보다 오늘날 더 흔하다다는 것은 기정사실입니다."

다음을 참고하라. 《Tanker over Muelighenden af Beviser for Menneskets Udødelighed, med Hensyn til den nyeste derhen hørende Literatur》 i Maanedsskrift for Litteratur bd. 17, Kbh. 1837, 1-72쪽과 422-453쪽.

54   γνῶθι σαυτον(그노티 사우톤) 너 자신을 알라! 델포이에 있는 그리스 최고의 아폴로 신전에 새겨진 비문. 이 말은 이오니아의 철학자 밀레투스의 탈레스(기원전 624년~기원전 545년)와 스파르타의 법률가 킬론(기원전 580년)이 남긴 글귀이다. 다음을 참고하라. 디오게네스 라에르티오스, 《그리스 철학자 열전》 전양범 역 (서울: 동서문화사, 2016), 27쪽.

"무엇이 어려운 일인지를 묻자, "자기 자신을 아는 것이다"라고. 또 무엇이 쉬운 일인가라는 물음에는 "남에게 충고를 하는 것이다"라고. 무엇이 신적인 일인가 하는 물음에는 "시작도 끝도 없는 것"이라고 대답했다."

55   W.G. 테네만은 『철학사』 1권, 94쪽에서 피타고라스가 제자들에게 자기계발의 기술을 어떻게 가르쳤는지 이야기한다.

56   이 부분에 대해서는 다음을 참고하라. 플라톤, 《플라톤 전집 II》 천병희 역 (파주: 도서출판 숲, 2019), 22-2쪽(230 a): "그런 것들을 믿지 않는 사람이 어설픈 지식으로 그런 것들을 일일이 그럴듯하게 설명하려면 많은 시간이 필요할 거야. 그런데 나는 전혀 그럴 여가가 없네. 여보게, 그 이유는 이렇다네. 델포이의 명문이 지시하듯 나는 아직도 나 자신을 알지 못하는데, 내가 그것도 모르면서 다른 일들을 고찰한다는 것은 우스운 일이라고 생각되기 때문일세. 그래서 나는 지금 그런 것들에 관심을 두지 않고 그에 대한 통념을 받아들이면서, 방금 말했듯이 그런 것들이 아니라 나 자신을 고찰한다네. 내가 사실은 튀폰보다 더 복잡하고 더 사나운 짐승인지, 아니면 신적이고 조용한 품성을 타고난 더 온순하고 더 단순한 동물인지를 알아내기 위해서 말일세. 그건 그렇고, 여보게, 이것이 우리가 말한 그 나무가 아닌가?"

그리고 다음을 참고하라. Fragments, KW VII (SV IV 204)

57   무기물에서 유기물이 직접 출연하는 것을 의미한다. 이 학설은 1860년대 루이 파스퇴르에 의해 확정적으로 수정되기 전까지 자연 과학자들 사이에서는 상당히 일반적이었다고 한다.

    자연발생설은 생명체가 부모 없이 스스로 생길 수 있다는 가설이며, 아리스토텔레스가 주장한 생명의 종말에 관련된 학설 중 하나이다. 이탈리아의 시인이자 의사, 생물학자였던 프란체스코 레디(Francesco Ready)의 대조실험을 계기로 자연발생설을 부정하는 실험증명이 시작되어 1861년 프랑스의 화학자이자 생물학자인 루이 파스퇴르의 저서 《자연발생설 비판》에 의해 사실상 완전히 부정된다. 파스퇴르연구소 박물관에 진열된 백조목 플라스크는 153년 전 파스퇴르가 실험한 그대로 보존되어 있으며 여전히 자연발생한 생명체는 없다. (위키피디아 참고)

58   외경, 토비트서 6-8장을 참고하라.

59   토비트서 6:14-15, "그때에 토비아가 라파엘에게 이렇게 대답하였다. '아자리아 형님, 나는 그 여자가 이미 일곱 번이나 결혼했었다는 말을 들었습니다. 그와 결혼한 남편들은 신방에서 모두 죽었다지요? 첫날밤 그 여자에게 가까이 가려다가 모두 죽었다면서요? 귀신이 그들을 죽였다는 소문도 들었습니다. 나도 죽을까 겁이 납니다. 귀신이 그 여자를 해치지 않고 그 여자를 가까이하려는 남자만 죽인답니다. 나는 우리 집안의 외아들입니다. 만일 내가 죽는다면 내 부모가 나 때문에 지레 돌아가실 터이니 결국 내가 그들을 죽인 셈이 될 것입니다. 내 부모에게는 그들을 묻어드릴 자식이 나밖에 없습니다.'"

60   이 부분은 다음을 참고하라. Friedrich von Schiller, "Resignation," st. 2, 1. 3; Schillers sämmtliche Werke, I-XII (Stuttgart, Tübingen: 1838; ASKB 1804-15), I, p. 95; The Poems of Schiller, tr. Edgar A. Bowring (New York: Hurst, 1851), p. 77: "나에게서 이 기쁨의 보증서를 돌려받으세요."

61   채권의 상환을 목적으로 우선권을 부여하는 채권

62   Longus, Daphnis and Chloe, Introduction, para. 2; Longi Pastoralia græce & latine, ed. Ernest Edward Seller (Leipzig: 1843; ASKB 1128), p. 4; Daphnis & Chloe, tr. George Thornley, rev. J. M. Edmonds (New York: Putnam, 1916), p. 9.

63   물고기의 심장과 간: 토비아가 티그리스 강에서 물고기를 잡았는데, 천사가 심장과 간을 뜨거운 숯불에 올려놓고 귀신 들린 사람 앞에 놓으면 귀신이 즉시 사라질 것이니 숨기라고 한다(참고, 토비트서 6:1-8). 토비아가 처음 사라와 동침할 때 천사의 말대로 하자 악마는 냄새를 맡는 순간 윗 이집트로 도망쳐 천사가 사슬에 묶어 놓는다.

토비트서 8:2-3을 보면 다음과 같다. "그들은 음식을 다 먹고 나자 자고 싶은 생각이 들었다. 사람들이 신랑을 데리고 가서 신방으로 들여보냈다. 그때에 토비아는 라파엘의 말을 기억하고 자기가 가지고 다니는 자루에서 물고기 간과 염통을 꺼내어 타오르는 향불 위에 올려놓았다. 그 물고기 냄새를 맡고 귀신은 이집트 땅 먼 곳까지 도망을 가버렸다. 그때에 라파엘은 그 귀신을 날쌔게 쫓아가서 손발을 묶고 꼼짝도 못 하게 해놓았다."

64   토비트서 8:4, "토비아를 데려다준 사람들이 신방에서 나와 문을 닫자 토비아는 침대에서 일어나 사라에게 이렇게 말하였다. '여보, 일어나시오. 우리 주님께 기도드리며 우리에게 자비와 구원을 내려주시기를 간구합시다.'"

65   이 부분은 토비트서 8:11-12를 보라. "무덤을 다 판 후에 라구엘은 집으로 돌아가서 자기 아내를 불러, 이렇게 말하였다. '하녀 하나를 들여보내어 신랑이 살아 있는지 보고 오게 하시오. 그가 죽었으면 아무도 모르게 그를 묻어버려야겠소.'"

66   사도행전 20:35, "범사에 여러분에게 모본을 보여준 바와 같이 수고하여 약한 사람들을 돕고 또 주 예수께서 친히 말씀하신 바 주는 것이 받는 것보다 복이 있다 하심을 기억하여야 할지니라."

67   이 부분은 레위기 1:9을 암시한다. "그 내장과 정강이를 물로 씻을 것이요 제사장은 그 전부를 제단 위에서 불살라 번제를 드릴지니 이는 화제라 여호와께 향기로운 냄새니라."

68   동화 속 캐릭터인 파란 수염 기사는 샤를 페로(Charles Perraults)의 인기 작품인 <엄마 거위 이야기>(Les contes de ma mère l'Oye, 1697)로, 민 가세모더스 포르테링거(Min Gaasemoders Fortællinger, 1820년 이후 번역)를 통해 알려져 있다. 파란 수염 기사는 엄청난 부자였지만 커다란 푸른 수염으로 유명세를 탔다. 여러 번 사별한 후 그는 아주 어린 소녀와 결혼했다. 결혼식 직후 그는 여행을 떠나면서 아내에게 비밀 방의 열쇠를 남겼는데, 아내가 들어가지 못하도록 금지했다. 그가 부재 중일 때, 그녀는 어떻게든 들어가서 토막 난 시체들을 발견했다. 그들은 그가 살해한 파란 수염 기사의 전 부인이었다. 곧 집으로 돌아온 그는 아내의 불순종을 깨닫고 아내를 죽이고 싶었다. 그러나 마지막 순간에 그녀의 형제들이 그를 무장 해제하고 살해했다. 푸른 수염의 이야기는 여러 예술적 치료의 대상이 되었는데, 키르케고르가 여기서 기사의 독일어 이름을 사용한 것은 1839년 덴마크어로 번역된 루드비히 티크의 극적인 형식의 재구성본 "파란 수염 기사 옛이야기(Ridder Blaaskiæg. Et Eventyr)"를 가장 직접적으로 참조했기 때문일 수 있다. 다음을 참고하라.
Ridder Blaaskiæg. Et Eventyr i Digtninger af Ludwig Tieck, overs. af A. Oehlen-

schläger, bd. 1-2, Kbh. 1839; bd. 1, s. 1-64.

69   King Richard the Third, I, 1; Shakespeare's dramatische Werke, I-XII, tr. August Wilhelm v. Schlegel and Ludwig Tieck (Berlin: 1839-40; ASKB 1883-88), III, pp. 235-36.

글로스터(리처드 3세 이후) : 영국의 리처드 3세(1452-85)는 1483년 즉위하기 전까지 글로스터 공작이었다. G.E. 레싱은 <라오쿤: 또는 회화와 시의 한계를 넘어서>(Laokoon: oder über die Grenzen der Malerei und Poesie, 1766년)에서 대비를 이룬다. 셰익스피어 작품의 두 인물, 리어왕의 글로스터 백작의 사생아인 에드먼드의 이름을 딴 연극에서 리처드 3세는 다음과 같이 묘사된다. "가장 극악무도한 범죄를 통해 왕위에 올랐고, 리처드 3세라는 이름으로 왕위에 올랐다." Lessing의 sämmtliche Schriften, bd 1, p. 341ff.

70   William Shakespeare, 《헨리 6세 제1부/헨리 6세 제2부/헨리 6세 제3부/리처드 3세/헨리 8세》 신상웅 역 (서울: 동서문화사, 2019), 301.

71   극작가 리처드 컴벌랜드(1732-1811)가 1796년 덴마크어로 번역하여 1795-1835년 기간 동안 극장에서 공연한 작품이다. 유대인 셰바는 모든 사람이 구두쇠이자 약탈자로 간주하지만, 그는 은밀하게 자비로운 자이다. 자신에 대한 판단이 부당하다는 것을 알고 있기 때문에 다른 사람들보다 기분이 나아진다는 만족감을 느낀다.

72   Jens Baggesen, "Kirkegaarden i Sobradise," Danske Værker, I-XII (Copenhagen: 1827-32; ASKB 1509-20), I, p. 282. 여기에서 다음과 같이 나온다. "프랑스와 독일의 방식으로 서사시, 비극 등을 쓴 우리 도시 최고의 시인 킬데발레가 이곳에 묻혔으니, 그가 불멸이 된다면 우리 모두도 불멸이 되겠지!"

73   다음을 참고하라. Seneca, On Tranquillity of Mind, 17, 10; L. Annae Senecae Opera, I-V (Leipzig: 1832; ASKB 1275-79), IV, p. 102; Seneca: Moral Essays, I-III, tr. John W. Basore (Loeb Classics, Cambridge, Mass.: Harvard University Press, 1935), II, p. 285. 키르케고르는 1843년 봄에 이 문장을 인용하여 다음과 같이 논평했다.

"Nullum exstitit magnum ingenium sine aliqua dementia[어느 정도의 광기가 없는 천재는 없다]. 이것은 종교적 논제를 표현하는 세속적 방식이다. 하나님이 종교적 의미에서 축복하는 사람은 세속적으로 저주하는 사람이다. 따라서 첫 번째는 존재의 경계에, 두 번째는 존재의 이중성에 그 근거를 두고 있다."(JJ: 151, Pap. IV A 148)

74   파우스트의 전설: 괴테가 파우스트에서 파우스트라는 인물을 생동감 있게 표현하기

전의 이야기. 이 이야기를 발표하기 전에는 여러 민담을 통해 알려져 있었다.

75 이것은 왕실의 보증이 있는 채권을 뜻한다.

76 아리스토파네스: 아테네 출신의 풍자 희극 시인 아리스토파네스(BC 445-388)는 44편의 희극을 썼으며, 그중 11편이 남아 있다. 키르케고르는 아리스토파네스의 희극을 그리스어(Aristophanis Comoediae,udg. afG. Dindorf, bd. 1-2,Leipzig1830, ktl. 1051), 독일어(Aristophanes Werke,overs. afJ.G. Droysen, bd. 1-3,Berlin1835-38, ktl. 1052-1054), 덴마크어(Aristophanes's Komedier,overs. afJ. Krag,Odense1825, ktl. 1055)로 갖고 있었다.

77 프랑수아-마리 아루에 드 볼테르(François-Marie Arouet de Voltaire, 1694-1778), 프랑스 작가. 그의 작품에는 비극, 운문 서사, 철학적 이야기, 역사-철학적 작품, 논쟁적인 기고문 등이 있다. 일반적인 어조는 비판적이고 풍자적이며 조롱적이다. 문학적으로 볼테르는 철학적 서사에서 가장 자유롭게 자신을 표현했으며, 인간의 미신과 기타 어리석음을 풍자했다(예: 소설 Candide, 1759).

78 아리스토파네스의 희극 <구름>(BC 423년)은 아리스토파네스가 소크라테스의 영향을 받은 소피스트로 대표되는 당시의 근대 철학을 비판한 작품이다. 이 희극은 평범한 농민 스트렙시아데스와 소크라테스가 지도자로 있는 소피스트 학파의 대립을 통해 전개된다.

79 Münchhausen: 거짓말쟁이, 환상주의자. 공상적이고 놀라운 모험에 대한 전설적인 독일 이야기꾼이다. 남작 칼 프리드리히 히에로니무스 폰 뮌히하우젠(1720-97)은 과장되고 환상적이지만 유쾌한 거짓말의 전형이 되었다. 〈남작의 멋진 여행〉(Baronens Wunderbare Reisen)은 1786년에 독일어로 처음 출판되었다. 다음을 참고하라. Baron von Münchhausens vidunderlige Reiser, Feldttog og Hændelser, fortalte af ham selv, udg. af A.C. Hanson, Roskilde 1834.

80 1398년 볼가강에서 만리장성까지 지역을 정복하고 인도를 유린한 몽골의 야전 군주 티무르(1336-1405년경)이다. 그는 승리의 행진 중에 잘린 머리로 탑을 세우는 등 잔인한 행동으로 악명이 높았다. 14세기의 화려하고 기세등등한 대도시들이 약 30년 동안 한 사람, 티무르의 손에 줄줄이 정복당했다. 칭기즈칸을 존경하고 평생 그의 길을 따르려 했던 그였으나, 티무르는 칭기즈칸보다 복잡한 존재였다. 그의 종족은 투르크였고, 종교는 이슬람교였으며, 그가 받드는 원칙과 법률은 몽골족의 것이었다. 하지만 그가 평생 무찌르고 짓밟은 대상들이 대부분 투르크족, 이슬람교도들, 몽골 왕국들이기도 했다. 그러므로 티무르의 복잡함은 한층 더하다. 티무르는 정복자였고, 정복자의 인생을 살다 갔다.

81　훈족: 원래 유목민으로 고대 말부터 5세기까지 유럽을 침략한 몽골인.

82　헤로스트라투스는 기원전 356년 아르테미스 신전을 불태웠다. 불멸을 얻기 위해 에베소에 있는 아르테미스 신전을 불태웠다. 따라서 헤로스트라틱 명예는 악하거나 사악한 행위를 통해 명성을 얻고자 하는 사람을 의미한다.

83　혼외에서 태어난 아이를 뜻함.

84　토르토르 인판티움(tortor infantium): 1351년부터 파리와 리미니에서 강의한 아우구스티누스 수도사 리미니의 그레고리(1300-58년경)는 세례를 받지 않은 아이들은 지옥에 간다고 주장했지만, 일반적인 가톨릭의 견해에 따르면 그들은 고통과 행복이 없는 지옥의 앞마당에 간다고 주장했다. 따라서 그레고리는 어린아이를 처형하는 자라는 뜻의 라틴어인 토르토르 인판티움이라는 별명을 얻었다. 이는 Pap. Ⅳ A 14에서 리미니의 그레고리에 대해 읽은 고츠히의 독일어 번역판 라이프니츠의 『신학대전』 제1부 92절, 72쪽에서 확인할 수 있다.

85　파우스트의 선견자 마가렛: 파우스트는 거리 장면에서 순수하고 젊고 명예롭게 무시하는 마가렛을 처음 본다. 괴테의 작품집 12권, 1828년, 133쪽 참고. 파우스트는 다음과 같은 말로 자신의 인상을 묘사한다. "하나님이시여, 그녀는 파(Faa)처럼 사랑스럽습니다! 내가 본 적이 없는 아름다운 아이. 행동이 너무 예의 바르고 온화하지만 동시에 약간 삐걱거립니다. 뺨이 너무 부드럽고 입이 너무 빨갛고 마지막 시간까지 그것들을 기억할 것입니다! 블루(Blu)와 함께 내려다보던 그 모습이 내 마음속에 깊이 각인되어 있네. 그녀는 얼마나 머리가 짧았습니까! 그러나 그것이 나를 가장 기쁘게 한 것입니다." 잠시 후 메피스토펠레스가 등장해 자신의 흥분을 순수한 욕망이라고 설명한다.

86　여기에서 대조되는 것은 "나의 파우스트"와 괴테의 파우스트이다. 파우스트와 마가렛이 거리에서 만나기 직전의 '마녀의 주방' 장면에는 관객을 간접적으로 비추는 놀라운 거울이 등장한다. 파우스트는 거울 앞을 앞뒤로 걸어 다니며 다음과 같은 질문을 던진다.

> "이게 뭐지? 이 무슨 천상의 모습이
> 이 마법의 거울 속에서 보이는가?
> 오 사랑아, 내게 네 가장 빠른 날개를 다오,
> 나를 그녀 있는 광야로 데려가다오!
> 아! 내가 이 자리에 머물지 않으면,
> 감히 가까이 다가가면,
> 그녀가 보인다 다만 안개 속에서인 듯!—

여인의 가장 아름다운 모습!
이게 있을 수 있는 일인가, 여인이란 이렇게 아름다운 것인가?
이 쭉 뻗은 몸에서 나 분명
천국의 정수를 보고 있는 것이겠지?
이런 것이 지상에 있단 말인가?

이 인상적인 순간이 지나자, 메피스토펠레스(Mefistofeles)가 등장하여 파우스트의 이 열정을 단순히 육체적 욕망(ren liderlighed)으로 해석한다.

배경 및 분석

• 이 장면은 괴테의 파우스트에서 중요한 전환점이다. 파우스트가 단순히 철학적 탐구와 의심의 영역에 머무르지 않고, 사랑과 욕망이라는 인간적 정서와 갈등을 경험하게 되는 첫 계기이다.

• 메피스토펠레스는 파우스트의 감정을 순수한 열정이나 사랑이 아니라, 단순한 육체적 욕망으로 격하시키려 한다. 이는 파우스트가 영적 탐구를 넘어 윤리적·실존적 갈등에 휘말리게 되는 복선을 제공한다.

다음을 참고하라. Johann Wolfgang von Goethe, 《파우스트 I》 전영애 역 (서울: 도서출판 길, 2019), 329. Goethe, Faust, I, 11. 2074-2110; Goethe's Werke. Vollständige Ausgabe aus letzter Hand, I-LV (Stuttgart, Tübingen: 1828; ASKB 1641-68), XII, pp. 124-25; Faust, tr. Bayard Taylor (New York: Modern Library, 1950), p. 89.

87 수다, 말도 안 되는 이야기를 뜻한다.

88 박사학위 증명서: 수여받은 박사학위(박사학위 논문)를 증명하는 서류이다. 참고 문헌은 아마도 H.L. 마르텐센(1808-84)의 논문 "파우스트의 이데올로기에 대한 반박"의 마지막 부분에 통합된 작은 책 Ueber Lenau의 파우스트, 슈투트가르트 1836을 말한다. 다음을 참고하라. "파우스트 사상에 대한 고찰: 레나우의 파우스트에 관하여(Betragtninger over Ideen af Faust. Med Hensyn paa Lenaus Faust)," Perseus, Journal for den speculative Idee, udg. af J.L. Heiberg, nr. 1, juni 1837, og nr. 2, aug. 1838, ktl. 569 (약칭 Perseus); 1권, 91-164쪽.
마르텐센은 1837년 학위 논문 심사가 있었고, 이듬해 부교수, 1840년 신학 특임교수가 되었다.

89 다음을 참고하라. Ludvig Holberg, Erasmus Montanus, I, 3(ed. tr.): "고운 모래를 원하십니까, 아니면 그냥 평범한 흙을 원하십니까?" Den Danske Skue-Plads,

I—Ⅶ (Copenhagen: 1798; ASKB 1566-67), Ⅴ (쪽 번호 없음).

90   다음의 문장이 초고에서 누락되었다. Pap. Ⅳ B 91:13 n.d., 1843
"비겁한 배신자만큼 경멸적인 것은 없습니다. 성전의 침입자가 성전에서 거래를 계속하는 사람들만큼 경멸적이지 않습니다."

91   덴마크어로 Bemyndigelse로 다른 기관으로부터 양도될 수 있는 권리 또는 권한을 가리키는 법적 용어이다.

92   신약 성경의 침묵: 예수님은 종종 침묵을 명령하신다(예: 치유받은 문둥병자, 마태복음 8:4; 치유받은 두 맹인, 마태복음 9:30; 마가복음 1:34 및 1:44 참고).

93   키르케고르가 쓴 일기에 이렇게 적혀 있다. 이는 마태복음 21:28-32에 나오는 포도원에 있는 두 아들에 대한 예수님의 비유를 가리킨다. 최종본에서 삭제된 것: JP Ⅱ 1740 (Pap. Ⅳ B 96:13) n.d., 1843
복음서 중 하나에는 두 아들에 대한 비유가 나오는데, 그중 한 아들은 항상 아버지의 뜻을 행하겠다고 약속했지만 행하지 않았고, 다른 한 아들은 항상 안 된다고 말했지만 행했다. 이 후자의 이야기도 아이러니의 한 형태이지만 복음은 이 아들을 칭찬한다. 복음은 회개가 개입하지 않는다. 복음은 그가 "아니오"라고 말한 것을 회개했다는 것이다. 아니, 전혀 그렇지 않다. 그것은 아들이 그것을 하겠다고 말하지 못하게 하는 일종의 겸손함이라고 제안한다. 어떤 심오한 사람도 이러한 겸손에 익숙하지 않을 수 없다. 그것은 부분적으로 고귀한 자기 불신 때문이다. 요구한 일을 해보지 않은 한, 그 일을 하지 못할 만큼 약할 수 있다. 바로 그런 이유로, 그는 아무것도 약속하지 않는다.

94   이 부분은 다음을 참고하라. Hegel, Philosophie des Rechts, para. 140, Werke, Ⅷ, pp. 200-04; J.A., Ⅶ, pp. 216-20; Philosophy of Right, pp. 101-03; Æsthetik, Introduction, 7, iii, Werke, X1, pp. 84-90; J.A., XIII, pp. 100-06; Hegel's Aesthetics (tr. of A., 2 ed., 1842; Kierkegaard had 1 ed., 1835), I-II, tr. T. M. Knox (Oxford: Clarendon Press, 1975), I, pp. 64-68; Vorlesungen über die Geschichte der Philosophie, II, pt. 1, sec. 1, ch. 2, B, 1, Werke, XIV, pp. 60-64; J.A., XVIII, pp. 60-64; Hegel's Lectures on the History of Philosophy (tr. of G.P., 2 ed., 1840; Kierkegaard had 1 ed., 1833), I-III, tr. E. S. Haldane (New York: Humanities Press, 1955), I, pp. 398-402; Ueber "Solger's nachgelassene Schriften und Briefwechsel," Vermischte Schriften, Ⅳ, 4, Werke, XVI, pp. 486-94; J.A., XX, pp. 182-90.
헤겔은 여러 곳에서 낭만주의 아이러니를 비판한다. 소크라테스의 아이러니를 독일의 낭만주의 아이러니와 비교하여 제시된다. 헤겔이 아이러니를 이해하지 못했다는 그의 발언에서, 키르케고르는 아마도 헤겔에 대해 "그는 또한 농담과 유머를 즐겼지만, 유머의 가장 깊은 기초는 부분적으로 그에게 닫혀 있었고, 최신 형태의 아이러니는 자신의 방향과 너무 상반되어 그것을 즐기기는커녕 그 안에서 진짜를 인식할 도구가 없었다."라고 말한 다음의 작품을 인용한 것일 수 있다. H.G.Hothos Vorstudien für Leben und Kunst, Stuttgart og Tübingen 1835, ktl. 580, s. 394,

95   마태복음 6:17-18, "너는 금식할 때에 머리에 기름을 바르고 얼굴을 씻으라. 이는 금식하는 자로 사람에게 보이지 않고 오직 은밀한 중에 계신 네 아버지께 보이게 하려 함이라. 은밀한 중에 보시는 네 아버지께서 갚으시리라."

96   Menighedens Idee: 아마도 N.F.S. 그룬트비그를 가리키는 것 같다. 기독교의 기초로서 회중 공동체에 대한 그룬트비그의 생각이다.

97   오해의 순간(Misvisningens Øieblik): 원래 이 말은 '방향을 잘못 잡는 순간'을 뜻한다. 나침반을 이용한 방향 결정은 자북과 진북이 일치하지 않기 때문에 일반적인 방향 오류(편위)가 발생한다. 인근 철 덩어리로 인한 국지적 편차도 발생할 수 있다. 잘못된 표현의 순간은 아브라함을 강조하는 유사점에서 발생한다.

98   예지(Foreknowledge): 어떤 것을 미리 아는 것, 어떤 것을 예견하는 능력. 이 단어는 앞으로 올 일에 대한 지식이 하나님에게만 예비되어 있다는 성경적 용법의 특징을 갖는다.

99   이 부분에 대하여 초고에서 생략된 문장은 다음과 같다. 초고에서: —Pap. IV B 91:15 n.d., 1843
이 역설은 매개될 수 없습니다. 한 믿음의 기사는 다른 믿음의 기사를 이해할 수 없으며, 개인이 역설에 빠져 있는지 또는 영적 시험[Anfægtelse]에 관련되어 있는지 판단할 수 있는 보편적인 단서에 대한 의문은 있을 수 없습니다.

100   『아울리스의 이피게니아』에서는 '초키스 출신의 여성 합창단'이 공연한다. 그들은 비극의 줄거리에 대해 논평한다. 그들은 여성이자 어머니이기 때문에 전적으로 이피게니아의 편에 서서 동정한다.

101   셰익스피어의 드라마 리처드 3세의 2막 1장에서 글로스터(훗날 리처드 3세)는 불치병에 걸린 왕 에드워드 4세에게 정당한 후계자인 동생 조지 클라렌스 공작이 죽었다는 소식을 전한다. 국왕은 처음에는 사형 집행을 명령했지만 후회했다. 반대 명령을 미룸으로써 비겁한 글로스터는 정당한 권리가 없는 왕위에 오를 수 있는 길을 스스로 열어준 셈이다. 왕은 클라렌스의 살인에 대한 글로스터의 관심을 간과했다.

102   William Shakespeare, 『헨리 6세 제1부/헨리 6세 제2부/헨리 6세 제3부/리처드

3세/헨리 8세』신상웅 역 (서울: 동서문화사, 2019), 336.

103   클라템네스트라와 이피게니아: 어머니와 딸 모두 딸의 운명을 슬퍼한다, 『아울리스』 이피게니아1277-1282절의 말 참고. Euripides, 『에우리피데스 비극 전집2』천병희 역 (파주: 숲, 2021), 430.

클뤼템네스트라 내 딸아, 그대들 이방의 여인이여,

아아, 네 죽음이 참으로 안됐구나.

아버지가 너를 하데스에게 넘겨주고 도망치고 있구나.

이피게네이아 어머니, 난 참 불쌍해요. 우리는 둘이서

같은 애도의 노래를 불러야 할 처지가 되었어요.

나는 햇빛을, 이 햇살을

더 이상 보지 못할 거예요.

104   로마서 8:26, "이와 같이 성령도 우리의 연약함을 도우시나니 우리는 마땅히 기도할 바를 알지 못하나 오직 성령이 말할 수 없는 탄식으로 우리를 위하여 친히 간구하시느니라."

105   여백에 추가, 초고에서 이후에 삭제됨;—Pap. IV B 91:16 n.d., 1843
에우리피데스의 희곡에서 이피게니아는 잠시 울고 다른 중보의 표시 대신 올리브 가지처럼 무릎에 몸을 감는 것이 허용된다. 입다의 딸처럼 적어도 두 달 정도는 고독이 아닌 아버지의 특별한 감독 아래서 울 수 있는 시간이 더 주어졌어야 했다.

106   이 부분은 고린도전서 14:2를 암시한다. "방언을 말하는 자는 사람에게 하지 아니하고 하나님께 하나니 이는 알아 듣는 자가 없고 영으로 비밀을 말함이라."

107   이후의 단락은 다음을 참고하라. 초고의 여백에서; —Pap. IV B 91:17 n.d., 1843
아브라함이 침묵 속에서 믿음의 운동을 계속하고 있기 때문에 말을 할 수 없는 다른 이유가 있다. [그가 말한다 하더라도] 그들은 이것을 이해할 수 없다. 그가 자신과 모순되기 때문이다.

108   아가멤논을 말한다.

109   보드빌: 독일, 특히 파리의 극장 생활에서 영감을 받은 J.L. 하이버그는 1825년 왕립 극장에 보드빌을 도입했다. 이 장르는 경쾌하고 종종 이미 익숙한 멜로디에 부르주아 코미디이며, 캐릭터는 비영웅적이고 종종 기발하며 갈등 소재는 지역적인 성격이며 항상 관리 가능한 사랑의 얽힘을 포함한다. 하이버그는 다수의 보드빌을 번역하고 각색하여 총 9편을 직접 썼는데, 대부분은 1825~27년에 썼다. 가벼운 장르는 엄청난 인기를 얻었으며 덴마크 최고의 극작가로서 하이버그의 이름을 확립했다.

110   이하의 단락에 대한 개요는 다음의 자료를 참고하라. 개요에서;

1. 그가 영웅이라면 시인은 분명히 그에게 관심을 가질 것이고, 그가 영웅이 아니라면 가족이 사제와 함께 장례식 설교를 준비하도록 할 수 있다. 그러나 그것은 그가 자신의 입장을 어떻게 수행하느냐에 달려 있다.

2. 이런 이유로 지적인 비극적 영웅은 죽기 전에 불멸이 되는 반면, 외부 세계에 속하는 삶의 의미가 행동에 있는 비극적 영웅은 죽은 후에 불멸이 된다.

3. 아브라함의 고통은 침묵(피타고라스의 죽음)으로 이루어져 있다. 그렇다면 어떻게 말할 수 있을까?

결정적인 순간에 이삭에게 무슨 말을 하면

그는 비극적인 영웅 아래로 떨어진다.

4. 아브라함의 말은 단순한 체념이 아니다.*

그러나 믿음 또한

주님께서 직접 선택하셔야 한다.

주님께서 직접 선택하셨다.

5. *왜냐하면 그는 자신을 잘못 표현했기 때문이다. 그는 이삭을 희생할 사람이므로, 이삭이 죽을 것인지 아닌지 실제로 알아야 하기 때문이다. 그리고 그는 이 과업이 다른 것인 것처럼 자신을 표현한다. 예를 들어, 그는 이삭을 모리아 산으로 데려가야 한다. 그때, 번개가 그를 죽일 것이다. 어떤 의미에서 번개가 치기 전에 그는 그것을 알 수 없기 때문이다.

6. 믿는 ἐποχή[정지]—Pap. IV B 93:1-6 n.d., 1843

111   창세기 22:8, "아브라함이 이르되 내 아들아 번제할 어린 양은 하나님이 자기를 위하여 친히 준비하시리라 하고 두 사람이 함께 나아가서"

112   최종본에서 삭제된 내용은 다음과 같다. —Pap. IV B 69 n.d., 1843

그의 삶이 고통과 죽음으로 절정에 달하면 물론 비극적인 영웅은 말을 빼앗기지 않은 다른 사람과 마찬가지로 몇 마디를 말할 수 있다. 아마도 적절한 몇 마디 말을 할 수 있다. 그러나 문제는 그가 말하는 것이 적절한 것인지, 그의 삶의 인상을 약화시키는 것은 아닌지이다. 그가 마지막 순간에 그의 성격에 진실하지 않게 되는 한, 그는 저녁 식사 후의 연사가 될 것이다.

113   아가멤논을 대신해 이피게니아의 제사를 지내는 점쟁이.

114   놀이: 『아이러니의 개념』에서는 소크라테스의 죽음에 대한 인식이 변론 연설에서 그대로 표현되어 있다. "죽음이 곧 무한히 중요한 것으로, 곧 아무것도 아닌 것으로 나타나는 이 삶과의 놀이, 이 어지러움, 그것이 그를 기쁘게 하는 것이다." SKS 1, 139.

115   역사적 소크라테스와 그에 대한 플라톤의 시적 표현 사이에는 구별이 있는데, 이
       는 키르케고르가 『아이러니의 개념』의 첫 부분에서 전개하는 구별이며, 다음에서
       언급되는 소크라테스의 변호 연설도 절대 아이러니로 간주된다.

116   Plato, Apology, 36 a; Platonis opera, VIII, p. 142; Collected Dialogues, p. 21.
       Platons Werke, I-III, tr. F. Schleiermacher (Berlin: 1817-28; ASKB 1158-63), I2,
       p. 219. 이 수치는 지금은 30표로 해석되고 있다.

117   시장에서의 한가로운 대화: 소크라테스는 물리적 사물에 대한 탐구를 포기하고
       "일터와 시장에서 철학하기 시작했다"라고 『그리스 철학자 열전』 2권 5장 21절에
       서 말한다.

118   소크라테스의 마지막 대사: 불운한 제자들에게 둘러싸인 소크라테스는 침착하고
       단호하게 독배를 비우고, 마비가 다리에서 심장까지 퍼질 무렵 갑자기 얼굴을 가린
       천을 옆으로 던지며 크리톤에게 마지막이 될 말을 건넨다. "크리톤, 우리는 아스클
       레피오스에게 수탉 한 마리를 빚지고 있으니, 그 빚을 소홀히 하지 말고 반드시 갚게
       나." 『파이돈』, 118a.

119   사무엘하 12장 1-7절에서 나단 선지자가 다윗 왕에게 가난한 사람의 한 마리 양을
       가져다가 나그네를 위해 준비한 부자의 비유를 암시하는 것으로, 부자는 엄청난 양을
       가졌음에도 불구하고 자신의 양과 소를 돌보지 않았기 때문일 수 있다. 다윗은 매우
       화가 나서 그 부자가 양을 네 배로 바꾸고 죽어야 한다고 말하자, 나단이 다윗에게 말
       했다. "당신이 바로 그 사람이다." 다윗은 우리아를 죽이고 그의 아내 밧세바와 결혼
       했다.

120   Diogenes Läertios, 『그리스 철학자 열전』 전양범 역 (서울: 동서문화사, 2016),
       542(제8권 1장 39절)를 참고하면 다음과 같다.
       "그런데, 피타고라스의 최후는 다음과 같다. 그가 제자들과 함께 미론의 집에서 집회
       를 열고 있었을 때, 입문을 거절당한 자들 가운데 어느 자에 의해서 질투심 때문에 그
       집에 불을 지르는 사태가 발생했다. 단, 사람들의 말에 따르면 이것은 크로톤의 주민
       자신이 (피타고라스에 의한) 참주제의 수립을 경계해 행한 것으로 되어 있는데, 거기
       에서 피타고라스는 도망가다가 붙잡힌 것이다. 즉, 그는 콩이 가득 심겨 있는 어느 곳
       까지 갔는데 그 콩밭 안을 지나가지 않으려고 그 자리에 멈추어 '콩을 짓밟기보다는
       오히려 이곳에서 붙잡히자. 헛되게 대화하기보다는 죽는 것이 낫다'고 말한 것이다."

121   마태복음 6:6, "너는 기도할 때에 네 골방에 들어가 문을 닫고 은밀한 중에 계신 네
       아버지께 기도하라. 은밀한 중에 보시는 네 아버지께서 갚으시리라."

122   헤겔을 넘어서기: 1831년 헤겔의 죽음 이후, 헤겔을 '넘어서' 또는 '더 나아가려는'

많은 노력이 일어났습니다(예: H.L. 마르텐센의 J.L.에 대한 리뷰. 1834년 11월 코펜하겐 왕립 육군 사관학교에서 시작된 하이버그의 논리학 입문 강의).

123   다음을 참고하라. "Der Schneider im Himmel," no. 35, Kinder- und Haus-Märchen gesammelt durch die Brüder Grimm, I-III (2 ed., Berlin: 1819-22; ASKB 1425-27), I, pp. 177-79; The Complete Grimm's Fairy Tales, tr. Padraic Colum (New York: Pantheon, 1972), pp. 175-77.

여기서 언급된 이야기는 그림 형제가 편찬한 Kinder- und Haus-Märchen(아이들과 가정의 동화)에 수록된 "하늘에 간 재단사"(Der Schneider im Himmel) 이야기이다. 이야기에서, 작은 속임수를 일삼던 한 재단사가 죽어서 하늘 문에 도착한다. 성 베드로가 그를 가엾게 여겨 하늘에 들어가게 해준다.

하나님이 정원에 나간 사이, 재단사는 하늘을 둘러보려고 하느님의 왕좌에 앉아 지구를 내려다본다. 그러던 중 한 할머니가 빨래를 훔치는 장면을 목격하고 분노한 나머지 금으로 만든 발판을 그녀에게 던진다.

하나님이 돌아와 발판이 사라진 것을 보고 재단사에게 이유를 묻자, 재단사는 자신의 행동을 설명한다. 하나님은 사람들을 심판하는 것은 오직 자신만의 역할임을 설명하며, 만약 재단사와 같은 일이 계속된다면 하늘에 있는 의자와 발판, 심지어는 작은 도구 하나까지 남아나지 않을 것이라고 말한다. 그 후, 재단사는 하늘에서 쫓겨난다.

이 이야기는 심판과 자비, 그리고 겸손에 대한 교훈을 담고 있다..

124   이하의 단락은 다음을 참고하라. 개요에서; —Pap. IV B 94 n.d., 1843

정오가 되기 전에 놀이를 끝내는 아이들.

무능하다고 선언되어야 할 *아이스킬로스(Aeschylus).

믿음으로 멈출 수 없고 더 나아가야 한다.

-그러나 옛날에는 믿음이 세상에서 놀라운 일을 해냈는데, 의심할 여지 없이 개인에게도 이 일을 해냈으니 더 나아가야만 한다. 그러면 그는 이것을 잊을까? -아이스킬로스가 늙었을 때, 그의 아들들은 그를 죽일 수 없었고, 그의 허약함을 숨길 수 없었으며, 그를 비난했다.

아이스킬로스는 다음을 참고하라. Sophocles. Cicero, On Old Age, VII, 22; M. Tullii Ciceronis opera omnia, I-VI, ed. J. A. Ernesti (Halle: 1756-57; ASKB 1224-29), IV, pp. 938-39; Cicero: De senectute, De amicitia, De divinatione, tr. William A. Falconer (Loeb Classics, Cambridge, Mass.: Harvard University Press, 1953), p. 31.

"연로한 변호사, 교황, 교구장, 철학자들은 어떤가? 그들은 얼마나 많은 것을 기억하고 있을까! 노인들은 그들의 관심과 적용이 계속된다면 정신적 능력을 유지한다. 이것은 고귀한 공적 지위에 있는 사람들뿐만 아니라 조용한 사생활에 있는 사람들에게도 마찬가지이다. 소포클레스는 극도의 노년기까지 비극을 작곡했고, 그가 문학 작품에 몰두하느라 정사를 소홀히 한다고 생각되자 그의 아들들이 그를 법정에 세워 무능을 이유로 재산 관리권을 박탈하는 판결을 받아내기 위해 우리와 비슷한 법, 즉 가장의 재산 낭비를 억제하는 관습에 따라 그의 재산을 빼앗는다는 판결을 받아냈다고 한다. 그러자 노인은 배심원들에게 자신이 막 집필하고 수정 중이던 희곡 '콜로노스의 오이디푸스'를 읽어주며 물었다고 한다. "그 시가 멍청이의 작품으로 보이십니까?" 결국 그는 배심원단의 평결에 따라 무죄 판결을 받았다.

125 이후의 단락은 다음을 참고하라. 최종본에서; —Pap. IV B 95:3, 4 n.d., 1843

3. 믿음으로 멈출 수 없다. 더 나아가야 할까? 더 나아가야 한다. 더 나아가야 한다는 충동은 우리 세대만의 것이 아니다.

4. 이것은 매우 심오한 생각이다. 헤라클레이토스는 이러한 형태로 인생에 몰입하는 사람이 인생에 대한 전체적인 견해에 접근하는 것에 대해 아름답고 다양하게 언급했다.

126 다이애나 신전은 그리스의 사냥 여신 아르테미스에 해당한다.

다음을 참고하라. JJ:69, JP II 2285 (Pap. IV A 58).

헤라클레이토스는 일상의 걱정에서 벗어나 유명한 저서를 집필하여 다이애나 신전에 입문자만 열람할 수 있는 보물로 기탁했다.

127 소크라테스 이전의 철학자 헤라클레이토스(기원전 540~480년경)는 만물의 운동에 관한 그의 이론을 이해하지 못하고, 오해를 받아 아르테미스 신전에 그의 격언 작품을 안치했다.

128 이 인용문은 플라톤의 대화편 『크라튈로스』, 402a에 나오는 내용이지만, 키르케고르는 εμβαιης 앞에서 αν을 생략했다. 이 작품을 참고하면 다음과 같다. 『플라톤전집 III』 천병희 역 (파주: 숲, 2019), 384. 소크라테스가 말한다.

"헤라클레이토스는 어딘가에서 '만물은 움직이며 머물러 있는 것은 아무것도 없다'라고 말하고 있고, 존재하는 것들을 강의 흐름에 비기며 '그대는 같은 강물에 두 번 발을 담글 수 없다'고 말하고 있네."

129 플라톤의 젊은 시절 스승이었던 헤라클레이토스의 제자 크라튈로스는 결국 아무 말도 하지 않고 손가락 하나만 움직였다고 하는데, 그의 생각에는 긍정적이든 부정적이든 어떤 것에 대해서도 아무 말도 할 수 없었기 때문이라고 한다. 같은 강물에 두 번 발을 담그고 같은 상태를 유지할 수 없다는 헤라클레이토스의 말을 급진적으로 해

석한 데에는 이와 관련된 회의론이 깔려 있다. 폴 마틴 묄러(Poul Martin Møller)는 그의 "고대 철학사 강의 초안"에서 그는 다음과 같이 말했다.

"헤라클레이토스는 존재하는 모든 것이 다른 것으로 멈출 수 없이 전환된다는 생각을 매우 생생하게 표현했으며, 이를 다양한 방식으로 설명한다."

예를 들어, 그는 흐르는 물은 항상 다르기 때문에 같은 강으로 두 번 내려갈 수 없다고 말한다. 그의 제자 중 한 명인 크라틸로스는 모든 것은 아주 짧은 시간에도 변하기 때문에 같은 강에 한 번도 내려갈 수 없다고 말하며 이를 더욱 강하게 표현했다. 따라서 어떤 것에 대해 말할 때 다른 것이 되었기 때문에 어떤 것에 대해 진실로 말할 수 없으며 손가락으로 사물을 암시적으로 가리킬 수만 있다. 이것은 어떤 순간에도 그 결정의 총체를 변하지 않거나 감소하지 않는 사물은 없다는 것을 의미한다. "모든 사물은 있기도 하고 없기도 하다." Efterladte Skrifter, 2권, 1842년, 304쪽.

130   운동을 부정하는 엘레아틱 논증: 엘레아 학파는 이탈리아 남부 서해안의 이오니아-그리스 식민지 엘레아(현 벨리아)에서 그 이름을 딴 것으로, 그리스 제국에서 가장 오래된 학파 중 하나이며 인간 지식의 타당성을 의심하여 최초의 회의론자로 불리는 콜로폰의 철학자 크세노파네스가 BC 540년에 설립한 학파이다. 파르메니데스와 그의 제자 제노와 멜리수스는 스승을 따라 존재의 불가분성과 어떤 종류의 운동도 불가능하다는 역설적인 주장을 공식화하며 회의주의를 계승했다. 참조: W.G. 테네만 『철학사』 1권, 150-153쪽.

131   W.G. 텐네만의 철학의 역사 (Geschichte der Philosophie) 제1권, 220쪽에서는 다음과 같은 내용을 다룬다.

"헤라클레이토스는 사물의 변화를 감각적인 비유를 통해 표현했다: '사람은 같은 강을 두 번 건널 수 없다.' 그의 후계자 중 한 사람은 여기에서 이미 지나치게 양보한 점을 발견하고 이를 수정하며 덧붙였다: '사람은 같은 강을 한 번도 건널 수 없다.'"

이 언급은 헤라클레이토스 철학의 중심 개념인 변화와 그에 따른 존재의 유동성을 극단적으로 확장한 후계자의 해석을 보여준다..

에필로그 해설

키르케고르의 두려움과 떨림 에필로그는 그의 철학적 핵심 주제, 특히 믿음의 본질과 세대 간 관계를 탐구하는 데 있습니다. 이 에필로그에서 그는 다양한 철학적, 문학적 인용을 활용하여 믿음이 인간의 최고의 열정이며, 그것이 어떤 세대에서도 초월적이고 본질적인 과제로 남아 있음을 강조합니다. 에필로그의 궁극적인 목적은 다음과 같은 몇 가지 주요 메시지를 전달하는 데 있습니다.

1. 믿음의 변함없음과 초월성
키르케고르는 믿음을 인간의 최고 열정으로 간주하며, 어떤 세대도 믿음이라는 과제를 넘어설 수 없다고 주장합니다. 그는 헤라클레이토스의 "같은 강에 두 번 들어갈 수 없다"는 철학적 통찰과 그 제자의 "한 번도 들어갈 수 없다"는 주장을 인용하며, 끊임없는 변화 속에서도 믿음은 여전히 변하지 않는 과제임을 암시합니다.
* 믿음은 각 세대가 다시 시작해야 하는 과제입니다.
* 믿음을 어린 시절의 질병이나 극복해야 할 문제로 여기는 태도를 거부합니다.
* 믿음은 논리나 발전이 아니라 열정 속에서만 이해되고, 체험될 수 있습니다.

2. 세대 간 관계: 반복과 새로움
키르케고르는 세대 간의 관계를 본질적 반복으로 봅니다. 각 세대는 이전 세대의 과제를 물려받지만, 그것을 "발전시키거나 더 나아가는 것"은 불가능하다고 주장합니다. 이는 헤라클레이토스의 철학이 제자에 의해 왜곡된 방식으로 "더 나아가는" 것이 아니라, 본질적인 반복 속에서 믿음을 새롭게 체험해야 한다는 메시지를 전달합니다.
* 각 세대는 처음부터 다시 시작하며, 믿음을 새로운 열정으로 재발견합니다.
* 이는 각 개인이 자신의 시대와 독립적으로, 그러나 자신의 최고의 열정으로 믿음을 추구해야 함을 뜻합니다.

3. 자기기만과 정직한 진지함
에필로그는 현대 사회에서 믿음의 부재와 자기기만의 문제를 지적합니다. 그는 사람들이 최고의 것을 "달성했다고 믿으며" 자만하거나, 시간 소비를 위해 자기기만에 의존하는 태도를 경계합니다. 대신 그는 "정직한 진지함"을 통해 믿음에 접근해야 한다고 강조합니다.
* 믿음은 "정직한 진지함"을 통해, 즉 열정적이고 순수한 태도로 접근합니다.
* 자기기만이나 불필요한 변명 없이, 믿음이라는 과제를 진지하게 받아들여야 합니다.

4. 헤라클레이토스와 철학적 논의의 역할
키르케고르는 철학적 인용을 통해 믿음이 단순히 사변적 논의를 초월한, 실존적이고 주체적인 과제임을 강조합니다.

- 헤라클레이토스의 철학은 믿음의 역설적 본질을 설명하는 데 사용됩니다. "강물"은 끊임없이 변하는 세대와 삶을 상징하며, 믿음은 이러한 변화 속에서 개인이 매번 새롭게 시작해야 하는 과제로 제시됩니다.
- 헤라클레이토스의 제자가 논증을 "개선"하려 한 것은 현대 사회의 "더 나아가야 한다"는 강박적 태도를 풍자합니다. 키르케고르는 이러한 태도를 믿음의 본질을 오해한 것으로 봅니다.

5. 현대에 믿음이 필요한 이유

키르케고르는 믿음이 모든 세대의 중심적 과제임을 강조하며, 현대에도 여전히 중요한 도전 과제임을 상기시킵니다.

- 그는 믿음을 간과하거나, 단순히 극복해야 할 문제로 여기는 태도가 인간의 고귀한 본성을 왜곡한다고 봅니다.
- 믿음은 모든 세대에게 동일하게 부여된 과제이며, 이 과제를 외면하는 것은 존재의 본질적인 의미를 상실하는 것과 같다고 봅니다.

에필로그의 핵심 요약

- 믿음은 인간의 최고 열정이자, 모든 세대가 반복적으로 다시 시작해야 하는 본질적인 과제입니다.
- 세대 간 "진보"는 믿음의 본질을 오해하는 것일 뿐, 믿음은 항상 새롭게 체험되어야 합니다.
- 자기기만 대신 정직한 진지함과 열정을 통해 믿음에 접근해야 합니다.
- 철학적, 역사적 논의를 통해 믿음이 단순한 논리가 아니라 실존적 결단임을 강조합니다.

따라서 에필로그의 궁극적 목적은 믿음을 현대 사회의 중심적 과제로 되돌리고, 이를 각 개인이 진지하게 받아들이도록 독려하는 데 있습니다.

색인